POPULATION DENSITY GRADIENT IN THE CITIES OF UPPER GANGA PLAIN

ऊपरी गंगा मैदान के नगरों में जनसंख्या घनत्व प्रवणता

POPULATION DENSITY GRADIENT IN THE CITIES OF UPPER GANGA PLAIN

ऊपरी गंगा मैदान के नगरों में जनसंख्या घनत्व प्रवणता

CHANDRABHAN VERMA

CONCEPT PUBLISHING COMPANY, NEW DELHI- 110059

The Indian Council of Social Science Research gave the financial support towards the publication of this work. However, the responsibility for the contents of the book — facts, opinions, conclusions, etc. — is entirely that of the author and not of the ICSSR.

ICSSR Consultant: **Prof. R.L. Singh**

ISBN 81-7022-515-9

First Published 1994

Published and Printed by
Ashok Kumar Mittal
Concept Publishing Company
A/15-16, Commercial Block, Mohan Garden
NEW DELHI- 110059 (India)

Lasertypeset by
Printing Express
H-13, Bali Nagar
NEW DELHI-110015

प्राक्कथन

नगर के अन्य तत्वों–आकार, संरचना एवं प्राचीनता के समान जनसंख्या घनत्व भी उसका एक मूलभूत तत्व है। अतः भौगोलिक अध्ययन में मानव का क्षेत्र के संदर्भ में अध्ययन एवं विश्लेषण विशेष महत्वपूर्ण होता है, क्योंकि इससे न केवल बसाव की प्रवृत्ति अपितु विभिन्न नगरीय क्षेत्र के आकर्षण के क्षमता के साथ–साथ नगरीय संरचना भी प्रकट होती है। नगर विकास की प्रारम्भिक अवस्था में जब अभिकेन्द्रीय शक्तियां सक्रिय होती हैं, केन्द्र में जनसंख्या संकेन्द्रण बढ़ता है। नगर केन्द्र के प्रति आकर्षण बने रहने के कारण जनसंख्या का उर्ध्व विस्तार होता रहता है तथा अन्ततः यही भाग नगर का सर्वाधिक सघन बसाव वाला क्षेत्र बन जाता है। इस क्षेत्र के चारों ओर दूरी वृद्धि के अनुसार सघनता में ह्रास होता जाता है। दूसरे शब्दों में, नगर केन्द्र से दूरी–वृद्धि के अनुसार जनघनत्व में पाये जाने वाले ह्रास को ही घनत्व प्रवणता द्वारा विश्लेषित करते हैं। इस प्रकार इसके अन्तर्गत आवासीय धरातल की विविधाओं एवं विभिन्नताओं का सम्यक् एवं विवेकपूर्ण अध्ययन भूत, वर्तमान और भविष्य के संदर्भ में किया जाता है जो मानव समुदाय के पृथक एवं विशिष्ट समुदायों की विशेषताओं के फलस्वरूप आर्विभूत होता है। नगरीय जनसंख्या वितरण में व्याप्त क्षेत्रीय विभिन्नताओं हेतु क्षेत्रीय आर्थिक परिवेश अधिक उत्तरदायी होता है।

नगर की जनसंख्या वृद्धि का त्वरित प्रभाव नगर आकार पर भी पड़ता है। इसमें वृद्धि के साथ ही ग्रामीण भूमि उपयोग नगरीय सीमा में विलीन होते जाते हैं और कालावधि में नये जनसंख्या वितरण क्षेत्र को जन्म देते हैं। इस प्रकार नगर विस्तार के साथ–साथ जनसंख्या वितरण प्रतिरूप भी परिवर्तित होती जाती है। अतः नगर के जनसंख्या वितरण प्रतिरूप में होने वाले परिवर्तनों से नगर के आर्थिक विकास की अवस्था का भी अनुमान लगाया जा सकता है। चूंकि नगर क्षेत्र में जनसंख्या वितरण के वर्तमान स्वरूप को देखे बिना भावी जनसंख्या वितरण का आयोजन करना कठिन होता है। अतः किसी भी नियोजनकर्ता के लिए प्रवणता सम्बन्धी विश्लेषण भविष्य के जनसंख्या वितरण के स्वरूप को समझने तथा नगर की सुन्दरता एवं जनोपयोगी सुविधाओं की आपूर्तिजन्य व्यवस्था को यथोचित बनाए रखने सम्बन्धी नियोजन में सहयोग प्रदान करता है।

नगरों में भूमि उपयोग की व्यवस्था का जो भी क्रम हो, आन्तरिक जनसंख्या वितरण की दृष्टि से उनमें एक सामान्य प्रारूप का बोध होता है। नगर केन्द्र में जनसंख्या घनत्व अधिकतम तथा इस शीर्ष घनत्व क्षेत्र से बाह्य दिशाओं में क्रमागत ह्रास परिलक्षित होता है। कोलिन क्लार्क (1951) ने इस प्रक्रिया के सांख्यिकीय विश्लेषणोपरान्त पाया कि "नगर केन्द्र से दूरी वृद्धि के क्रम में जनसंख्या घनत्व ऋणात्मक घातीय रीति से कम होती है। फलतः विश्व स्तर पर अनेक भूगोल वेत्ताओं एवं अर्थशास्त्रियों ने विभिन्न नगरों के आन्तरिक जनसंख्या वितरण प्रतिरूप के अध्ययनार्थ शोध किए। यह अध्ययन उसी क्रम में एक कड़ी है जिसमें उत्तर भारत के "ऊपरी गंगा मैदान के नगरों में जनसंख्या घनत्व प्रवणता " का विश्लेषण कर निम्न परिकल्पनाओं को सिद्ध करने का प्रयास किया गया हैः
(1) क्या पूर्ववर्ती विद्वानों द्वारा दिए गये निष्कर्ष यहां के नगरों पर पूर्णतः लागू होते हैं? अथवा (2) उनमें कोई विभेद पाया जाता है।

इन दोनों तथ्यों को निम्न बातों के परिप्रेक्ष्य में विश्लेषित किया गया है।

1. नगरीकरण एवं नगरीय विशेषताओं का जनसंख्या वितरण पर प्रभाव पड़ता है।
2. नगरों में प्राप्त जनोपयोगी सुविधाओं से प्रभावित होकर ही जनसंख्या किसी स्थान विशेष पर बसती है।
3. छोटे–बड़े, नवीन–प्राचीन नगरों में घनत्व प्रवणता भिन्न–भिन्न होती है।
4. नगर केन्द्र की जनसंख्या वितरण प्रतिरूप परिधिस्थ क्षेत्र की जनसंख्या वितरण प्रतिरूप से पूर्णतः भिन्न होता है।
5. जनसंख्या घनत्व प्रवणता पर आर्थिक स्तर एवं परिवहन साधनों के विकास एवं उपलब्धता का प्रभाव पड़ता है।
6. नगर क्रोड में भूमि उपयोग पर अत्यधिक दबाव के फलस्वरूप जनसंख्या का एक भाग बाह्यवर्ती क्षेत्रों में बसने के लिए बाध्य होता है।
7. नगर का क्षेत्रीय विस्तार भी घनत्व प्रवणता को प्रभावित करता है।
8. नगर में आवासीय परिवर्तन की अवस्था भी प्रवणता का निर्धारक होती है।
9. कालावधि में घनत्व प्रवणता में परिवर्तन होता रहता है।
10. नगर सीमा में विस्तार न होने पर घनत्व प्रवणता में ह्रास संभव है।

आंकड़ा संग्रह

किसी भी समस्या के संभाव्य हल के लिए निश्चित की गयी परिकल्पना के औचित्य

के परख हेतु आंकड़ों का संचयन अत्यन्त महत्वपूर्ण होता है। चूंकि शोध क्षेत्र का आकार वृहद है, शोध कार्य की प्रकृति "इकाई अध्ययन" (केस स्टडी) परक है और तथ्यों की अधिक शुद्धता अभीष्ट हो, अतः आंकडों का संचयन द्वितीयक स्रोतों के अतिरिक्त आवश्यकतानुसार प्राथमिक स्रोतों से भी क़िया गया है। चयनित नगरों के वार्डों के क्षेत्रफल की अनुपलब्धता एक कठिनाई के रूप में अनुभव की गयी। नगर केन्द्र का निर्धारण भी समान रूप से कठिन था। जनगणना पुस्तिकाओं के अप्रकाशित होने के कारण वाछित नवीन आंकडों को जनगणना निदेशालय लखनऊ से ही प्राप्त करना पड़ा। 1961 तथा 1971 के आंकड़े जनगणना पुस्तिकाओं से लिए गये हैं। विभिन्न नगरों से सम्बन्धित अद्यतन मानचित्र जनगणना निदेशालय लखनऊ तथा चयनित नगरों के नगर महापालिकाओं/नगरपालिकाओं से प्राप्त किए गये हैं। तदन्तर अपेक्षित सूचनाओं यथा भूमि उपयोग के आंकड़े नियोजन कार्यालयों द्वारा तथा प्रकाशित पुस्तिकाओं से प्राप्त किया गया है। समग्र का प्रतिनिधित्व करने वाले प्रतिदर्श क्षेत्रों से प्रश्नावली विधि द्वारा प्राथमिक आंकड़ों का संकलन किया गया है, साथ ही प्रत्यक्षानुभव से नगरीय आवासीय स्वरूप एवं अन्य स्थानीय सूचनाओं को एकत्र किया गया है। प्रवणता माप हेतु आंकडों का सारणीयन संकेन्द्रीय वृत्तों के आधार पर किया गया है।

प्रतिदर्श नगरों के चयन का आधार

जनसंख्या घनत्व प्रवणता के आंकलन के लिए कुल पांच नगरों का प्रतिचयन किया गया है जो अनेक प्रकार से परस्पर भिन्न होकर सम्पूर्ण अध्ययन क्षेत्र का प्रतिनिधित्व करते हैं। चयनित नगर लखनऊ (नगर समूह – 1007004), इलाहाबाद (नगर समूह – 650070), बरेली (नगर समूह – 449425), अलीगढ़ (म्यू0बोर्ड0 – 320861) एवं गाज़ियाबाद (नगर समूह – 287170) हैं। ये क्रमशः प्राचीन, मध्य युगीन तथा आधुनिक युगीन विशेषताओं के द्योतक हैं। इन नगरों के आर्थिक स्तर एवं विकास में पर्याप्त वैषम्य मिलता है। कहीं आधुनिक उद्योगों की अधिकता है तो कहीं परम्परागत उद्योगों की। लखनऊ राज्य की राजधानी है जबकि शेष कमिश्नरी एवं जनपद मुख्यालय हैं। किसी की जनसंख्या में तीव्र वृद्धि अंकित की गयी है तो किसी में अल्प वृद्धि या स्थिरता पायी जाती है। इस प्रकार विभिन्न आकार के नगरों में घनत्व प्रवणता को स्पष्ट करने के लिए अध्ययन को तीन वर्गों (1) महानगर (10 लाख से अधिक), (2) वृहद नगर (5 लाख से अधिक), (3) नगर (5 लाख से कम), में विभक्त किया गया है। तृतीय क्रम के नगर भी 2.5 लाख से ऊपर ही हैं। निचली श्रेणी के या छोटे नगरों का चयन मात्र इसी लिए

नहीं किया गया क्योंकि उनमें घनत्व प्रवणता का सामान्यतया कोई स्वरूप नहीं उभरता है।

गोमती नदी पर स्थित राजधानी लखनऊ, प्रदेश का द्वितीय दसलाखी नगर है। नवाबों, ब्रिटिश शासकों एवं आधुनिक विकास के प्रभावजन्य आर्थिक सांस्कृतिक भिन्नता के फलस्वरूप इसके आवासीय आकार–प्रकार में भी भिन्नता दृष्टिगत होती है। यहीं कारण है कि नगर का औसत जनसंख्या घनत्व 69 व्यक्ति प्रति हेक्टेयर है जबकि वार्ड के अनुसार कुछ में 1078 व्यक्ति/हेक्टेयर की अत्यधिक घनत्व भी देखी जाती है।

ऐतिहासिक एवं धार्मिक दृष्टि से महत्वपूर्ण गंगा–यमुना एवं लुप्त सरस्वती के संगम पर बसे प्राचीन नगर इलाहाबाद की विशेषताएं कुछ भिन्न है। 1930 तक प्रदेश की राजधानी होने के कारण इसकी जनसंख्या वितरण पर प्राकृतिक एवं राजनैतिक दोनों कारकों का विशेष प्रभाव पड़ा है। नगर में स्थित तीन सैनिक छावनियों, चर्च, प्राचीन बंगले जनसंख्या वितरण की सातत्यता में बाधा उत्पन्न कर रहे हैं। नैनी औद्योगिक क्षेत्र के नगर में सम्मिलित होने से नगर के आवासीय विस्तार को नया आयाम प्राप्त हुआ है।

रोहिलखण्ड मुख्यालय बरेली परम्परागत उद्योग एवं प्रशासनिक केन्द्र के रूप में विकसित हुआ है। नगर के विस्तृत भाग पर सैनिक छावनी के विस्तार के कारण शेष क्षेत्र पर जनसंख्या वितरण अतिसघन है। अलीगढ़ नगर घरेलू उद्योगों एवं शैक्षणिक केन्द्र का प्रतिनिधित्व करता है। नगर का प्रमुख भूमि उपयोग आवासीय (कुल भूमि का 45 प्रतिशत) ही है। औद्योगिक केन्द्र का प्रतिनिधित्व करने वाला गाज़ियाबाद नगर वृहद उद्योगों से युक्त है। गत दो दशकों में यहां जनसंख्या वृद्धि एवं नगर क्षेत्र का विस्तार अधिक हुआ है। नगर में 29.56 प्रतिशत भूमि औद्योगिक उपयोग के अन्तर्गत है। प्रारम्भिक नगर विकास की प्रक्रिया के कारण अनियत बसाव जनसंख्या घनत्व को भी प्रभावित कर रहा है।

अध्ययन क्षेत्र की सामान्य विशेषताएं

ऊपरी गंगा मैदान, गंगा–यमुना के संगम से उत्तरी पश्चिमी भाग में 149099 वर्ग किमी क्षेत्र (उत्तर प्रदेश का 51% क्षेत्रफल) पर विस्तृत है। इसका अक्षांशीय एवं देशान्तरीय विस्तार क्रमशः 25°15′ से 30° 17′ उत्तर तथा 73° 30′ से 82° 31′ पूर्व है। उत्तर में 300 मीटर की समोच्च रेखा द्वारा यह गढ़वाल कुमायूँ (गढ़–कुम) हिमालय से तथा शारदा नदी से पूर्व भारत नेपाल अन्तर्राष्ट्रीय सीमा द्वारा और दक्षिण में यमुना नदी द्वारा बुन्देलखण्ड से इसकी सीमा निर्धारित होती

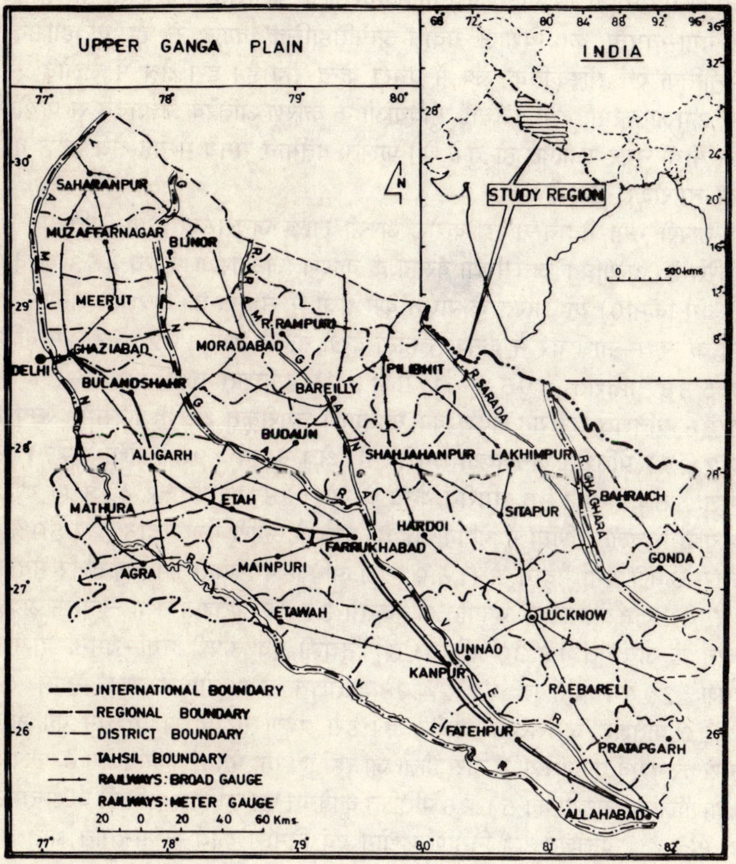

FIG 1: Upper Ganga Plain

है। इस विस्तृत प्रदेश में मेरठ (देहरादून एवं नैनीताल की दो तहसीलों के अतिरिक्त), आगरा, रोहिलखण्ड, लखनऊ, इलाहाबाद (हण्डिया, फूलपुर, करछना तहसीलों को छोड़कर) तथा फैजाबाद (उतरौला, बलरामपुर, टाण्डा, अकबरपुर, सुलतानपुर कादीपुर एवं पट्टी के अतिरिक्त) कमिश्नरियों के प्रशासनिक क्षेत्र सम्मिलित हैं।

गंगा–यमुना का विशाल मैदान प्रागैतिहासिक काल से ही ऐतिहासिक, राजनीतिक एवं सांस्कृतिक रूप में प्रमुख केन्द्र रहा है। इस क्षेत्र में जलोढ़ एवं अन्य ऊपजाऊ मिट्टियों, सिंचाई सुविधाओं के कारण अतिरेक उत्पादन से प्राचीन काल में ही नगर स्थापित हो चुके थे। फलतः वर्तमान समय में यह क्षेत्र प्रदेश का मुख्य नगरीकृत क्षेत्र है।

ऊपरी गंगा मैदान में छः करोड अस्सी लाख जनसंख्या विषम प्रतिरूपों में वितरित है। अत्यधिक जनसंख्या बसाव के कारण (जनसंख्या घनत्व 453 व्यक्ति प्रति वर्ग किमी0) यह भारत के सघन बसे क्षेत्रों में से एक है। क्षेत्र की जनसंख्या वृद्धि के साथ–साथ दर में क्रमशः तीव्रता देखी गई है यथा 1921–31 में वृद्धि दर 5.88 प्रतिशत, 1951–61 में 18.35 प्रतिशत तथा 1971–81 में 25.38 प्रतिशत है। यह प्रदेश का महत्वपूर्ण नगरीकृत क्षेत्र है जिसमें सम्पूर्ण की 21.56 प्रतिशत जनसंख्या नगरीय है। क्षेत्र में वर्ष 1961 तथा 1971 में क्रमशः 164 तथा 180 नगरीय केन्द्र थे जो 1981 में बढ़कर 418 हो गये। यह वृद्धि निचली श्रेणियों में अधिक हुई है। दक्षिणी ऊपरी गंगा मैदान (27.50%) उत्तरी ऊपरी गंगा मैदान से (16.92%) अधिक नगरीकृत है। यमुनापार मैदान में नगरीय जनसंख्या का अनुपात अधिकतम 35.48 प्रतिशत तथा न्यूनतम अवध मैदान के अन्तर्गत 13.30 प्रतिशत है। निचली एवं ऊपरी गंगा–यमुना दोआब क्रमशः 29.77 प्रतिशत एवं 24.98 प्रतिशत तथा रोहिलखण्ड मैदान की 23.20 प्रतिशत जनसंख्या नगरीय है। इस प्रदेश में पूर्व से पश्चिम की ओर नगरीकरण एवं जनसंख्या में ह्रास होता जा रहा है। यह मैदान कृषि प्रधान है, फलतः क्रियाशील जनसंख्या का 51.86 प्रतिशत कृषिगत एवं कृषिगत श्रमिकों के अन्तर्गत एवं मात्र 4.1 प्रतिशत गृह निर्माण उद्योग एवं निर्माण कार्य के अन्तर्गत आते हैं। औद्योगीकरण की दृष्टि से यह क्षेत्र अधिक महत्वपूर्ण नहीं है। प्रदेश के छः नगरों–कानपुर, लखनऊ, आगरा, रामपुर, बरेली एवं गाज़ियाबाद सहित कुछ जनपदों में गृह उद्योग की ही महत्ता है।

कार्य संगठन

विषय वस्तु के अध्यायीकरण का मुख्य आधार विविध आकार प्रकार एवं विशेषतायुक्त नगरों में जनसंख्या वितरण प्रतिरूप का आकलन करना तथा उन कारकों को आलोकित करना जो उन पर प्रभाव डालते हैं।

प्रथम अध्याय शोध विषय के संकल्पनात्मक पृष्ठभूमि से सम्बन्धित है। इसके अन्तर्गत नगरीय जनसंख्या घनत्व से सम्बन्धित ऋणात्मक घातीय मॉडलों–वानथ्यूनेन (1875) द्वारा बीजवमन से ब्लिचर (1892) तथा क्लार्क (1975) द्वारा मॉडल रूपी पौधे को अंकुरित तथा विकसित करने एवं साइमन्स टेन्नैन्ट, अजो (1965), न्यूलिंग (1968) एवं कैसेटी के प्रयासों से परिष्कार एवं विस्तार तक का विस्तृत विवेचन समाहित है। तदंतर मिल्स एवं कुछ अन्य विद्वानों द्वारा उद्धृत घनत्व प्रवणता को प्रभावित करने वाले कारकों की व्याख्या की गयी है। अन्त में विधि तंत्र के अन्तर्गत विभिन्न सांख्यिकीय सूत्रों–सहसम्बन्ध गुणांक, समाश्रयण गुणांक, निश्चितता गुणांक, मानक त्रुटि तथा एफ अनुपात एवं प्रचलित कुछ परिभाषाओं का उल्लेख किया गया है।

द्वितीय अध्याय नगरीकरण के विविध पक्षों से सम्बन्धित है। इसमें जनपदानुसार नगरीय जनसंख्या विगत तीन दशकों में परिवर्तन के साथ ही विभिन्न श्रेणी के नगरों की संख्या तथा उनके पदानुक्रम में परिवर्तन को विश्लेषित किया गया है। नगरीय घनत्व, नगरीकरण स्तर एवं नगरीय विशेषताओं का भी यही उल्लेख है।

नगरीय विशेषताएं नगरों में जनसंख्या वितरण की मूलाधार होती है अतः नगरों में जनसंख्या वितरण प्रतिरूप तृतीय अध्याय में व्याख्यायित है। अगले तीन अध्यायों (4,5 एवं 6) में विभिन्न श्रेणी के नगरों में जनसंख्या घनत्व प्रवणता का मात्रात्मक विवरण प्रस्तुत है। दसलाखी नगरों में लखनऊ, वृहद नगरों में इलाहाबाद और सामान्य नगरों के अन्तर्गत बरेली, अलीगढ़, एवं गाज़ियाबाद नगरों को प्रतीक अध्ययन के रूप में चयनित कर यथास्थान समघनत्व रेखाओं एवं लेखाचित्र की सहायता से घनत्व–दूरी सहसम्बन्ध, समाश्रयण, एवं समाश्रयण से विचलन तथा अवशिष्ट मानचित्रण कर सार्थकता परीक्षण किया गया है। समाश्रयण विश्लेषण हेतु चार मॉडलों प्रथम अंश ऋणात्मक घातीय मॉडल, द्वितीय अंश ऋणात्मक घातीय मॉडल, वर्गमूल घातीय मॉडल एवं क्वाड्रेटिक घातीय मॉडल का परीक्षण किया गया है।

सातवें अध्याय में आवासीय परिवर्तन तथा इसके घनत्व प्रवणता पर पड़ने वाले प्रभावों का विश्लेषण हैं। आवासीय परिवर्तन को स्पष्ट करने के लिए लखनऊ के इन्दिरा नगर कालोनी के सी0 ब्लाक से उच्च आय वर्ग, मध्यम आय वर्ग एवं निम्न आय वर्ग के कुल 522 परिवारों को प्रतीक अध्ययन के रूप में चयनित किया गया है। यह आवासीय परिवर्तन पारिस्थितिकी मॉडलों के सन्दर्भ में भी वर्णित है। आवासीय परिवर्तन में नगर के किसी वार्ड से अथवा अन्यत्र से आकर बसे लोगों की व्याख्या समय एवं आवृत्ति के संदर्भ में किया गया है। अन्त में शोध निष्कर्ष प्रस्तुत किया गया है।

योगदान

सम्पूर्ण विषयवस्तु को स्पष्ट करने के लिए एक ओर जहां विविध सांख्यिकीय विधियों का प्रयोग है वहीं 51 मानचित्रों एवं आरेखों, 49 तालिकाओं की सहायता ली गई है। कुछ बड़ी सारणियां परिशिष्ट में प्रस्तुत की गयी हैं। इस प्रकार इस अध्ययन में निम्न योगदान किए गये हैं:

1. प्रदेश के नगरों की जनसंख्या घनत्व प्रवणता के विस्तृत अध्ययन का यह प्रथम प्रयास है।
2. घनत्व प्रवणता संबन्धी सभी उपलब्ध मॉडलों का भी यह प्रथम प्रयोग है।
3. नगरीकरण अध्ययन में नगरीय क्षेत्र के विस्तार का सम्यक् विश्लेषण नये संदर्भ में किया गया है।
4. क्षेत्र के छोटे–बड़े नगरों को प्रतिदर्श रूप में चयनित कर घनत्व प्रवणता प्रतिरूप में भिन्नता को प्रकट करने का प्रथम प्रयास है।
5. नगर के आवासीय परिवर्तन की व्याख्या क्षेत्रीय सर्वेक्षण पर आधारित है।
6. सर्वेक्षण के आधार पर नगरवासियों की नगर के आन्तरिक एवं बाह्य क्षेत्र में सुविधाओं, असुविधाओं को जांचने का प्रयास किया गया है।
7. आवासीय परिवर्तन को विभिन्न पारिस्थितिकीय मॉडलों से सम्बद्ध किया गया है।
8. आवासीय एवं घनत्व परिवर्तन एक दूसरे को कहां तक प्रभावित करते हैं, इसे भी जांचा गया है।

इस प्रकार "ऊपरी गंगा मैदान के नगरों में जनसंख्या घनत्व प्रवण्ता" का यह विश्लेषण भौगोलिक अध्ययन में एक मौलिक योगदान कहा जा सकता है।

गोरखपुर चन्द्रभान

आभार

प्रस्तुत पुस्तक मेरे शोध प्रबन्ध का एक परिमार्जित स्वरूप है। अतः सर्वप्रथम मैं अपने शोध प्रबन्ध के निर्देशक डा० हीरालाल, उपाचार्य, भूगोल विभाग, गोरखपुर विश्वविद्यालय, गोरखपुर का हृदय से आभारी हूँ जिनके सम्यक सहयोग एवं समय-समय पर विषयगत समस्याओं के समाधान से यह लेखन कार्य पूर्ण हो सका है। पुनः विभागाध्यक्ष प्रो० जे० सिंह, विभाग के अन्य गुरूजनों द्वारा प्राप्त उत्साहवर्धन एवं अर्थशास्त्र के प्रवक्ता श्री सच्चिदानन्द यादव द्वारा प्रदान की गयी गणना सम्बन्धी सहायता हेतु अपना आभार व्यक्त करता हूँ।

पुस्तक निर्माण की प्रक्रिया में साहित्य चयन, आंकड़ा संकलन हेतु भारतीय सामाजिक अनुसंधान परिषद, नई दिल्ली, बनारस हिन्दू विश्वविद्यालय, दिल्ली विश्वविद्यालय के पुस्तकालयाध्यक्षों, निदेशक जनगणना निदेशालय लखनऊ एवं गाजियाबाद, इलाहाबाद, लखनऊ, अलीगढ़ नगरों की नगर पालिकाओं के अधिकारियों से विशेष सहयोग प्राप्त हुआ। अतः इन सभी को धन्यवाद ज्ञापित करता हूँ। मैं उन सभी विद्वानों के प्रति कृतज्ञ हूँ जिनके अध्ययनों से उद्धरण या भाव लिये गये हैं।

मैं, अपने पूज्य माता-पिता का विशेष ऋणी हूँ जिनके सतत् स्नेह एवं प्रेरणा से ही शिक्षण एवं शोध कार्य सम्पन्न हो सका है। पत्नी श्रीमती उषा वर्मा के अविस्मरणीय सहयोग एवं सम्बल तथा पुत्री मानसी के स्नेह को पुस्तक रचना के लिए विशेष योगदान मानता हूँ।

पुस्तक प्रकाशन हेतु आर्थिक सहायता प्रदानार्थ भा० सा० वि० अ० परिषद एवं विषय विशेषज्ञ प्रो० रामलोचन सिंह के सुझावों के लिए आभार व्यक्त करना मैं अपना कर्तव्य समझता हूँ।

पुस्तक को मुद्रित करने एवं उसे सुरूचिपूर्ण स्वरूप प्रदान करने के लिए कान्सेप्ट प्रकाशन के श्री नवरंग राय तथा श्री अशोक कुमार मित्तल विशेष बधाई के पात्र हैं।

चन्द्रभान

अनुक्रमणिका

List of Maps and Figures

सारणी सूची

अध्याय 1

संकल्पनात्मक पृष्ठभूमि

घनत्व प्रवणता

नगर के अन्य तत्वों–आकार, संरचना एवं आयु के समान घनत्व भी एक मूलभूत तत्व है। नगर विकास की गत्यात्मक प्रवृत्ति नगरीय घनत्व को प्रभावित करती है। "घनत्व प्रवणता"* नगर केन्द्र से दूरी–वृद्धि के साथ घनत्व में परिवर्तन की दर होती है। सामान्यतः नगर केन्द्र अथवा निकटवर्ती क्षेत्रों में, प्रति इकाई क्षेत्र में जनसंख्या का अत्यधिक संकेन्द्रण तथा इससे दूर बाह्यवर्ती क्षेत्र में घटता जाता है। अर्थात् नगर केन्द्र से दूरी वृद्धि के अनुसार घनत्व में अन्तर विशेषतः ह्रास को व्यक्त करने के लिए एक गणितीय सिद्धान्त है।

इस विषय का अध्ययन वानथ्यूनेन[1] (1875) द्वारा प्रारम्भ किया गया तथापि घनत्व प्रवणता सम्बन्धित माडल का सूत्रपात सर्वप्रथम ब्लिचर[2] (1892) ने किया था। इन्होंने अपने द्वारा प्रस्तुत माडल ($D_d=D_o e\text{-}bd$)** का परीक्षण फ्रैंकफुर्ट नगर पर करने के पश्चात् निष्कर्ष रूप में प्रस्तुत किया कि "नगर के भीतर जनसंख्या वितरण अनियमित होता है, परन्तु बाह्य दिशाओं में घनत्व नियमित दर से घटता जाता है"।

यद्यपि कि यह तकनीक प्राचीन है परन्तु इस विषय में भूगोलविदों की रूचि उत्पन्न करने का श्रेय कोलिन क्लार्क[3] (1951, 1958) को है। इन्होने इस गणितीय सिद्धान्त को उपयुक्त एवं सही स्वरूप प्रस्तुत करते हुए "प्रथम अंश ऋणात्मक घातीय मॉडल" (First Degree Negative Exponential Model) प्रतिपादित किया जो ब्लिचर के मॉडल के ही समान है। इस मॉडल को निम्नवत व्यक्त किया जाता है: $dx = d_o e - bx$ जहाँ dx= नगर केन्द्र से x दूरी पर जनसंख्या घनत्व (d), dO= शून्य दूरी पर अर्थात् नगर केन्द्र में जनसंख्या घनत्व (अर्थात्

---

* Density gradient, is a rate of change in density with increase in distance, decline exponentially.

** D_d=D_oe-bd जहां D_d किसी निश्चित दूरी पर जनसंख्या घनत्व, Do = नगर केन्द्र में जनसंख्या घनत्व, e प्राकृतिक लघुगुणक, b= घनत्व प्रवणता।

स्थिरांक) d= प्राकृतिक लाग का आधार, *b* घनत्व प्रवणता अर्थात् जनसंख्या घनत्व के वक्र का ढाल अर्थात् दूरी वृद्धि के साथ जनसंख्या घनत्व में ह्रास की दर, *x* = नगर केन्द्र से दूरी।

इस मॉडल को निम्न समीकरण में भी प्रस्तुत किया जाता है:

$$y = e^{a} - bx$$

जहाँ *x* = नगर केन्द्र से मील में दूरी, *y* = निवासी जनसंख्या का घनत्व हजार प्रति वर्ग मील, *b* = घनत्व ह्रास दर के माप का गुणांक और ***A*** = नगर केन्द्र में संकुलता की मात्रा की माप करने वाला गुणांक।

इसी सूत्र में जनसंख्या घनत्व की अस्थिर संख्या को प्राकृतिक लाग में परिवर्तित कर देने पर जनघनत्व–वक्र को सीधी रेखा के रूप में प्रस्तुत किया जाता है। जिसके लिए निम्न सूत्र प्रयोग में लाया जाता है:

$$In\ dx = In\ do\text{-}bx$$

जहां *In dx = x* दूरी पर जनसंख्या घनत्व का प्राकृतिक भाग एवं *In do*= स्थिर अंक या नगर केन्द्र के घनत्व का प्राकृतिक लाग।

क्लार्क ने विश्व के देशों के 36 नगरों के आंकडों पर इस मॉडल का सांख्यिकीय विश्लेषण कर यह निष्कर्ष निकाला कि "नगर केन्द्र से दूरी–वृद्धि के अनुसार घनत्व में ह्रास ऋणात्मक घातीय दर से होता है" परन्तु एक भी ऐसा नगर नहीं जो इस प्रवणता प्रतिरूप को यथावत प्रदर्शित करता हो। इस विषय के अध्ययनोपरान्त निष्कर्ष निम्नवत् प्रस्तुत किया है:

(1) प्रत्येक बड़े नगर में, केन्द्रीय वाणिज्य क्षेत्र को छोडकर जहां कम निवासी रहते हैं, आन्तरिक भाग में सघन जनसंख्या के क्षेत्र होते हैं, तथा ज्यों–ज्यों नगर बाह्य की ओर बढ़ते हैं जनसंख्या घनत्व में तीव्र ह्रास होता है।

(2) अधिकांश नगरों में (किन्तु सभी में नहीं) समयावधि में अत्यधिक सघन आन्तरिक नगर बाह्य में घनत्व ह्रास प्रारम्भ होता है तथा बाह्य–नगर बाह्य में बढ़ने लगता है। सम्पूर्ण नगर स्वतः बाह्य भाग की और फैलने की प्रवृत्ति धारण कर लेता है।

यह विधि व्यवहारिक स्तर पर विरले ही सही बैठती है तथा इसके आधार पर सैद्धान्तिक व्याख्या संभव नहीं है। इसी आधार पर हार्वे ने इसे अविशिष्ट मॉडल कहा है[4]। इसके विपरीत डैम्को ने इसकी महत्ता के विषय में लिखा है कि 1801 से आज तक अर्थात् लासएंजेल्स से वुडपेस्ट तक सभी समयों एवं स्थानों पर यह सिद्धान्त सत्यापित हुआ है[5]।

क्लार्क के प्रथम अंश ऋणात्मक घातीय मॉडल का प्रयोग विकसित एवं विकासशील राष्ट्रों के अनेक विद्वानों द्वारा किया गया है, जिसकी सूची संक्षिप्त

रूप में प्रस्तुत किया जा रहा है। 1960 से 1970 दशक के बीच एलोन्सो[6], विन्सवर्घ[7], बैकमैन[8], डी०हार्वे[9], आर०ब्युजियर्स[10], रीस[11], आडम्स[12], मार्सडेन[13], तथा 1970–1980 दशक में पापाजीवारोजिया[14], आर०ह्वाइटहैण्ड[15], मिल्स[16], रूडोल्फ सी०मार्टिन[17], हेरिसन एवं केन[18], ब्रीन[19], सी०फिल्ड तथा जार्ज म्यूरिक आदि हैं। इनमें से अधिकांश शोधकर्ता विकसित राष्ट्रों के नगरों का अध्ययन किए हुए हैं।

स्टीवर्ट तथा वार्न्ट्ज[20] (1958) के संयुक्त राज्य अमेरिका तथा ब्रिटेन के नगरों के अध्ययन का निष्कर्ष उपरोक्त के समान था अर्थात घनत्व शिखर से सभी दिशाओं में जनसंख्या घनत्व का घातीय ह्रास। इन विद्वानों ने यह भी देखा कि औसत नगर का क्षेत्रफल उसकी कुल जनसंख्या के 3/4 घात का अनुपाती होता है तथा केन्द्रीय घनत्व जनसंख्या आकार पर आश्रित होता है। जनसंख्या वृद्धि के साथ–साथ लोगों के बीच आकर्षण (जनांकीकीय गुरूत्वाकर्षण) कम होता जाता है। जिससे केन्द्रीय घनत्व कम या संकुचित हो जाती है। पुनः उन क्षेत्रों में जहां सामान्य जनसंख्या विभव निम्न है वहां नगर अपेक्षाकृत उच्च जनविभव वाले क्षेत्रों के उसी आकार के नगरों की तुलना में वृहत्तर क्षेत्र धारण करते हैं।

टैनर एवं शिरैट[21] (1960–61) ने द्वितीय अंश ऋणात्मक घातीय मॉडल को विकसित किया है जिसका घनत्व वक्र एक सीधी रेखा न होकर कर्व के रूप में होती है। प्रथम अंश ऋणात्मक घातीय मॉडल से भिन्न करने वाला प्रमुख तथ्य यह है कि नगर केन्द्र से तुरन्त बाह्य क्षेत्र की ओर दूरी की प्रथम पेटी में जनसंख्या घनत्व तीव्र दर से न घटकर मन्द दर से घटता है, परन्तु थोड़ी दूरी के बाद यह घनत्व ह्रास दर अत्यधिक तीव्र हो जाता है, और नगर के परिधिस्थ क्षेत्र में पुनः मन्द हो जाता हैः (चित्र 1.1)। इनके द्वारा प्रस्तुत मॉडल निम्नवत हैः

$$y = e^{a} - bx^{2}$$

जिसे लाग में परिवर्तित करने पर $log\ y = log\ a + 2x\ log\ b$.

मूथ[22] (1961) आवासीय इकाई को मुख्य घटक मानते हुए गृह–बाजार प्रतिस्पर्धा मॉडल को प्रस्तुत कर उद्घाटित किया है कि "नगर केन्द्र से दूर आवासीय मूल्य, प्रति गृह लागत एवं आवासीय किराये में ह्रास तथा आवासीय प्रयोग में वृद्वि होती जाती है।

बेरी, साइमन्स एवं टेन्नैन्ट[23] (1963) ने समय एवं स्थल (Time and Space) के सन्दर्भ में एक वैकल्पिक माडल को विकसित कर विश्व के विभिन्न देशों के 100 नगरों को जनसंख्या घनत्व का सांख्यिकीय विश्लेषण किया है। इन विद्वानों ने ऋणात्मक घातीय ह्रास को नगरीय भू–उपयोग सिद्वान्त का एक तार्किक प्रतिफल माना है। इन्ही के द्वारा यह भी प्रस्तुत किया गया है कि नगर आकार में विस्तार के साथ–साथ घनत्व प्रवणता तथा संकेन्द्रण की मात्रा में ह्रास होता है। परन्तु

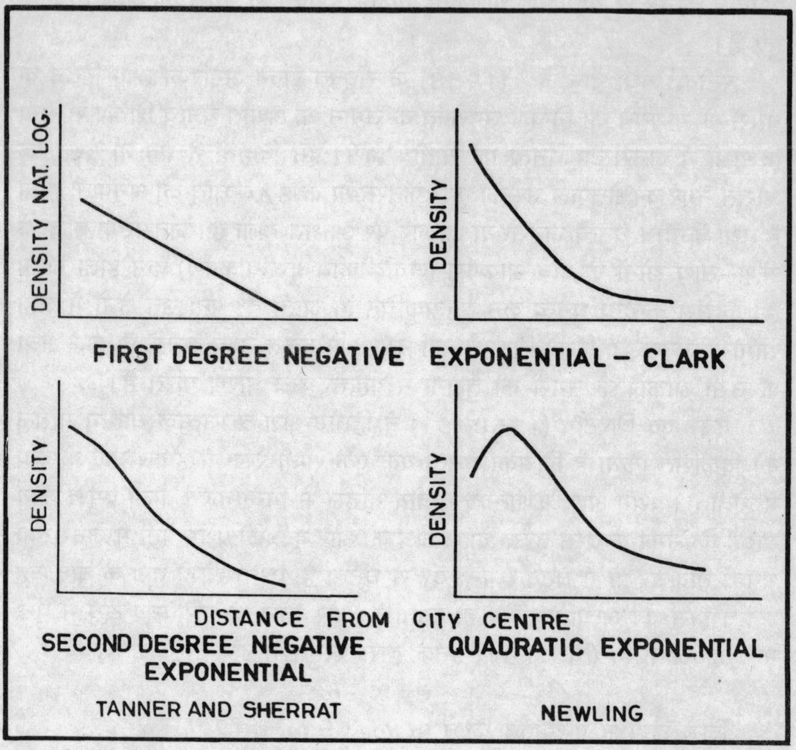

FIG. 1.1: Models of Density Gradients

यह पश्चिमेत्तर नगरों (कुछ–नगरों के अतिरिक्त) पर पुष्ट नहीं होता है क्योंकि जनसंख्या वृद्धि केन्द्र एवं वाह्य दोनों क्षेत्रों में होने से घनत्व प्रवणता स्थिर बने हुए हैं।

अजो[24] (1965) ने वर्गमूल ऋणात्मक घातीय मॉडल विकसित कर लन्दन नगर के उपान्त पर परीक्षण किया है। इस माडल के अनुसार दूरी–वृद्धि के साथ घनत्व में ह्रास मन्द दर से होता है। इनके द्वारा विकसित मॉडल का सूत्र निम्नवत है:

$$y = e^{a} - b\sqrt{x}$$

जिसे लाग में परिवर्तित करने पर $log\ y = log\ a + \sqrt{x}\ log\ b$

कैसेटी[25] (1967,1969) के अनुसार आवासीय स्थिति सामान्य कार्यस्थल तथा खुले स्थल पर अधिक आधारित होता है जिसके कारण ह्रास मान प्रतिरूप का जन्म होता है। पाश्चात्य देशों के वृहद नगरों के सन्दर्भ में यह परिलक्षित हो चुका है कि नगर केन्द्र में व्यावसायिक भू–उपयोग में वृद्वि के कारण जनसंख्या बाह्य क्षेत्र में स्थानान्तरित हो रही है, फलतः घनत्व पार्श्विका में घनत्व गर्त का प्रादुर्भाव हुआ है। यह मॉडल घनत्व प्रवणता के दूसरे प्रकृति प्रथमतः वृद्वि तत्पश्चात् ह्रास को इंगित करता है। इन्होंने वृहद नगरों के जनसंख्या घनत्व प्रतिरूप के विश्लेषण हेतु घनत्व गर्त फलन (Density crater Function) एंव विभव फलन (Potential Function) का प्रयोग कर निष्कर्ष प्रस्तुत किया कि :

(1) घनत्व प्रतिरूप पर घनत्व ह्रास से सम्बन्धित फलन की अपेक्षा घनत्व गर्त फलन अधिक उपयुक्त होता है, एवं
(2) अलग–अलग घनत्व समूह के लिए भिन्न भिन्न फलन अधिक उपयोगी होता है ।

न्यूलिंग[26] (1967, 1968) ने उपरोक्त माडलों से भिन्न "क्वाड्रेटिक घातीय मॉडल" प्रस्तुत किया है, जिसके अनुसार नगर केन्द्र में कम घनत्व के कारण 'घनत्वगर्त' तथा इस गर्त के बाह्य सीमा पर अधिकतम घनत्व होता है जिसे 'घनत्व पट्टी कहते हैं। इसके बाद घटते हुए दर में घटता जाता है (चित्र 1.1)। इनके द्वारा प्रस्तुत माडल का सूत्र निम्नवत है:

$$Y = a + bx - CX^2$$

पुनः $dy/dx = exp\ (a + bx - CX^2)\ (+ b\text{-}CX)$

इन्होंने पुनः मॉडलों को नगर विकास की अवस्थाओं से सम्बद्ध किया है। इनके

द्वारा विकसित मॉडल नगरीय विकास की अन्तिम अवस्था अर्थात बृद्धावस्था का सूचक है। इसी प्रकार जनसंख्या घनत्व के अन्य मॉडल भी नगर विकास के किसी न किसी अवस्था को इंगित करते हैं। यथा नगर के प्रथम अवस्था में क्लार्क का मॉडल उपयुक्त है क्योंकि उस समय अधिकाधिक लोग नगर केन्द्र के निकटवर्ती क्षेत्रों में बसना चाहते हैं। पूर्व प्रौढ़ावस्था अर्थात द्वितीय चरण में नगरीय विस्तार होता है और नगर केन्द्र से कुछ दूरी के क्षेत्रों के घनत्व में वृद्धि होती है। इस अवस्था में द्वितीय अंश ऋणात्मक घातीय मॉडल उपयुक्त होता है। उत्तर प्रौढ़ावस्था (अन्तिम अवस्था) में नगर क्रोड (सी०वी०डी०) की वांछनियता घट जाने के कारण "घनत्व गर्त" विकसित होता है।

न्यूलिंग द्वारा प्रस्तुत "समय के साथ घनत्व प्रवणता में ह्रास स्थिर एवं व्यवस्थित ढंग से होता है" भी अत्यधिक महत्वपूर्ण तथ्य है। सर्वप्रथम यह ह्रास अत्यधिक तीव्र तत्पश्चात् घनत्व प्रवणता में ह्रास के कारण मन्द हो जाती है। इसकी गणना हेतु प्रस्तुत समीकरण निम्नवत है:

$$bt = b_o e - ct$$

प्राकृतिक लाग में परिवर्तित करने पर $In\ b = In\ b_o - ct$ जहां bt = 't' समय पर दूरी–घनत्व का प्रवणता, $b_o = t_o$ समय अर्थात पहले के समय पर दूरी–घनत्व प्रवणता (स्थिरांक), e = प्राकृतिक लाग, C = समय के साथ प्रवणता में ह्रास को प्रदर्शित करने वाला Exponent तथा t = अस्थिर समय।

न्यूलिंग ने दो मॉडलों के अतिरिक्त दो और समीकरणों को प्रस्तुत किया है:

(1) Rule of Intra-urban Allometric growth है जिसके अनुसार नगरीय क्षेत्र का प्रत्येक भाग एक दूसरे से सम्बन्धित होकर वृद्धि को प्राप्त होता है तथा नगर केन्द्र में जनसंख्या वृद्धि कम एवं इससे दूरी–वृद्धि के साथ–साथ वृद्धि दर बढ़ता जाता है।

(2) द्वितीय सिद्धान्त 'Critical density' नगर केन्द्र के घनत्व में ह्रास तथा सुदूरवर्ती क्षेत्रों में वृद्धि से सम्बन्धित है।

ड्यूकन [27] (1975) ने संयुक्त राज्य अमेरिका के नगरों के अध्ययन में आवासीय भूमि उपयोग एवं ऋणात्मक घातीय माडल को एक दूसरे से सम्बद्ध पाया। जेम्स वी0क्यू0 एवं चेंज एफ0 ली[28] (1976) ने संयुक्त राज्य अमेरिका के 50 नगरों के कार्यात्मक प्रतिरूप, घनत्व प्रवणता एवं आवासीय मांग तथा मूल्य में लोच के सन्दर्भ में अध्ययन कर प्रस्तुत किया है कि जहां घातीय फलन उपयुक्त नहीं है वहाँ आवासीय मूल्य घनात्मक तथा आवासीय मांग का लोच ऋणात्मक है।

अल्पेरोविन[29] (1980) ने टेलअविव नगर की जनसंख्या घनत्व प्रवणता का अध्ययन प्रवणता निर्धारित करने वाले तीन तत्वों (1) नगर की प्राचीनता (2) आर्थिक तत्व (आय) एवं (3) यातायात की सुविधा एवं उपलब्धता के सन्दर्भ में किया है। इन्होंने निष्कर्ष में प्रस्तुत किया है कि जहां तीनों तत्वों अधिक प्रभावी होगें वहां घनत्व प्रवणता कम होगी ।

भारतीय नगरों की जनसंख्या घनत्व प्रवणता का अध्ययन बहुत प्राचीन नहीं है। टेन्नैन्ट[30] (स्वतंत्र रूप में, 1961) के 8 एशियायी नगरों में कलकत्ता एवं हैदराबाद के अध्ययन से प्रारम्भ होता है, जिसमें जनसंख्या घनत्व घातीय रीति से घटते हुए पाया।

कर[31] (1962) ने भी कलकत्ता महानगर की जनसंख्या वृद्धि वितरण एवं जनसंख्या भार की गत्यात्मकता का अध्ययन किया है। भारतीय विद्धानों में यह प्रथम अध्ययन है।

भारतीय नगरों के सन्दर्भ में प्रवणता सम्बन्धित अध्ययन को ठोस आधार प्रदान करने का श्रेय ब्रश[32] (1968) को है। इन्होंने क्लार्क के मॉडल के समान परन्तु पूर्णतः समान नहीं, एक मॉडल प्रस्तुत कियाः

$$y = ab^x$$

जिसे प्राकृतिक लाग में परिवर्तित करने परः

$$\log y = \log a + x \log b$$

ब्रश ने दो सामान्य अवधारणाओं (1) नगर केन्द्र के आस–पास अधिकतम घनत्व प्रवणता एवं (2) सम्पूर्ण जनसंख्या वृद्धि एवं नगर के क्षेत्रीय विस्तार से घनत्व परिवर्तित हो सकता है, से अध्ययन प्रारम्भ किया। भारत के 21 नगरों के सन्दर्भ में ब्रश ने अनुभव किया कि "जनसंख्या घनत्व में बाहयवर्ती ह्रास में जहां एक सांख्यिकीय सार्थकता है, भारत के अधिकांश नगरों में चार प्रमुख प्रतिरूपजन्य विचलन दृष्टिगत होते हैं।

(1) नगरों का समूह जैसे पूना, अहमदाबाद, वाराणसी, शोलापुर, एवं कोयमवटूर अति उच्च केन्द्रीय घनत्व युक्त हैं, इस केन्द्रीय क्षेत्र के किनारों से उपान्तों की ओर एकाएक तीव्र ह्रास पाया जाता है।

(2) कलकत्ता, बम्बई तथा मद्रास जैसे पाश्चात्य प्रतिरूपी नगरों में निम्न केन्द्रीय घनत्व पाया जाता है। ब्रश इस भाग को केन्द्रीय वाणिज्य क्षेत्र के समकक्ष पाते हैं जहां बैंक कार्यालय तथा वाणिज्य संस्थानों की स्थिति भू–किराये में वृद्धि कर देती है फलतः जनसंख्या घनत्व घट जाती है।

(3) कुछ नगरों में दो स्पष्ट उच्च घनत्व कोड देखे जाते हैं जो चौक या मुख्य

बाजार तथा कैण्ट के सम्पाती होते हैः हैदराबाद, बैंगलूर।

(4) नियोजित नगरों यथा—चण्डीगढ़ तथा जमशेदपुर, अनुमानित जनसंख्या घनत्व प्रतिरूप से महत्वपूर्ण विचलन प्रस्तुत करते हैं। इनमें सर्वत्र सम एवं निम्न जनसंख्या घनत्व पाया जाता है।

1973 में ब्रश ने पुनः दिल्ली, कानपुर तथा वाराणसी नगरों का तुलनात्मक अध्ययन करके दो सामान्य अवधारणा प्रस्तुत किया हैः

(1) निश्चित नगरीय क्षेत्र में जनसंख्या वृद्धि के साथ केन्द्र में घनत्व एक निश्चित सीमा तक बढ़ता है, एवं

(2) बृहद नगरों में आन्तरिक नगर बाह्य का विस्तार तथा उपनगरीय क्षेत्रों में सतत् नवीन क्षेत्रों के सम्मिलित होने के कारण केन्द्रीय घनत्व में ह्रास होता है।

नागिया[33] ने दिल्ली महानगर पर विभिन्न मॉडलों का परीक्षण एक साथ किया है जिसमें विभिन्न चरों पर भिन्न–भिन्न प्रवणता प्रतिरूप परिलक्षित हुआ है।

ब्रश[34] ने अपने तीसरे प्रपत्र (1977) "भारतीय नगरों का विकास एवं क्षेत्रीय संरचना" में पूर्ववर्ती अध्ययन कृत नगरों को उद्धृत करते हुए जनसंख्या वृद्धि, घनत्व प्रतिरूप एवं ह्रास तथा वाराणसी, जमशेदपुर नगरों के सामाजिक संरचना का तुलनात्मक अध्ययन किया है जिसमें थोड़ी भिन्नता परिलक्षित हुई जिसका मुख्य कारण जमशेदपुर नगर को नियोजित ढंग से बसाया जाना है।

प्रकाशाराव एवं तिवारी[35] (1980) ने ब्रश के कार्यों की आलोचना करते हुए प्रस्तुत किया है कि नगरों में जनसंख्या घनत्व प्रतिरूप के स्पष्ट प्रदर्शन हेतु ब्रश को प्रथम अंश ऋणात्मक घातीय मॉडल के साथ अन्य मॉडलों का भी प्रयोग करना चाहिए था। यही कारण है कि नगरों के घनत्व दूरी के बीच निश्चितता गुणांक 0.07 से .81 तक तथा मात्र 8 नगरों में ही 50 से अधिक घनत्व परिवर्तन प्रदर्शित है। जिसको ब्रश ने भी अपने प्रपत्र (पृष्ठ 374) में स्वीकार किया है। द्वय विद्वानों ने इसकी पुष्टि वैंगलूर नगर पर दो मॉडलों—प्रथम अंश एवं द्वितीय अंश ऋणात्मक घातीय मॉडल का एक साथ प्रयोग किया है, जिससे इस नगर पर प्रथम अंश ऋणात्मक घातीय माडल (निश्चितता गुणांक .36) की तुलना में द्वितीय अंश ऋणात्मक घातीय माडल अधिक उपयुक्त सिद्ध हुआ।

एल०आर०सिंह एवं आर०डी०सिंह[36] ने बिहार के कुछ नगरों पर प्रथम अंश ऋणात्मक घातीय माडल का परीक्षण कर प्रस्तुत किया कि वृहद नगरों एवं एकाधिक

केन्द्र वाले नगरों में छोटे आकार तथा एक केन्द्र वाले नगरों की अपेक्षा घनत्व प्रवणता कम होती है। मूल मॉडल में प्राप्त भिन्नता स्थानीय कारकों–ऐतिहासिक, भौगोलिक, आर्थिक एवं सामाजिक का प्रतिफल होता है। तदन्तर लाल[37] (1980,1984) द्वारा बरेली नगर एवं टी0डी0सिंह[38] (1980) द्वारा ऊपरी गंगा मैदान के 6 नगरों पर "प्रथम अंश ऋणात्मक घातीय मॉडल" का परीक्षण कर सार्थकता सिद्व किया गया।

घनत्व प्रवणता को प्रभावित करने वाले कारक

किसी भी नगर के घनत्व प्रवणता की व्याख्या वर्तमान समय को प्रभावित करने वाले परिवर्तनशील कारकों के प्रभाव के आधार पर निर्धारित स्वरूप का किया जाता है। ये कारक किसी अन्य समय के निःप्रभावी हो सकते हैं। अतः इनकी व्याख्या हेतु किसी निश्चित माप (सूत्र) को निर्धारित नहीं किया जा सकता। विभिन्न विद्वानों ने इनकी संख्या को भिन्न–भिन्न बताया है। मिल्स[39] ने आय, नगरीय विस्तार एवं समय को अधिक प्रभावी मानते हुए इनकी व्याख्या को प्रस्तुत किया है। मूथ[40] ने इनकी संख्या 9 बताया जो निम्नवत है–स्थानीय यातायात, परिवहन साधनों की पद्वति एवं घनत्व, सड़कों की मात्रा, नगरीय क्षेत्र का विस्तार, नगर विकास की अवस्था, आय, जनपद के व्यापार में नगर का अनुपात, नगरीय क्षेत्र के आवासीय इकाइयों का स्तर, नगर के भीतर कार्यरत श्रमिकों का अनुपात तथा घनत्व।

मिल्स द्वारा बताये गये तत्वों को अधिक महत्व देते हुए गेर्सन अल्पेरोविच[41] ने विभिन्न मॉडलों से इनकी क्षमता का आंलकन किया है। इन्हीं तीन तत्वों के सन्दर्भ में व्याख्या प्रस्तुत है।

(1) जनसंख्या घनत्व प्रवणता को प्रभावित करने वाले कारकों में आर्थिक उपागम (आय) महत्वपूर्ण है। इनके अनुसार सर्वाधिक वांछित स्थल नगर केन्द्र (क्रोड) का समीपस्थ क्षेत्र होता है। अतः इसके पास भूमि मूल्य, स्थलीय प्रतिस्पर्धा और भूमि उपयोग की तीव्रता अधिकतम होती है जब कि इससे दूरी कम होती जाती है। अतः आवासीय भूमि उपयोग की न्यून तीव्रता बाहर की ओर न्यूनतर घनत्वों को जन्म देती है। यही कारण है कि आय में लोच के कारण आवास की मांग में भी लोच होता रहता है। संयुक्त राज्य अमेरिका के 50 नगरों के अध्ययन से उद्घाटित हुआ है कि जिन नगरों पर ऋणात्मक घातीय माडल उपयुक्त नहीं है वहाँ आवासीय मांग एवं मूल्य का लोच ऋणात्मक है। अद्यतन आर्थिक स्तर में वृद्धि के फलस्वरूप उपनगरीय क्षेत्रों में अधिक एवं खुले स्थल के बीच बंगलों का निर्माण इसका प्रतीक है।

(2) नगरीय आकार एवं विस्तार भी घनत्व प्रवणता स्वरूप निर्धारित करते हैं। सामान्यतः बड़े नगरों में छोटे नगरों की अपेक्षा केन्द्रीय घनत्व अधिक परिलक्षित होता है, जब कि छोटे नगरों में बड़े नगरों की अपेक्षा घनत्व प्रवणता तीव्र मिलता है। इसकी पुष्टि अनेक छोटे–बड़े नगरों के अध्ययन से किया गया है। छोटे नगरों में तीव्र घनत्व प्रवणता समय के साथ उसके बड़े होने पर सामान्य घनत्व प्रवणता को जन्म देती है। नगरीय आकृति आयताकार या वृत्ताकार भी घनत्व प्रवणता का निर्धारक तत्व है।

(3) तृतीय तत्व परिवहन एवं आवागमन साधनों की उपलब्धता एवं सुगमता है। नगरीय क्षेत्रों के भीतर स्थानाभाव, उच्च भू–मूल्य के कारण बड़े नगरों के निवासी बाह्य क्षेत्रों में बसना अधिक पसन्द कर रहे हैं। लन्दन नगर में समयावधि में घनत्व प्रवणता का परिवर्तन अधिकांशतः परिवहन सुविधाओं की पर्याप्त उपलब्धता एवं परिवर्तन का ही प्रतिफल रहा है। 1801 की तीव्र प्रवणता उस अवस्था को इंगित करती है जब परिवहन सीमित थी, फलतः लोगों को कार्य स्थल के समीप बसने हेतु बाध्य होना पड़ा। इसके बाद की अवस्थाओं में नगर केन्द्र की जनसंख्या में वृद्धि तत्पश्चात् ह्रास परिलक्षित हुआ जो परिवहन साधनों के विकास एवं सामाजिक आर्थिक परिवर्तन का प्रतिफल है[42]। इसके विपरीत भारतीय नगरों के कम लचीले यातायात तंत्र ने नगरों को अधिक सधन बनाए रखने को प्रोत्साहित किया है। फलतः अभिजात्यवर्ग सीमान्त क्षेत्र की अपेक्षा नगर क्रोड में बसे, परन्तु वर्तमान में परिस्थितियां कुछ परिवर्तित हो चुकी है।

प्रयुक्त विधि तंत्र

घनत्व प्रवणता के आंकलन में प्रयुक्त विधि निम्नवत् चरणों में सम्पन्न की गयी है:

जनसंख्या वितरण मानचित्र

नगरों के विभिन्न वार्डों की 1981 की जनसंख्या को आधार मानकर भूमि उपयोग मानचित्र की सहायता से जनसंख्या वितरण मानचित्र निर्मित किए गयें हैं।

नगर केन्द्र निर्धारण

वस्तुतः नगर केन्द्र निर्धारण एक जटिल प्रकिया है। अधिकांश भारतीय नगरों का आन्तरिक कार्यात्मक संरचना एक दूसरे से मिश्रित है, तथापि अत्यधिक संभाव्यता

युक्त नगर के प्रमुख व्यावसायिक क्षेत्र को नगर केन्द्र मान लिया गया है। इसके लिए क्षेत्रीय सर्वेक्षण, वहां के नियोजन कार्यालय, एवं शोधकर्ताओं का भी सहयोग लिया गया है। वस्तुतः यह प्रक्रिया ब्रश के कार्य प्रणाली से प्रेरित होकर अपनायी गयी है।

संकेन्द्रिय वलयों का निर्धारण

क्षेत्रीय विषमता को स्पष्टतः प्रदर्शित करने के लिए संकेन्द्रिय वलयों की रचना की गयी है। व्यूजियर्स के मतानुसार सेक्टर, मुहल्ला एवं वार्ड की अपेक्षा संकेन्द्रिय वलयों का चुनाव अधिक उपयुक्त होता है। प्रकाशाराव ने वैंगलूर नगर के अध्ययन में वलय की चौड़ाई एक मील निश्चित किया है, परन्तु उन्हीं के शब्दों में वलय की चौड़ाई, न्यूनतम होने पर क्षेत्रों की अधिकतम विषमता प्रकट होगी (पृष्ठ 30)। उपरोक्त तथ्यों को आधार मानकर लखनऊ, इलाहाबाद, बरेली तथा अलीगढ़ नगरों के लिए वलय की चौड़ाई आधा कि०मी० तथा विषम नगराआकार युक्त गाज़ियाबाद के लिए एक कि०मी० निश्चित किया गया है।

प्रत्येक वलय का क्षेत्रफल πR^2 की गणना कर प्राप्त किया गया है। जिसमें $\pi = 22/7$ स्थिरांक एवं R= वलय का अर्धव्यास अर्थात् नगर केन्द्र से प्रत्येक वलय की दूरी है।

घनत्व की गणना

वलय निर्धारण के पश्चात् प्रत्येक वलय में विद्यमान जनसंख्या बिन्दुओं की गणना कर जनसंख्या तथा वलय का क्षेत्रफल ज्ञात किया गया है। तदन्तर सम्पूर्ण जनसंख्या को कुल क्षेत्रफल से विभाजित कर घनत्व ज्ञात किया गया है। यह प्रक्रिया प्रत्येक वलय के लिए अपनायी गयी है।

सांख्यिकी गणनाएं

सर्वप्रथम जनसंख्या घनत्व को लघु गुणांक में परिवर्तित किया गया है तत्पश्चात् विभिन्न चरणों में सम्पादित की गयी है:

प्रकीर्ण आरेख

घनत्व प्रवणता के दृष्टिक प्रदर्शन हेतु क्षैतिज अक्ष (x) पर दूरी (स्वतंत्र चर) एवं लम्बवत अक्ष (y) पर जनसंख्या घनत्व लाग में (आश्रित चर) अंकित कर प्रकीर्ण

आरेख निर्मित किया गया है।

सहसम्बन्ध गुणांक की गणना*

आधार चर x अर्थात नगर केन्द्र से दूरी का प्रभाव आश्रित चर y अर्थात जनसंख्या घनत्व परिवर्तन पर पड़ता है। इन दोनों चरों के बीच के सहसम्बन्ध की गणना की गयी है।

समाश्रयण की गणना

विभिन्न मॉडलों के अनुसार $y = a + bx$ के मान को ज्ञात करने के लिए निम्न समीकरणों की गणना की गयी है।

1. प्रथम अंश ऋणात्मक घातीय मॉडल (क्लार्क)

$$\sum y = na - b\sum x \; .... \quad (1)$$
$$\sum xy = a\sum x - b\sum x^2 \; .... \quad (2)$$

ब्रश के मॉडल के अनुसारः

$$b = \frac{n\sum xy - (\sum x)(\sum y)}{n\sum x^2 - (\sum x)^2}$$

$$a = \bar{y} - b\bar{x}$$

2. द्वितीय अंश ऋणात्मक घातीय मॉडल (टैनर एवं शिरैट)

$$\sum y = n\,a - b\sum x^2 \ldots \quad (1)$$
$$\sum x^2 y = a\sum x^2 - b\sum x^4 \ldots \quad (2)$$

3. वर्ग–मूल ऋणात्मक घातीय माडल (अजो)

$$\sum y = a\,n - b\sqrt{x} \ldots \quad (1)$$

$$= \frac{\sum xy - \frac{\sum X \sum Y}{n}}{\sqrt{(\sum x^2 - \frac{(\sum x)^2}{n}(\sum y^2 - \frac{(\sum y)^2}{n})}}$$

$$\sum \sqrt{xy} = a \sum \sqrt{x} - b\, x \ldots \qquad (2)$$

4. क्वाड्रेटिक ऋणात्मक घातीय मॉडल (न्यूलिंग):

$$\sum y = n\,a + b \sum x - c \sum x^2 \ldots \qquad (1)$$
$$\sum xy = a \sum x + b \sum x^2 - c \sum x^3 \ldots \qquad (2)$$
$$\sum x^2\, y = a \sum x^2 + b \sum x^3 - c \sum x^4 \ldots \qquad (3)$$

परीक्षण

मानक त्रुटि (Standard Error of Estimate)

समाश्रयणगुणांक की शुद्धता के परीक्षण हेतु मानक त्रुटि की गणना निम्न सूत्र द्वारा किया गया है:

$$Sx\,y = \sigma y \sqrt{1 - r^2}$$

यहां σ = चरों का "मानक विचलन" है।

निश्चितता गुणांक (**R^2**)

दोनों चरों (x और y) के बीच संबंधों की सत्यता की व्याख्या हेतु निश्चितता गुणांक की गणना की गयी है, सूत्र

$$R^2 = 1 - \frac{\sum e\, i^2}{\sum y i^2}$$

पुनः $dxy = Rry\,x$ 100 (प्रतिशत) द्वारा प्रतिशत में परिवर्तित किया गया है।

एफ परीक्षण (F-Test) :

दोनों चरों के बीच सम्बन्धों की सार्थकता की परीक्षण हेतु एफ अनुपात ज्ञात किया जाता है जिसका सूत्र निम्नवत है:

$$\frac{\sum \hat{y} i^2}{k-1} = s_1^2$$

$$\frac{\sum e i^2}{n-k} = s_2^2$$

$$F = \frac{s_1^2}{s_2^2}$$

यहां ΣYi^2 अनुमानित मान के वर्ग का योग, Σei^2 अवशिष्ट मान के वर्ग का योग, K = चर संख्या तथा n= अवलोकन संख्या है।

समाश्रयण से अवशिष्ट की गणना

नगर केन्द्र से प्रत्येक वार्ड की दूरी (x) तथा संदर्भित वार्ड का जनसंख्या घनत्व y है जबकि घनत्व अर्थात् $\hat{y}$ का अनुमानित मान होता है। इसकी गणना $y=a+bx$ समीकरण में x के मान को रखकर की जाती है। इस प्रकार अनुमानित मान $\hat{y}$ को वास्तविक मान ($z=y\ \hat{y}$) से घटाकर प्राप्त की जाती है।

यहां सारणी का प्रारूप प्रस्तुत है।

अवलोकन	X	Y	अनुमानित मान $\hat{y}=y=a+bx$	$Z=y\text{-}\hat{y}$
1	2.30	1.7634	2.0561	–0.2827

घनत्व प्रवणता परिवर्तन

नगर क्षेत्र में न केवल जनसंख्या वितरण असमान है, अपितु समय के साथ परिवर्तनशील भी है। न्यूलिंग[43] ने अनेक साक्ष्यों से प्रमाणित किया है कि जनसंख्या वृद्धि दर एवं घनत्व में विपरीत सम्बन्ध होता है। इन्हीं के अनुसार घनत्व प्रवणता का ह्रास स्थिर एवं व्यवस्थित ढंग से होता है। समयावधि के प्रारम्भ में यह ह्रास तीव्र होता है परन्तु घनत्व प्रवणता अत्यधिक कम हो जाने पर ह्रास की दर मन्द हो जाती है। पाश्चात्य देशों के विद्वानों का मत है कि विकासशील राष्ट्रों के नगरों के घनत्व प्रवणता में ह्रास न होकर घनत्व वक्र समानान्तर रहते हुए उच्च मान युक्त हो जाती है। बेरी[44] इसकी सैद्धान्तिक व्याख्या भी कर चुके हैं कि "चूंकि जनसंख्या वृद्धि केन्द्रीय एवं बाह्य दोनों भागों में हो रही है अतः घनत्व प्रवणता अपक्षेाकृत स्थिर बने हुए हैं"। इन्होंने इसकी पुष्टि कलकत्ता महानगर में 1881 से 1951 तक की घनत्व प्रवणता द्वारा की है। इसके विपरीत विन्सवर्ध ने शिकागो में 1860 से 1910 तक जनसंख्या को बढ़ते हुए तत्पश्चात् घटते हुए पाया। अध्ययन क्षेत्र के नगरों के घनत्व प्रवणता में परिवर्तन को प्रदर्शित करने के लिए तीन जनगणना वर्षों (1961, 1971, 1981) की घनत्व वक्र एवं समाश्रयण रेखाओं की व्याख्या की गयी है।

प्रचलित-परिभाषाएँ

लघुगुणक

किसी संख्या का सामान्य लघुगुणक या लाग वह घात होता है जिसके बराबर 10 को बढ़ा देने पर वह संख्या प्राप्त हो जाय।

सहसम्बन्ध गुणांक (r)

सहसम्बन्ध गुणांक विभिन्न चरों की एक दूसरे पर निर्भरता की माप करता है।

निश्चितता गुणांक (Coefficient of Determination)

अवलोकित एवं प्रत्याशित प्रसरणों का अनुपात एक समाश्रयण की आसंजनता की माप प्रस्तुत करता है। यह अनुपात निश्चितता गुणांक कहलाता है। यदि पूर्ण आसंजन है तो प्रत्याशित मान अवलोकिन मान के बराबर अर्थात $R^2=1$ होगा।

समाश्रयण (Regression)

समाश्रयण विश्लेषण एक परम्परागत सांख्यिकीय विधि है जिससे औसत उपनति के शुद्ध रूप का ज्ञान होता है तथा एक चर की निर्दिष्ट मात्रा के सम्बन्ध में दूसरे चर को स्पष्ट किया जा सकता है।

न्यूनतम् वर्ग विधि

रेखा निर्धारण की सर्वोत्तम विधि है जिसमें चरों के यथार्थ और आंकलित मानों के वर्गों का योग शून्य होता है। इसमें समाश्रयण रेखा के दोनों ओर के विभिन्न बिन्दुओं के विचलन का योग शून्य होता है।

मानक त्रुटि (sxy)

समाश्रयण रेखा मात्र दो चरों के बीच अन्तर्सम्बन्धों के सुष्टुतम अनुमान ही है। इसी प्रकार अज्ञात चरों के लिए इनके द्वारा प्रदत्त मान भी एक अनुमान ही है। वस्तुतः

इससे अधिक कुछ भी प्राप्त नहीं किया जा सकता क्योंकि किसी अपूर्ण सम्बन्ध हेतु मात्र एक सही उत्तर नहीं हो सकता। अतः इस सम्बन्ध के संयोगवश घटित होने की संभावित स्तर का प्रदर्शन करना आवश्यक होता है। इसके लिए अनुमान की मानक त्रुटि की गणना वांछित होती है ताकि उस परिसर का कुछ शुद्धता के साथ निर्धारण किया जा सके जिसके अन्तर्गत वास्तविक दशाएं आने योग्य हों।

अवशिष्ट (Residuals)

समाश्रयण रेखा जब वास्तविक प्रकीर्ण बिन्दुओं पर अध्यारोपित की जांती है तो कुछ बिन्दु इस रेखा पर पड़ते हैं जब कि अन्य इससे परे दृष्टिगत होते हैं। समाश्रयण रेखा जो वस्तुतः एक औसत उपनति होती है अतः रेखा पर पड़ने वाले अवलोकनों को पूर्णतः प्रदर्शित करती है किन्तु इस रेखा से दूर पड़ने वाले अवलोकनों को प्रकट करने में समर्थ नहीं होती है। संबंधों को प्रकट करने वाला यह समीकरण वस्तुतः x के सन्दर्भ में y की प्रतीयता को प्रतिफल है। समाश्रयण विश्लेषण का एक अत्यन्त महत्वपूर्ण अंग प्रत्येक अवलोकन हेतु प्रागुक्ति (अनुमान) की यर्थाथता में विभिन्नता को विश्लेषित करना होता है क्योंकि आश्रित चरों से सम्बन्धित अन्य चरों की ओर अवशिष्ट सुस्पष्ट संकेत कर सकते हैं। इस प्रकार समाश्रयण रेखा जहां एक औसत सम्बन्ध का आरेखण होता है अवशिष्ट मान इस औसत का गणितीय अनुमान होता है।

अवशिष्ट मानचित्रण

अवशिष्ट मानों का मानचित्रण अनुवर्ती प्रमेया (परिकल्पनाओं) की रचना हेतु एक मूल्यवान औजार के रूप में माना जाता है। अवशिष्ट मानों के स्थितिक विन्यास निश्चय ही उन अन्य चरों की ओर संकेत करेंगे जो चर को विभिन्नताओं हेतु महत्वपूर्ण हो सकते हैं। समाश्रयण मानों के सन्दर्भ में अवलोकनों के वास्तविक एवं प्रत्याशित मानों को मानचित्रित किया जाता है। घनात्मक अवशिष्टों (वे मान जिनके मान प्रत्याशित से अधिक हैं) के वितरण एवं ऋणात्मक अवशिष्टों (प्रत्याशित से कम मान के क्षेत्रों) के वितरण पृथक संलग्न–प्रारूपों को प्रकट करते प्रतीत होते हैं।

REFERENCES

1. Von Thunen, J .H. (1875) : "Der Isolirate Stadrt in Beziehung Auf Land Wirstschft Und National Konamie," Humburg.
2. Bleicher, M. (1892): "Statistiche Beschreibung Der Stadt Frankfurt Am Main Und Ihrer Bevolekrung," Fankfurt Am Main, (Quoted by J.E. Brush in Ref. No.12).

3. Clark, C . (1951): "Urban Population Densities," *Journal of the Royal Statistical Society*, Ser, A. 114, (Quoted by Brush in Ref. No.13).
4. Harvey, D.W. (1968): *Pattern Process and Scale Problem in Geographical Research, Institute of British Geographer,* U.S. pp. 71-78.
5. Demko, G.J. (1970): *Population Geography: A Reader,* McGraw Hill Book Co. New York, pp. 119-137.
6. Alonso, W. (1960): "A Theory of Urban Land Market", *Paper and Proceedings of Regional Science Association,* 6, pp 149-157.
7. Winsborough, H.H. (1961): "A Comparative Study of Urban Population Densities", unpublished Ph.D. Dissertation, Department of Sociology, The University of Chicago, (Quoted by Brush, Ref. No.16).
8. Beckmann, J. (1967): "On the Distribution of Rent and Residential Density in Cities", Yale University, (Quoted by Demoko Ref. No.4).
9. Harvey, D.W. (1968): *Op.cit.* Ref. No.4
10. Bussieres, R. (1970): "Urban Density Function," *Urban Studies,* pp. 5-20.
11. Rees, P.H. (1970): "Urban Envelop Pattern and Dynamics of Population Density," in Berry, B.J.L. and Horton, F.E., (Eds): *Geographic Perspective on Urban System,* pp. 276-305. (Quoted by L.R. Singh, Ref. No.7).
12. Adams, J.S., (1970): "Residential Structure of Midwestern cities", *A.A.A.G.* 60, (1) pp. 37-62.
13. Marsden, B.S. (1970): "Alternate Urban Population Densities Model", (Ed.) *Studies in Regional Science*, London, pp. 105-113.
14. Papageoragiou, G.J. (1971): "A Theoretical Evolution of the Existing Population Density Gradient Functions," *Economics*, No. 47, pp. 21-26.
15. Whitehand, J.W.R., (1972): "Building Cycle and the Spatial Pattern of Urban Growth," *Trans. Inst. British Geographers* No. 56, pp. 39-55.
16. Mills, E.S. (1972): *Studies in the Urban Economy,* Baltimore: Jhons Hopkins. (Quoted by Alperovich in Ref. No.5.)
17. Martin, R.C. (1973): "Spatial Distribution of Population: Cities and Suburbs," *Journal of Regional Science*, Vol. 13, No.2.
18. Harrison, D. Jr. and Kain, J.F. (1974): "Commulative Urban Growth and Urban Densities Functions, "*Journal of Urban Economic*, Vol. 161, pp. 61-78.
19. Brina, A.E. (1975): "Urban Population Densities and the Negative Exponential Model: A Review, Working Paper, Department of G eography, Geowest University of Western Australia, No.5 (Quoted by T.D Singh, Ref. No.27).
20. Stewart, J.Q. and Warntg, W. (1958): "Physics of Population Distribution" in Demko's Population Geography, A Reader *Op. cit.,* pp. 119-137.
21. Sherrat, G.G. (1960): "A Model for General Urban Growth," *Management Science, Models and Techniques,* Vol.2 (New York) pp. 147-159.
22. Muth, R. (1961): "Cities and Housing", Chicago: The University of Chicago Press (Quoted by Alperovich in Ref. No.4).
23. Berry, B.J.L., et al. (1963): "Urban Population Densities: Structure and Change", *Geographical Review*, Vol.53, No.4, pp.389-405.
24. Ajo, R. (1965): "On the Structure of Population Density in London," *Acta Geographica*, 18 (Quoted by Rao, Ref. No.1).
25. Casetti, E. (1967): "Urban Population Density Pattern: An Alternate Explanation," *Canadian Geographer*, 11.

——(1969): "Alternate Urban Population Density Models: An Analytical Comparison of their validity Range", *Studies in Regional Science,* Allam, J.Scott (Ed.) Pion, London, (Quoted by Rao Ref. No.9).

26. Newling, B.E. (1967): "Urban Growth and Spatial Structure: Mathematical Models and Empirical Evidence," *Geogr. Rev.* Vol., 56, pp. 213-225.
——-(1968): "The Spatial Variation of Urban Population Densities," Mimeographed, Paper Contributed to the 21st, I.G.U. Congress, New Delhi (Quoted by R.L. Singh, Ref. No.6).
27. Duncan, O.D. (1975): "The Measurement of Population Distribution,"*Population Studies*, Vol. XI. No.1.
28. James, B.K. & Change, F.L. (1976): "Functional Form Density Gradient and Price Elasticity of Demand for Housing", *Urban Studies*, Vol. 13, No.2, pp. 193-200.
29. Alperovich, G. (1980): "Determinants of Population Density Gradient in Tel Aviv Metropolitan Area," *Urban Studies*, 17, pp. 185-192.
30. Tennant, R.J. (1961): "Population Density Pattern in Eight Asian Cities, " Paper read at west lakes Division Meeting of the Association of American Geographers. (Quoted by Prakasa Rao, 1980).
31. Kar, N.R. (1962): "Growth Distribution and Dynamics of the Population Load in Calcutta" Memeographed, (Quoted by Prakash Rao, 1980).
32. Brush, J.E. (1968): "Spatial Pattern of Population in Indian Cities", *Geogr. Rev.* Vol. 58, No.3 pp. 362-391.
33. Nagia, S. (1971): "Gradient Analysis in Delhi Metropolitan Region", *Reprinted from Analytical Geography,* Vol. 1, pp. 1-11.
34. Brush (1973): "Application of A Model to the Analysis of Population Distribution in Indian Cities", R.L. Singh (Ed.) *Urban Geography in Developing Countries I.G.U. Symposium-15,* pp. 28-49.
——(1977): "Growth and Spatial Structure of Indian Cities" Allen, G.Nobel & Ashok K. Dutt (Ed.), *Indian Urbanization and Planning: Vehical and Modernization,* pp. 64-92.
35. Prakasa Rao, V.L.S. (1980): *Urbanization in India*, pp. 195-212.
——Prakasa Rao, V.L.S. and Tiwari, V.K. (1982): "Urban Populationm Densities: Models and Correlates", *Geographical Review of India*, Vol. 44, No.2, pp. 1-18 .
36. Singh, L.R. & Singh, R.D. (1981): Population Density Pattern in the Cities of Bihar (India), *National Geographer*, Vol. XVI, No.1, pp. 1-19.
37. Lal, H. (1984): Bareilly and its Urban Fringe: An Urban Analysis, Ph. D. Thesis, Gorakhpur University.
38. Singh, T.D. (1985): *Spatial Pattern of Population in the Cities of Uttar Pradesh*, Tara Book Agency, pp. 107-116.
39. Mills, E.S. (1972): *Op. cit.* Ref. No. 16.
40. Muth, R., (1961): *Op. cit.* Ref. No. 22.
41. Alperovich, G. (1980): *Op.cit.* p. 185.
42. Lal, H. (1986): *Op. cit.* p. 269.
43. Newling (1968): *Op. cit.* Ref. No. 26.
44. Berry, B.J.L. et al. (1963): *Op. cit.* Ref. No. 23.

अध्याय 2

ऊपरी गंगा मैदान में नगरीकरण की प्रवृत्ति एवं विशेषताएं

किसी प्रदेश की सम्पूर्ण जनसंख्या में नगरीय जनसंख्या के अनुपात को या इस अनुपात की वृद्धि की प्रक्रिया को नगरीकरण कहते हैं[1]। अर्थात नगरीकरण, नगरीय जनसंख्या की अधिक आनुपातिक वृद्धि है। तथापि भूगोलविदों द्वारा बहुधा इसके लिए निम्न छः संदर्भों का प्रयोग होता है।

- एक क्षेत्र के नगरीय केन्द्रों में निवास करने वाली कुल जनसंख्या का अनुपात।
- एक क्षेत्र के नगरीय केन्द्रों में निवास करने वालों की संख्या।
- एक क्षेत्र के कुल जनसंख्या में नगरीय केन्द्रों में निवास करने वाली कुल जनसंख्या के अनुपात में वृद्धि।
- एक क्षेत्र में नगर केन्द्र पर रहने वाले लोगों की संख्या में वृद्धि।
- वह सामाजिक प्रक्रिया जिसके माध्यम से नगरीयता प्रेरित होती है।
- नगरीय भूमि का भौतिक विस्तार।

क्षेत्र के समग्र विकास में नगरीकरण की महत्वपूर्ण भूमिका होती है। तथापि आज विकसित एवं विकासशील प्रायः सभी देशों में अनियोजित नगरीकरण के साथ नगरों के क्षेत्र एवं जनसंख्या में वृद्धि के फलस्वरूप अनेकानेक समस्यायें उत्पन्न हुई हैं।[2] नगरों के भौतिक आकार अर्थात उनके क्षेत्रफल में उर्ध्वाधर एवं क्षैतिज वृद्धि प्रायः क्षेत्र विशेष में पायी जाने वाली भौतिक विशेषताओं का प्रतिफल होता है। इस प्रकार नगरीय केन्द्रों की संख्या के साथ ही केन्द्र विशेष की जनसंख्या में वृद्धि द्वारा नगरीय जनसंख्या अनुपात बढ़ता रहता है। नगरीय जनसंख्या वृद्धि हेतु प्राकृतिक वृद्धि के अतिरिक्त ग्रामीण जनसंख्या का नगरोन्मुख स्थानान्तरण अपेक्षाकृत एक सशक्त कारक है क्योंकि नगरों में रोजगार, उच्च जीवन स्तर, आर्थिक, सामाजिक, सांस्कृतिक सुविधाओं की उपलब्धि, सुरक्षा आदि के कारण ग्रामीण क्षेत्र से लोग आकर्षित होते रहते हैं। प्रस्तुत अध्याय में ऊपरी गंगा मैदान

क्षेत्र में इसी नगरीय जनसंख्या एवं उनके क्षेत्र के सम्पूर्ण आयाम को संक्षेपित करने का प्रयास किया गया है जो अन्ततः घनत्व प्रतिरूपों को समझाने में सहायक होगी।

ऊपरी गंगा मैदान में नगरों का उद्‌भव एवं विकास

अपनी समतल आकृति, अत्यधिक जलोढ़ मिट्‌टी, मानसूनी जलवायु, पौधों एवं पशु जीवन के लिए सुलभ उपयुक्त भौगोलिक परिस्थितियों के कारण ऊपरी गंगा मैदान प्राचीन काल से ही मानव बसाव हेतु आकर्षक रहा है। उदभ्व से लेकर वर्तमान तक नगरों के आकार तथा क्रिया–कलापों में परिवर्तन होते रहे हैं। वस्तुतः नगरों की उर्त्पात्ति एवं विकास विभिन्न भौतिक एवं मानवीय कारकों के प्रभाव के फलस्वरूप अधिकांश मैदानी नगरों की उत्पत्ति प्राचीन काल में ही हो चुकी थी किन्तु उनका क्रमबद्ध विकास एवं विस्तार निम्नवत् चरणों में संक्षेपित किया जा सकता है: (1) स्थितिक (प्राचीन काल), (2) प्रक्रिया एवं विकास (मध्यकाल), (3) पुनर्विकास एवं नियोजन का प्रारूप (आधुनिक काल)। ऊपरी गंगा मैदान के नगरों का उद्‌भव एवं विकास का विश्लेषण पाँच चरणों में प्रस्तुत किया गया है।

— प्रथम चरण (647 ई0 तक, बुद्ध काल के पूर्व एवं बुद्ध काल तक)
— द्वितीय चरण (647–1200 ई0 तक, राजपूत काल)
— तृतीय चरण (1206–1707 ई0 तक, मुस्लिम काल)
— चतुर्थ चरण (1760–1856 ई0 तक, ब्रिटिश काल)
— पंचम चरण (स्वतंत्रता पश्चात्)

प्रथम चरण (647 ई0 तक, बुद्ध काल से पूर्व एवं बुद्ध काल तक)

गंगा मैदान में नगरों का प्रादुर्भाव एवं विकास आर्यों के शासन काल से पूर्व हो चुका था[3]। इनके विजय प्राप्त करने के समय तक भर, चेरस आदिम जातियां सम्पूर्ण उत्तरी भारत में सामूहिक रूप में बसना प्रारम्भ कर चुके थे, परिणामतः बाद के वर्षों में इनके द्वारा अत्यधिक सुसंस्कृत नगर स्थापित एवं विकसित किए गये।[4] एक दूसरे साक्ष्य के अनुसार आर्य ऋगवैदिक काल में, गंगा यमुना घाटी क्षेत्र में बस चुके थे। इतना ही नहीं, पुरातत्व साक्ष्यों से स्पष्ट होता है कि पूर्वनियोलिथिक काल में ही वस्तुविनिमय एवं आवागमन प्रारम्भ हो चुका था[5] जो मूलतः नगर उद्भव तत्व माने जाते है। आर्य समूह गंगा मैदान में प्रवेश करने के पश्चात् दक्षिण–पूर्व एवं पूर्व दिशा में (लगभग 2500–2000 ई0 पूर्व) अग्रसर हुए। पुनः दो शाखाओं

में विभाजित होकर एक शाखा ने पूरब की ओर गंगा नदी को पार करते हुए घाघरा घाटी में अयोध्या को प्रमखु केन्द्र के रूप में प्रतिस्थापित किया जब कि द्वितीय शाखा ने गंगा के सहारे चलकर गंगा–यमुना दोआब को अंगीकृत किया एवं वाराणसी को अपना प्रमखु केन्द्र माना।[6]

प्राचीन नगर अधिकांशतया सुरक्षित स्थलों पर धार्मिक स्थलों या राजधानियों के रूप में विकसित हुए। पतंजलि के "ललित विस्तार" में मथुरा का एक समुचित जनसंख्या युक्त व्यापारिक केन्द्र के रूप में उल्लेख है।[7] मेरठ का एक छोटी बस्ती के रूप मैं तथा प्रयाग का तीर्थ स्थल के रूप में विवेचन है। आर्यों का नदियों के माध्यम से प्रसार एवं उनके निकट कुछ मूलभूत सुविधाओं की उपलब्धता के कारण इस समय अधिकांश नगर या बस्तियां नदियों के किनारे ही स्थापित एवं विकसित हुए।

700 ई0 पूर्व से 647 ई0 तक का मध्य नगरीय विकास प्रमुखतः राजनीतिक प्रशासनिक तंत्र द्वारा संचालित था। अन्य महत्वपूर्ण कारक धार्मिक भी हैं क्योंकि प्राचीन युग में बौद्ध एवं हिन्दू धर्मों का प्रभाव स्पष्टतः झलकता है। अतः प्रशासकीय गढ़ों के अतिरिक्त मन्दिरों, मठों जैसे धार्मिक स्थलों ने भी नगरीय विकास में महत्वपूर्ण भूमिकाएं निभायी। भारत के 16 राज्यों में "वत्स राज्य" की राजधानी प्रयाग के पश्चिम यमुना के किनारे "कौशाम्बी" में थी। पान्चाल (बरेली, फर्रूखाबाद सहित उत्तरी दोआब), सूरसेन (राजधानी मथुरा), महाभारतकाल में पाण्डवों की राजधानी हस्तिनापुर और परीच्छितगढ़ मेरठ जनपद में स्थित हैं, अपने समय में महत्वपूर्ण केन्द्र थे।[8]

द्वितीय चरण (647–1206 ई0 तक, राजपूत काल)

हर्ष की मृत्यु के साथ ही प्राचीन हिन्दू युग का अन्त एवं राजपूत युग का प्रारम्भ माना जाता है। इस युग का सूर्य, दिल्ली में मुगलवंश की स्थापना (1206 ई0) के पूर्व तक चमकता रहा। राजनैतिक अस्थायित्व, प्रदेश एवं प्रादेशिक शासकों की अधिकता, परिवर्तित होते हुए अनेक प्रभुत्व तथा बिखराव जैसी निकृष्ट विशेषताओं से युक्त यह युग नगर निर्माण में अपना महत्वपूर्ण स्थान रख सकने में समर्थ नहीं हो सका। राजपूत अपने सामन्ती प्रथा के अनुसार देश के पश्चिमी भाग में राज्य की स्थापना कर चुके थे। आक्रमणकारी मुगलों के भय के आक्रान्त यत्र--तत्र सघन बसाव को बल मिला किन्तु अन्ततोगत्वा इस क्षेत्र पर मुसलमानों ने अधिकार कर ही लिया। इस तरह, यह काल पूर्णरूपेण अधीनता का काल माना जाता है[9]।

इस काल में रायबरेली एवं हापुड़ नगरीय केन्द्र स्थायित्व में आ चुके थे जबकि हरदोई, अमरोहा, रूड़की, बदायूँ, बिहराइच, बिजनौर, इटावा, अलीगढ़ (कोयल)

एवं मुरादाबाद (चौपाल) भी छोटी बस्ती के रूप में स्थापित हो चुके थे।

तृतीय चरण (1206–1706 ई0 मुस्लिम काल)

भारतीय इतिहास का मध्ययुग यद्यपि कि हर्ष की मृत्यु के बाद ही प्रारम्भ हो जाता है तथापि मध्ययुग का स्थायी राजनैतिक स्वरूप मुगल काल में ही दृष्टिगत होता है। दिल्ली के सुल्तानों (1206–1526) तथा मुगल शासकों (1526–1707) के मुस्लिम युग में भी नगरीय विकास का प्रमुख कारण प्रशासकीय ही था, जिनका स्वरूप निम्नवत् उभरा —

(1) 1194 ई0 कन्नौज के पतन के पश्चात् हिन्दुओं का पूर्व की ओर तीव्र प्रसार।
(2) विपणन केन्द्रों, कस्बों या स्वतंत्र मुहल्लों की स्थापना कर यातायात सुविधायें मुहैया।
(3) मुख्य गाँवों तथा नवीन स्थापित गाँवों में मुसलमानों की संख्या में वृद्धि।
(4) मुस्लिम शासकों द्वारा नगरों, किलों तथा मस्जिदों का निर्माण या पुनर्निर्माण किया गया जिनका प्रमखु उद्देश्य शासन तथा अपनी संस्कृति का प्रसार था।

मुस्लिम युग के बादशाहों एवं शासकों ने मुख्यतः क्षेत्रीय प्रभुत्व को बनाए रखने तथा शासन एवं सुरक्षा की दृष्टिकोण से अनेक नगरों का विकास किया। बदायूँ एवं संभल जैसे केन्द्रों का प्रशासकीय महत्व बढ़ गया। यत्र–तत्र बिखरे हुए राजपूतों ने भी अपने क़ो सबल बनाने के लिए एटा तथा अन्य छोटे केन्द्रों का विकास एवं विस्तार किया। तुगलक वंश के शासन में स्थापित नगर सहारनपुर (शाह हरन चिस्ती द्वारा) खुर्जा, लहरपुर (सीतापुर) है। सिकन्दर लोदी ने (1488–1517) 16 वीं शताब्दी में आगरा नगर का निर्माण करवाया और इसे अपनी राजधानी बनाया। मुगल राजधानी के रूप में आगरा अकबर के समय में भारत का विशाल नगर था।[10]

मुगल काल में नगरों का अत्यधिक विकास हुआ – प्रशासकीय दृष्टि से अकबर का साम्राज्य "सूबा" (State), "सरकार" (Divison) "दस्तूर" (District) तथा परगना की इकाइयों में बांट दिया गया था। अतएव प्रशासकीय केन्द्रों के पदानुक्रम की स्थापना हुई (*आइने-अकबरी*)। मथुरा जैसे प्राचीन धार्मिक केन्द्र का भी पुनरूत्थान हुआ। अकबर के शासन काल में स्थापित प्रमुख केन्द्र फतेहपुर–सीकरी (1569) फिरोजाबाद, जलालाबाद (मेरठ तथा शाहजहांपुर) हैं। झांसी (1613) हिन्दू राजा

ओरछा द्वारा स्थापित किया गया। रामपुर एवं बरेली का महत्व बढ़ चुका था।

जहांगीर शासन काल में अनूपशहर, गोण्डा जैसे छोटे केन्द्रों का विकास अधिक हुआ, जिनमें सबसे प्रसिद्ध बादशाह के नाम पर 1647 में स्थापित शाहजहांपुर है। मुरादाबाद की स्थापना 1625 में की गयी तथा मुजफ्फरनगर का पुनर्निर्माण एवं विकास मुगल काल में ही हुआ।

चतुर्थ चरण (1760–1856 ब्रिटिश काल)

औरगंजेब की मृत्यु (1707) के पश्चात् शक्तिशाली मुगल साम्राज्य का पतन एव ब्रिटिश काल प्रारम्भ होता है। 1856 तक सम्पूर्ण भारत पर अंग्रेजों का अधिकार स्थापित हो गया तथा कस्बों, नगरों पर पुलिस स्टेशन स्वास्थ्य केन्द्र एवं जनोपयोगी सुविधाओं का विस्तार किया गया जिससे ये समीपस्थ क्षेत्रों के लिए महत्वपूर्ण केन्द्र बन गये। पक्की सड़कों के संगम स्थल, रेलवे स्टेशन के निकट व्यापारिक कार्यों के विकास के कारण कुछ नये केन्द्र प्रकट हुए। टुण्डला, इलाहाबाद एवं गाज़ियाबाद जैसे नगरों पर रेल गम्यता का अधिक प्रभाव पड़ा। परिवहन मार्गों के विकास के कारण प्रशासनिक, व्यापारिक तथा औद्योगिक केन्द्रों का प्रादुर्भाव हुआ। इस अवधि में कानपुर (1775–78) एक वाणिज्य, उद्योग तथा छावनी केन्द्र के रूप में विकसित नगर है जब कि गाज़ियाबाद मुगल वजीर गाजीउद्दीन द्वारा 1704 में गाजीउद्दीन के नाम से स्थापित किया गया।[11] फर्रूखाबाद 1714 में नवाब मुहम्मद खां द्वारा राजधानी नगर के रूप में बनाया गया। लखनऊ का भी उद्भव इसी अवधि में हुआ था।

अंग्रेजों के विस्तृत उपनिवेश जैसे राजनीतिक शक्ति संरचना के बदलते हुए स्वरूप का प्रभाव नगरों के विकास पर भी काफी पड़ता रहा क्योंकि इस सम्पूर्ण अवधि में प्रादेशिक शासकों ने मुख्यतया राजधानियों या गढ़ों के रूप में नगरों का विकास किया।

नवाब आसफउद्दौला द्वारा लखनऊ को राजधानी बनाने से न सिर्फ लखनऊ का पुनर्निर्माण हुआ अपितु क्षेत्र विस्तार के कारण 1800 में इसकी जनसंख्या तीन लाख तक पहुँच गयी जो भारत की एक लाख जनसंख्या से ऊपर के नगरों में सर्वोपरि था।[12] हल्द्वानी की स्थापना 1834 ई0 में अंग्रेजों द्वारा एक बाजार के रूप में की गयी। रोहिल्ला लोगों ने भी पीलीभीत, चन्दौसी एवं नजीबाबाद सहित अनेक केन्द्रों का विकास किया।

इस चरण में नगरों के विकास में निम्न तत्वों का विशेष योगदान था।

सैनिक छावनी की स्थापना तथा रेलवे एवं औद्योगिक विकास, इन तीन तत्वों में किसी एक तत्व के स्थापित हो जाने पर अन्य तत्व भी नगरोन्मुख हुए। फलतः

नगर केन्द्रों के विकास पर इन कारकों का संयुक्त प्रभाव पड़ा।

पांचवां चरण (स्वतंत्रता पश्चात्)

स्वतंत्रता के पश्चात् नगरों का बहुमुखी विकास हुआ। शरणार्थियों के आव्रजन से नगरों की जनसंख्या में अप्रत्याशित वृद्धि हुयी फलतः नगरों के विकास हेतु योजनाओं को कियान्वित करना आवश्यक हो गया। तत्कालीन शरणार्थी आव्रजन के साथ ही ग्रामीण क्षेत्रों की विपन्नता, सामाजिक परिवेश, बेरोजगारी आदि कारकों ने नगरोन्मुख आकर्षण को तीव्र किया। आधुनिक औद्योगीकरण के कारण विगत तीन दशकों में नगरों की जनसंख्या में अभूतपूर्व वृद्धि अंकित की गयी। नगरीय केन्द्रों का विकास स्वाभाविक है।

नगरीकरण की प्रवृत्ति

नगरीकरण की कालिक एवं भूवैन्यासिक विशेषताओं को इंगित करने के उद्देश्य से ऊपरी गंगा मैदान में नगरों की संख्या, नगरीय जनसंख्या, एवं विभिन्न नगरीय वर्गों में आनुपातिक वितरण से सम्बन्धित प्रमुख विशेषताओं को 1961 से जनगणना दशकों के सन्दर्भ में प्रस्तुत किया गया है। उत्तर प्रदेश एवं ऊपरी गंगा मैदान की नगरीकरण प्रवृत्ति का निम्न सारणी से आभास हो सकता है।

सारणी 2.1

उत्तर प्रदेश एवं ऊपरी गंगा मैदान में नगरीय जनसंख्या वृद्धि

वर्ष	उत्तर प्रदेश में नगरीय जनसंख्या	दशकगत प्रति0 वृद्धि	ऊपरी गंगा मैदान में नगरीय जन0	दशकगत प्रतिशत वृद्धि
1961	9479895	9.90	7237795	25.84
1971	12388596	30.68	9349298	29.17
1981	199773223	61.22	14814625	58.46

स्पष्ट है कि जनगणना वर्ष 1961 में ऊपरी गंगा मैदान में प्रदेश की अपेक्षा नगरीय जनसंख्या वृद्धि अधिक है जब कि 1971 तथा 1981 में कम है। इस अवधि में पूर्वी उत्तर प्रदेश तथा पहाड़ी, पठारी क्षेत्रों में नगरीय जनसंख्या की वृद्धि अपक्षाकृत अधिक रही है।

नगरीय जनसंख्या का आनुपातिक वितरण

कुल जनसंख्या के सन्दर्भ में नगरीय जनसंख्या का आनुपातिक वितरण नगरीकरण का प्रमुख द्योतक है। अतः जनसंख्या का समय के सन्दर्भ में विश्लेषण किया जाता है। अध्ययन क्षेत्र में विगत तीन दशकों की नगरीय जनसंख्या अनुपात के मानचित्र प्रदर्शन से स्पष्ट है कि इस अनुपात में प्रदेश की तुलना में अपेक्षाकृत अधिक वृद्धि हुई है। 1961 मे यह प्रदेश से लगभग 4 प्रतिशत अधिक है।

नगरीय जनसंख्या के जनपद स्तर पर अवलोकन से वितरण अपेक्षाकृत अधिक स्पष्ट होता है। जनगणना वर्ष 1961 में सर्वाधिक नगरीय जनसख्या लखनऊ एवं कानपुर में क्रमशः 49.54 तथा 40.99 प्रतिशत है जब कि न्यूनतम जनसंख्या अनुपात उन्नाव, रायबरेली, बाराबंकी, गोण्डा एवं बहराइच में 2.42 से 5.81 तक है। कानपुर एवं लखनऊ जनपद में उच्च नगरीय जनसंख्या का मुख्य कारण यहां एक–एक दशलाखी नगरों को स्थित है। इसके विपरीत अल्प नगरीय जनसंख्या वाले जनपदों में छोटे केन्द्रों की अधिकता है। 30 प्रतिशत से अधिक नगरीय जनसंख्या धारण करने वाले तीन जनपद आगरा, इलाहाबाद एवं मेरठ हैं। जब कि नैनीताल, सहारनपुर, मुरादाबाद, रामपुर एवं बरेली जनपद 20 प्रतिशत से अधिक नगरीय जनसंख्या धारण करते हैं। (चित्र 2.1 एवं परिशिष्ट 1) शेष जनपदों में नगरीय जनसंख्या का अनुपात 5 से 20 प्रतिशत के मध्य है।

1971 में भी यह अनुपात 1961 की भांति ही है। मध्यवर्ती क्षेत्र के रामपुर, फर्रुखाबाद एवं सीतापुर जनपदों में जनसंख्या का कम ह्रास हुआ है, यही प्रवृत्ति अधिक अनुपात वाले जनपदों में भी दृष्टिगत होती है। इस दशक में प्रदेश की तुलना में अध्ययन क्षेत्र में नगरीय जनसंख्या के अनुपात में 6 प्रतिशत की अधिक वृद्धि अंकित की गयी।

1981 की जनगणना में नगरीय जनसंख्या में अधिकतम वृद्धि पायी जाती है जिसका मुख्य कारण चतुर्थ, पंचम एवं षष्ट श्रेणी के नगरों की संख्या में अप्रत्याशित वृद्धि है। प्रदेश में लखनऊ जनपद में सर्वाधिक 52.48 प्रतिशत नगरीय जनसंख्या निवास करती है। तदन्तर कानपुर (47.03%), आगरा (38.93%), इलाहाबाद (38.05%), गाजियाबाद (33.86%) तथा मेरठ (31.03%) का स्थान है (चित्र 2.10)।

न्यूनतम नगरीय जनसंख्या अनुपात पूर्वी क्षेत्र के ही कुछ जिलों प्रतापगढ़ (5.07%), बहराइच (7.18%), गोण्डा (7.28%) एवं रायबरेली (7.14%) जनपदों में है। यहां मुसाफिरखाना (सुलतानपुर) में नगरीय जनसंख्या का पूर्ण अभाव है। मेरठ एवं बरेली मण्डल के अधिकाशं जनपदों में 20–30 प्रतिशत नगरीय जनसंख्या अंकित की गयी है। शेष जनपदों में यह अनुपात 9 से 20 प्रतिशत

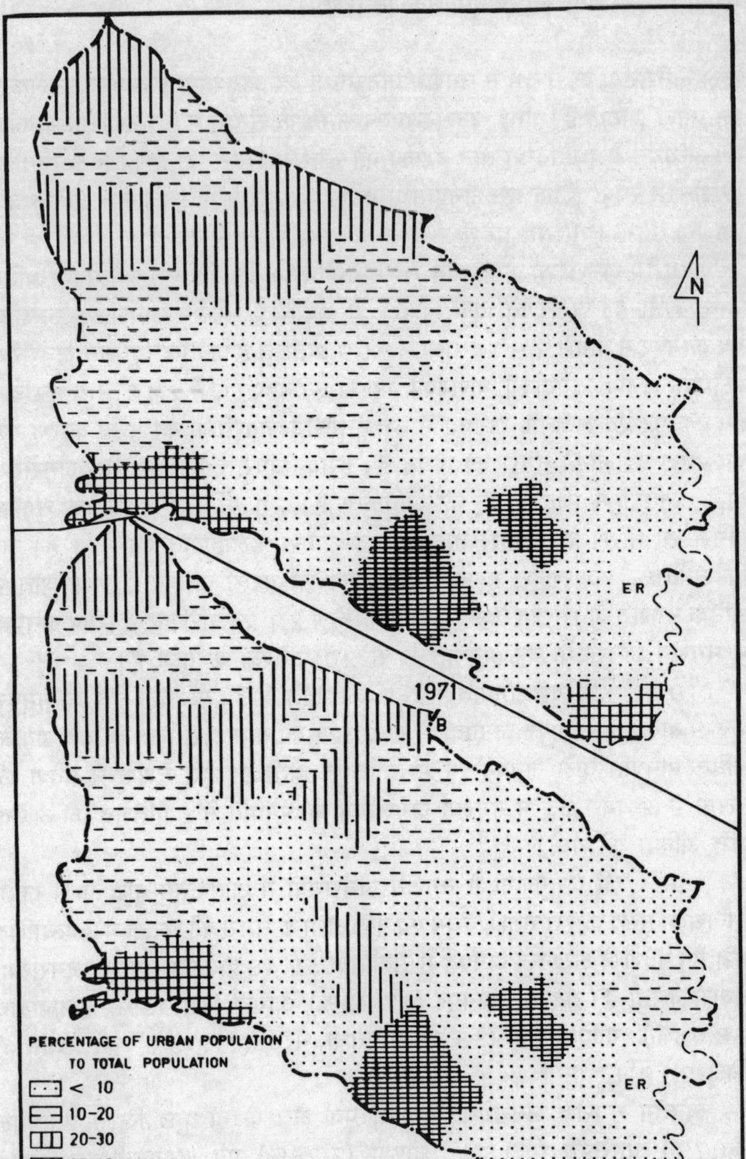

FIG. 2.1: Urban Population to Total Population 1961.

के मध्य है (चित्र 2.10 परिशिष्ट 1) निष्कर्षतः नगरीकरण की मात्रा में पूर्व से पश्चिम की ओर वृद्धि पायी जाती है।

प्रदेश की तुलना में, 1981 में क्षेत्र में नगरीकरण अनुपात लगभग 3. 5 प्रतिशत अधिक था। कुछ जनपदों यथा–कानपुर, लखनऊ, इलाहाबाद, रामपुर एवं बहराइच की नगरीय जनसंख्या का एक बड़ा भाग मात्र एक केन्द्र (जिला मुख्यालयों) पर ही पुंजित था। यथा लखनऊ, कानपुर, इलाहाबाद एवं आगरा जनपदों का कुल नगरीय जनसंख्या से इनके मुख्यालय केन्द्रों की जनसंख्या घटा देने पर यह प्रतिशत क्रमशः 2.85, 2.49, 6.39, एवं 11.9 ही रह जाती है (चित्र 2.10)।

श्रेणी क्रम में नगरीय जनसंख्या वितरण

नगरीय जनसंख्या का अधिकांश उच्च श्रेणी के नगरों में पाया जाता है। गत तीन जनगणना वर्षों 1961, 1971, 1981 में प्रथम श्रेणी के नगरों में क्रमशः 56.07 प्रतिशत, 60.05 एवं 58.58 प्रतिशत नगरीय जनसंख्या थी जबकि उत्तर प्रदेश के संदर्भित श्रेणी में यह प्रतिशत क्रमशः 78.75, 72.21 तथा 80.06 था। वर्ष 1981 में नीचे की श्रेणियों में नगरीय केन्द्रों की संख्या में अप्रत्याशित वृद्धि के कारण प्रथम श्रेणी की नगरीय जनसंख्या के अनुपात में ह्रास हुआ है। तथापि कुल नगरीय जनसंख्या की दो तिहाई जनसंख्या 50,000 या अधिक जनसंख्या वाले केन्द्रों में वितरित थी।

द्वितीय एवं तृतीय श्रेणी के नगरों की जनसंख्या का आनुपातिक प्रतिशत क्रमशः 13.39, 13.09, 12.29, तथा 14.65, 14.75, 11. 90 रहा है। वर्ष 1981 में निचले क्रम की तीन श्रेणियों में जनसंख्या वृद्धि अत्यधिक हुई फलतः इनका प्रभाव अन्य श्रेणियों के जनसंख्या अनुपात पर पड़ा है (सारणी 2.2)। यथा वर्ष 1961 में जहां एक भी नगरीय केन्द्र नहीं था वर्ष 1981 में इनकी संख्या 42 हो जाने से जनसंख्या का अनुपात 1.14 प्रतिशत हो गया।

नगरीय जनसंख्या वृद्धि

विभिन्न जनगणना वर्षों में जनपद स्तर या श्रेणी क्रम के आधार पर जनसंख्या वृद्धि का विवेचन करने से स्पष्ट होता है कि प्रवास गत दो दशकों (1961–1981) में वृद्धि दर में तीव्रता आयी है। (सारणी 2.2 परिशिष्ट 2) उत्तर प्रदेश तथा ऊपरी गंगा मैदान की नगरीय जनसंख्या वृद्धि का तुलनात्मक अध्ययन इंगित करता है कि क्षेत्र में प्रदेश की अपेक्षा वृद्धि की गति मन्द रही है। (चित्र 2. 4) 1961–71 के दशक में क्षेत्र की नगरीय जनसंख्या में 29.17 प्रतिशत (7237795 से बढ़कर

4349298) की वृद्धि अंकित की गयी जब कि 1971–81 के मध्य यह वृद्धि बढ़कर 58.45 प्रतिशत हो गयी। प्रदेश में यह वृद्धि मात्र 12.87 प्रतिशत ही थी। 1961–1971 के मध्य मन्द वृद्धि का मुख्य कारण अनेक नगरीय केन्द्रों का अवर्गीकृत हो जाना है। जनगणना वर्ष 1961 मे ऊपरी गंगा मैदान के विभिन्न श्रेणी के 164 नगरीय केन्द्रों में 7237795 अर्थात् 16.5 प्रतिशत जनसंख्या निवास करती थी जो प्रदेश के कुल नगरीय जनसंख्या का 76.6 प्रतिशत था। सारणी 2.2 से स्पष्ट है कि प्रत्येक श्रेणी क्रम की नगरीय जनसंख्या में क्रमागत वृद्धि हुई है, परन्तु वर्ष 1981 में निचले क्रम के तीन श्रेणियों में यह वृद्धि सर्वाधिक अर्थात क्रमशः 113.50 प्रतिशत 254.67 प्रतिशत तथा 3321.46 प्रतिशत है। प्रथम तीन श्रेणियों में जनसंख्या वृद्धि अपेक्षाकृत मन्द है।

1951–61 दशक में नगरीय जनसंख्या वृद्धि

1951–61 दशक में सर्वाधिक वृद्धि नैनीताल जनपद में 51.60 प्रति0 हुई जब कि उन्नाव जनपद की नगरीय जनसंख्या में –47.40 प्रतिशत ह्रास हुआ। तीन जनपदों–कानपुर, आगरा एवं नैनीताल में 30 प्रति0 से अधिक तथा लखनऊ, गोण्डा, इलाहाबाद जनपदों में 20–30 प्रतिशत की वृद्धि अंकित की गयी। शेष 9 जनपदों में 10–20 प्रतिशत तथा 6 जनपदों में 10 प्रतिशत से कम जनसंख्या वृद्धि हुई (परिशिष्ट 2)।

उपरोक्त के वितरीत 11 जनपदों में 47.70 (उन्नाव) से एक प्रतिशत (अलीगढ़) तक ह्रास देखा गया (चित्र 2.2 परिशिष्ट 2) जो नगरीय केन्द्रों के अवर्गीकृत होने का प्रतिफल है। नगरीय क्रम के अनुसार सर्वाधिक वृद्धि 60.33 प्रतिशत द्वितीय श्रेणी के नगरीय केन्द्रों की जनसंख्या में हुई, जब कि पंचम् श्रेणी के केन्द्रों की नगरीय जनसंख्या में 13.16 प्रतिशत ह्रास देखा गया। शेष श्रेणियों की नगरीय केन्द्रों की जनसंख्या में 28.66 से 21.44 प्रतिशत वृद्धि हुई।

1961–71 दशक में नगरीय जनसंख्या वृद्धि

1971 में ऊपरी गंगा मैदान के 180 नगरीय केन्द्रों में 9349298 (अर्थात प्रदेश का 75.46%) जनसंख्या थी। इस प्रकार नगरीय जनसंख्या का अनुपात 16.5 प्रतिशत (1961) से बढ़कर 20.05 प्रतिशत (1971) हो गया। इस अवधि में जनसंख्या वृद्धि में तीव्रता आयी और अनेक जनपदों में यह वृद्धि तीन से चार गुनी से भी अधिक थी (परिशिष्ट 2)। फतेहपुर जनपद में 68 प्रतिशत की अधिकतम तथा गोण्डा जनपद में 10.14 प्रतिशत की न्यूनतम वृद्धि अंकित की गयी। सम्पूर्ण प्रतापगढ़ जनपद में 3.25 प्रतिशत ही वृद्धि हुई लेकिन अध्ययन क्षेत्र में इसका

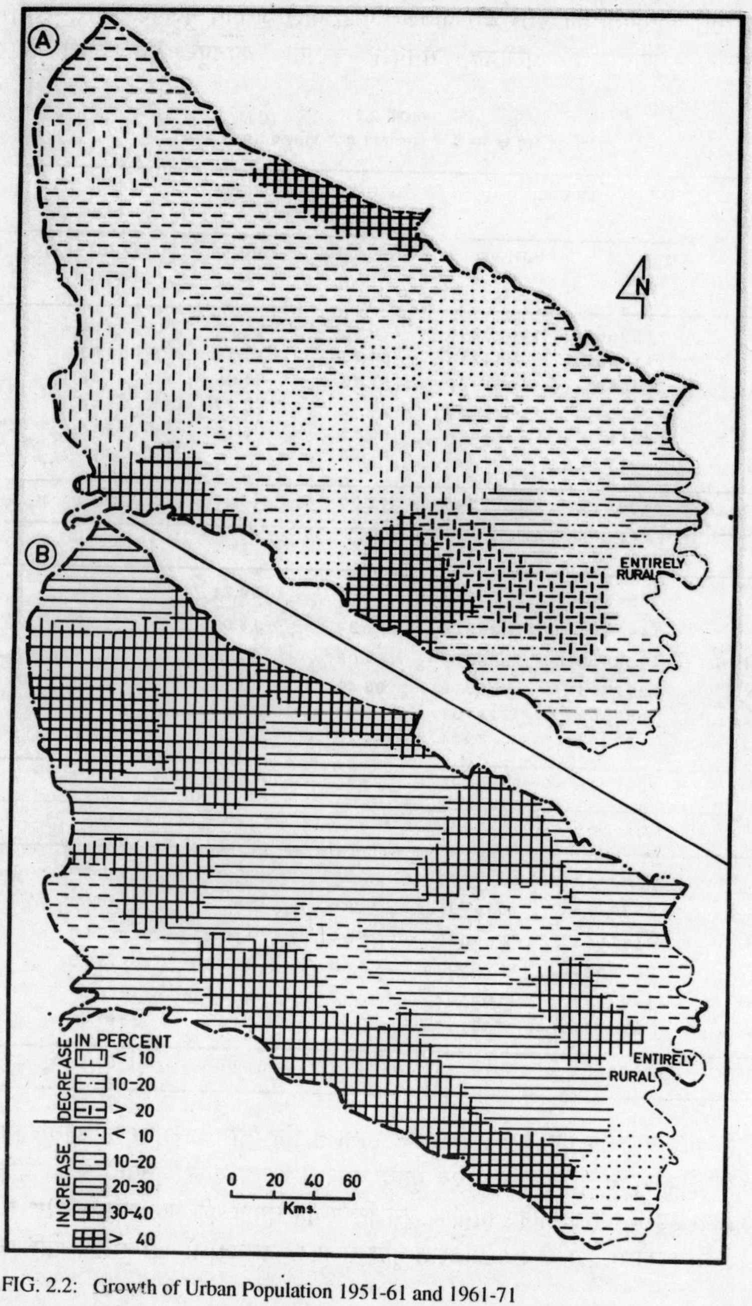

FIG. 2.2: Growth of Urban Population 1951-61 and 1961-71

कुछ भाग ही आता है। 30–40 प्रतिशत वृद्धि वाले जनपद मुजफ्फरनगर, मेरठ, बिजनौर, मुरादाबाद, अलीगढ़, मैनपुरी, इटावा, कानपुर एवं खीरी है।

सारणी 2.2

प्रदेश एवं क्षेत्र के नगरों में जनसंख्या वृद्धि प्रतिरूप 1961-1981

नगर श्रेणी[14]	जनसंख्या		सम्पूर्ण नगरीय जनसंख्या का प्रतिशत		नगरीय जनसंख्या वृद्धि
	उत्तर प्रदेश	उत्तरी गंगा मैदान	उत्तर प्रदेश	ऊपरी गंगा मैदान	(1951–61) प्रतिशत में
I	5159667	4063398	78.75	56.07	28.66
II	1114462	964315	84.73	13.39	60.33
III	20694	1061922	51.32	14.65	21.48
IV	1043830	776668	74.40	10.77	21.44
V	561572	341490	66.15	5.12	13.16
VI	21798	–	–	–	–
योग	9970433	7237795	72.59	100	25.83
		1971			1961–71
I	7086893	5613890	79.21	60.21	38.16
II	1441435	1223929	91.24	13.09	26.92
III	206910	1388010	67.08	14.75	30.71
IV	1292753	806816	62.41	8.63	3.88
V	587608	311709	53.04	3.33	16.09
VI	28803	4944	17.16	0.52	नवीन केन्द्र
योग	12398596	9349298	75.46	100	29.17
		1981			1971–81
I	10283135	8233548	80.06	55.58	46.66
II	2539353	1819796	71.66	12.29	48.68
III	2465515	1764020	71.54	11.90	27.00
IV	2666560	1722592	64.60	11.63	113.5
V	1227925	1105552	63.98	7.46	254.67
VI	290735	169157	58.18	1.14	3321.46
योग	19973223	14814625	74.17	10.000	58.46

इस वृद्धि प्रतिरूप को देखने से स्पष्ट होता है कि (तीन जनपदों के अतिरिक्त) औद्योगिक दृष्टि से महत्वपूर्ण एवं वृहद नगरीय केन्द्रों वाले जनपदों में ही वृद्धि अधिक हुई है जिसके लिए ग्रामीण जनसंख्या का नगरों की ओर स्थानान्तरण है। 12 जनपदों में 20 से 30 प्रतिशत वृद्धि तथा 5 जनपदों में 10 से 20 प्रतिशत

की वृद्धि अंकित की गयी (चित्र 2.3 परिशिष्ट 2)।

चित्र 2.4 एवं सारणी 2.2 में प्रत्येक नगरीय कम की जनसंख्या को प्रदर्शित किया गया है। सर्वाधिक वृद्धि 38.15 प्रतिशत (315822 व्यक्ति) प्रथम श्रेणी के नगरीय केन्द्रों की जनसंख्या में हुई, जब कि द्वितीय एवं तृतीय श्रेणी के केन्द्रों की नगरीय जनसंख्या में 26.22 एवं 27.09 प्रतिशत हुई। यह भारतीय एवं प्रादेशिक नगरीयकरण का एक महत्वपूर्ण तथ्य है कि जहां एक ओर बड़े नगरों की वृद्धि अत्यन्त तीव्र गति से हुई वहां छोटे नगरों की जनसंख्या या तो लगभग स्थिर रही या उनकी वृद्धि अत्यन्त ही धीमी थी।[14] वृहद नगरीय केन्द्रों के विकासोन्मुख होने के लिए तीव्र औद्योगीकरण जन्य आर्थिक विकास तथा नगरीय सुविधाओं का संकेन्द्रण है। इसी से आव्रजन को भी प्रोत्साहन मिला है। चतुर्थ श्रेणी की जनसंख्या में 3. 88 प्रतिशत वृद्धि परन्तु पंचम् श्रेणी के नगरों में इसके विपरीत 16.09 प्रतिशत ह्रास देखा गया। जब कि अन्तिम कम में एक केन्द्र ही आया। इस प्रकार इस अवधि में कुल नगरीय जनसंख्या में 29.17 प्रतिशत की वृद्धि हुई।

1971–81 दशक में नगरीय जनसंख्या वृद्धि

इस अन्तिम दशक में क्षेत्र की नगरीय जनसंख्या में सर्वाधिक वृद्धि (58.46%) देखी जाती है। फलतः कुल जनसंख्या में नगरीय जनसंख्या का अनुपात 20.05 प्रतिशत से बढ़कर 21. 56 प्रतिशत हो गया। 240 नवीन केन्द्रों के उद्‌भव से कुल नगरीय केन्द्रों की संख्या बढ़कर 418 हो गयी, इस प्रकार नगरीय केन्द्रों की संख्या में 133.33 प्रति० की तीव्र वृद्धि अंकित की गयी। इस अवधि में प्रथम श्रेणी के नगरों की संख्या 23 हो गई (सारणी 2.4, चित्र 2.4)।

इस अवधि में उन्नाव जनपद में सर्वाधिक 16 गुनी वृद्धि परिलक्षित होती है, जिसका मुख्य कारण एक नगरीय केन्द्र के स्थान पर 18 नगरीय केन्द्रों का प्रकट होना है। इसी क्रम में 100 प्रतिशत से अधिक वृद्धि वाले जनपद बदायूँ, खीरी एवं रायबरेली है। मध्यम वृद्धि (50–100 प्रतिशत) बिजनौर, गाज़ियाबाद, रामपुर, इटावा एवं बाराबंकी जनपद में है। 50 प्रतिशत से कम वृद्धि नैनीताल, आगरा, कानपुर, इलाहाबाद, मुरादाबाद एवं लखनऊ आदि जनपदों में अंकित की गयी। चित्र 2.3 से स्पष्ट है कि पहले से ही अधिक नगरीय जनसंख्या धारण करने वाले जनपदों में वृद्धि कम है (परिशिष्ट 2)।

विकास की दृष्टि से पिछड़े जनपदों, जिनमें नगरीय जनसंख्या का अनुपात अत्यल्प था, उनमें नीचे की तीन श्रेणियों के नगरीय केन्द्रों की संख्या में वृद्धि के कारण जनसंख्या वृद्धि अधिक हुई। उक्त तीव्र वृद्धि होने पर भी राज्य की कुल नगरीय जनसंख्या का अनुपात 75.46 प्रतिशत (1971) से घटकर 74.17

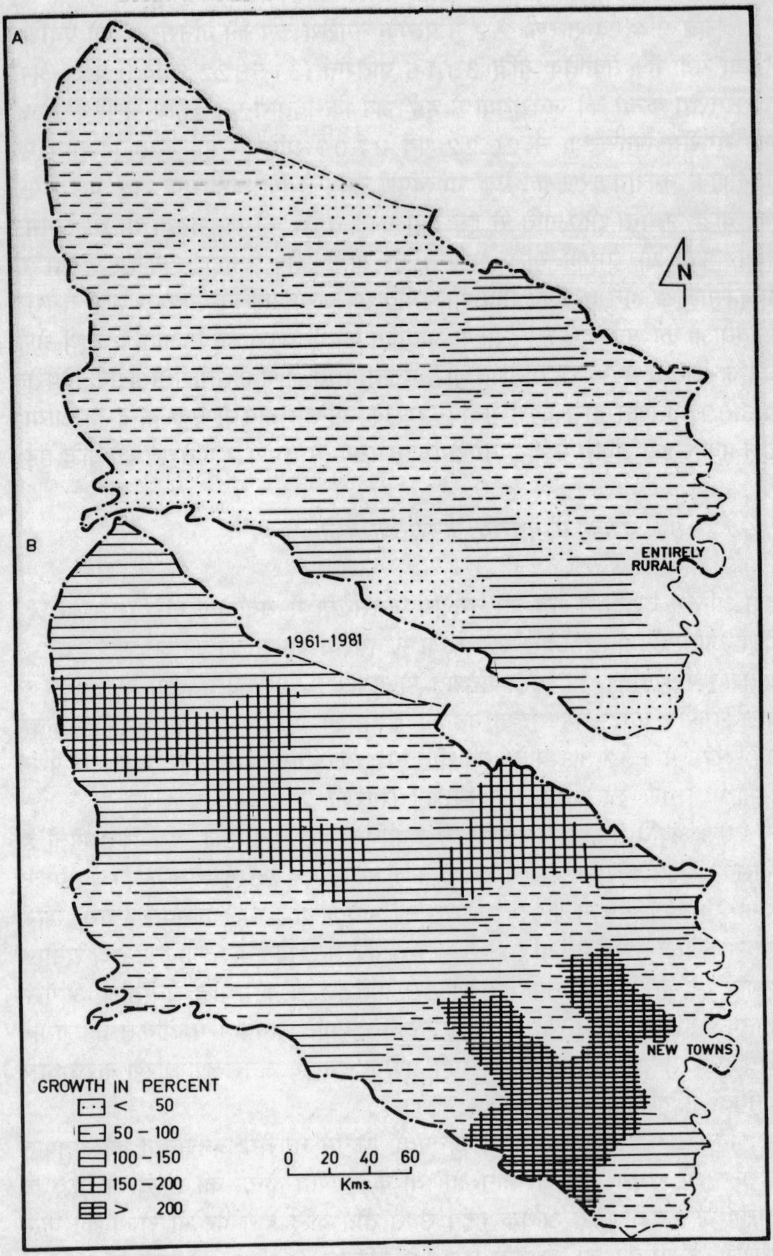

FIG. 2.3: Growth of Urban Population 1961-1981 and 1971-81

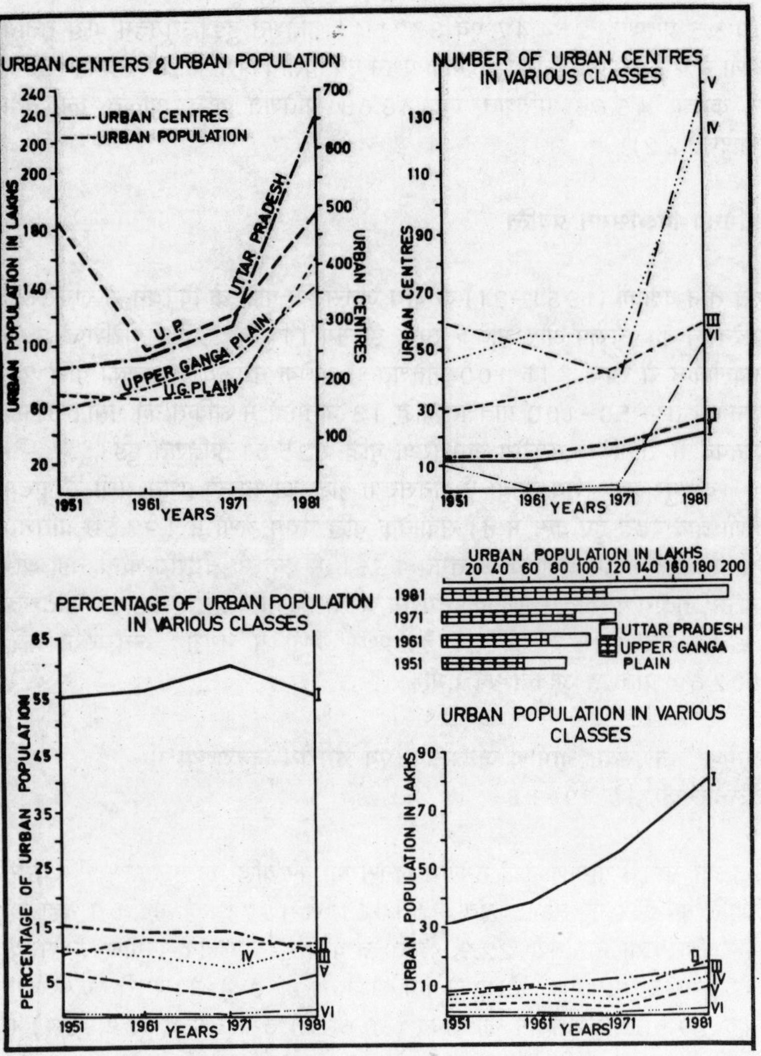

FIG. 2.4: Growth of Urban Population : Urban Centres and Urban Population

प्रतिशत हो गया। इसका मुख्य कारण अध्ययन क्षेत्र के अतिरिक्त शेष भागों में तीव्र वृद्धि है।

नगरीय जनसंख्या वृद्धि आरोही क्रम में नीचे की तीन श्रेणियों में क्रमशः 113.5 प्रतिशत, 254.47 एवं 3321.46 प्रतिशत हुई। न्यूनतम वृद्धि तृतीय श्रेणी में 27.09 प्रतिशत हुई, जबकि प्रथम एवं द्वितीय श्रेणी की नगरीय जनसंख्या में क्रमशः 46.66 प्रतिशत एवं 48.68 प्रतिशत वृद्धि अंकित की गयी (सारणी 2.2)।

अभिनव विकासगत प्रवृत्ति

गत तीन दशकों (1951–81) के बीच जनसंख्या वृद्धि के विवेचन से जनसंख्या परिवर्तन का स्वरूप और अधिक स्पष्ट हो गया। चित्र 2.3 एवं परिशिष्ट 2 के अवलोकन से स्पष्ट है कि 100 प्रतिशत से अधिक नगरीय जनसंख्या वृद्धि 20 जनपदों तथा 50–100 प्रतिशत वृद्धि 13 जनपदों में अंकित की गयी। उन्नाव जनपद में सर्वाधिक नगरीय जनसंख्या वृद्धि 625.51 प्रतिशत हुई।

वर्गानुसार नगरीय केन्द्रों में जनसंख्या वृद्धि का स्वरूप प्रथम श्रेणी से षष्टम् श्रेणी तक बढ़ते हुए क्रम में है। सर्वाधिक वृद्धि पंचम श्रेणी मे 197.60 प्रतिशत हुई जब कि षष्टम् श्रेणी के अन्तर्गत 1961 में एक भी नगरीय केन्द्र नहीं था। द्वितीय, तृतीय एवं चतुर्थ श्रेणी की नगरीय जनसंख्या वृद्धि कमशः 88.71 प्रतिशत, 66.12 एवं 129.79 प्रतिशत है। प्रथम श्रेणी में नगरीय जनसंख्या वृद्धि 102.62 प्रतिशत अंकित की गयी।

सम्पूर्ण जनसंख्या, ग्रामीण जनसंख्या एवं नगरीय जनसंख्या में तुलनात्मक वृद्धि 1961-81

क्षेत्र की सम्पूर्ण ग्रामीण तथा नगरीय जनसंख्या की वृद्धि का तुलनात्मक अध्ययन स्थिति को और भी स्पष्ट करता है। 1961 से 1971 की अवधि में यहां की कुल जनसंख्या में क्रमशः 22.91 प्रतिशत वृद्धि हुई, जब कि ग्रामीण जनसंख्या वृद्धि इससे लगभग एक प्रतिशत से कम (अर्थात 21.68%) थी। नगरीय जनसंख्या वृद्धि 29.58 प्रतिशत थी जो राज्य (30.68%) तथा देश के (38.32%) से काफी कम है। क्षेत्रीय स्तर पर अपेक्षाकृत अधिक वृद्धि का कारण नगरीय औद्योगीकरण तथा ग्रामीण क्षेत्रों में रोजगार के अभाव के कारण तीव्र स्थानान्तरण रहा है।

सारणी 2.3

ऊपरी गंगा मैदान, उत्तर प्रदेश तथा भारत की सम्पूर्ण जनसंख्या, ग्रामीण जनसंख्या एवं नगरीय जनसंख्या में प्रतिशत वृद्धि 1961–81

दशक	कुल जनसंख्या वृद्धि			ग्रामीण जनसंख्या वृद्धि			नगरीय जनसंख्या वृद्धि		
	मैदान	राज्य	भारत	मैदान	राज्य	भारत	मैदान	राज्य	भारत
1961–71	22.91	17.78	24.80	21.68	18.15	21.86	29.58	30.68	3832
1971–81	25.38	25.52	24.80	18.72	19.77	19.09	58.46	61.22	4544

1971 से 1981 की अवधि में नगरीय जनसंख्या की वृद्धि (58.46%) देश की वृद्धि (45.44%) से अधिक है। इसके विपरीत ग्रामीण जनसंख्या में पहले की अपेक्षा कम वृद्धि अर्थात 19.77 प्रतिशत ही पाया जाता है (सारणी 2.3)।

नगरीय जनसंख्या में अप्रत्याशित वृद्धि का कारण जनगणना विभाग द्वारा नगरीय परिसीमन परिभाषा में परिवर्तन है जिसके कारण ऊपरी गंगा मैदान में (1971–81) 238 नवीन केन्द्रों को सम्मिलित कर लिया गया।

नगरीय केन्द्रों का वितरण एवं वृद्धि

वर्ष 1981 में, क्षेत्र में कुल 418 नगरीय केन्द्र थे। नगरीय केन्द्रों की संख्या उत्तर–पश्चिम से दक्षिण–पूर्व की दिशा में घट रही है। अन्य क्षेत्रों की भांति लोगों के अर्थव्यवस्था का मुख्य आधार कृषि होते हुए भी नगरों की बहुलता उल्लेखनीय है। यह प्रखण्ड कभी सामरिकी दृष्टि से महत्वपूर्ण था, अतः गंगा–यमुना दोआब क्षेत्र में किले के चतुर्दिक छोटे–छोटे केन्द्रों के रूप में अधिवासों का विकास हुआ। मध्य काल में लूँट–पाट एवं भय के कारण सघन गांवों का विकास हुआ जो बाद में विपणन केन्द्र बन गये। इन्हें परिवहन मार्गों से सम्बद्ध कर नहर एवं बिजली की सुविधा प्रदान की गयी, जिससे तदन्तर ये नगर केन्द्र के रूप में परिवर्तित होते गये।

गंगा–यमुना दोआब में नगरीय संकेन्द्रण सर्वाधिक है जो सतत् पट्टिका के रूप में उत्तर–पश्चिम से दक्षिण–पूर्व तक विस्तृत है, परन्तु 1981 में नगरीय केन्द्रों की संख्या में वृद्धि के कारण संकेन्द्रण में कुछ खिसकाव आया है (चित्र 2.7)। प्रदेश के दोनों दसलाखी नगर–कानपुर तथा लखनऊ इस नगरीय जमघट से परे हैं।

नगरीय केन्द्रों की दो पट्टिकाओं में प्रथम पट्टिका–उत्तर में सहारनपुर से

दक्षिण में इटावा तक है, तथा इसकी दो श्रृंखलाएं (1) अलीगढ़, हाथरस, मथुरा, आगरा, फिरोजाबाद एवं (2) गाजियाबाद, हापुड़, मेरठ, मुजफ्फरनगर, सहारनपुर, हरिद्वार है। द्वितीय पट्टिका रूहेलखण्ड मैदान में बिजनौर से फतेहपुर तक अमरोहा, मुरादाबाद, रामपुर, पीलीभीत, बरेली, बदायूँ, एटा नगरीय केन्द्रों द्वारा निर्मित है।

जनगणना वर्ष 1961 में 164 नगरीय केन्द्र उत्तर–पश्चिम से दक्षिण–पूर्व की ओर घटते हुए क्रम में वितरित है। वर्गानुसार नगरीय केन्द्रों का वितरण प्रथम वर्ग से पंचम वर्ग में क्रमशः 12, 14, 35, 55 एवं 48 है जब कि षष्टम् श्रेणी में एक भी नगरीय केन्द्र नहीं था। इस अवधि में नगरीय केन्द्रों की संख्या में घनात्मक तथा ऋणात्मक दोनों ही प्रवृत्तियाँ देखी गई। प्रथम श्रेणी के नगरों में कोई परिवर्तन नहीं आया जब कि द्वितीय, तृतीय एवं चतुर्थ श्रेणी में क्रमशः 40 प्रतिशत, 20.69 था 19.56 प्रतिशत वृद्धि अंकित की गयी। निचली दो श्रेणियों की संख्या में क्रमशः 20 प्रतिशत तथा 12 प्रतिशत का ह्रास परिलक्षित होता है जो नगरों के अवर्गीकृत होने का प्रतिफल है (सारणी 2.4)।

1971 में विभिन्न श्रेणियों में 180 नगरीय केन्द्र वितरित थे। 1961–71 के बीच कुल नगरीय केन्द्रों की संख्या में 9.75 प्रतिशत वृद्धि हुई। क्षेत्र में विभिन्न श्रेणियों में क्रमशः 16, 16, 46, 58, 42, तथा नगरीय केन्द्र थे। आरेख 2.4 एवं सारणी 2.4 के अवलोकन से स्पष्ट है कि प्रथम चार श्रेणियों में क्रमशः 33.3 प्रतिशत, 14.29, 34.28 तथा 5.45 प्रति0 वृद्धि एवं पंचम् श्रेणी में –12.5 प्रतिशत का ह्रास हुआ। षष्टम् श्रेणी में एक मात्र नये केन्द्र का समावेश हुआ (सारणी 2.4)।

1981 में नगरीय केन्द्रों की संख्या बढ़कर 418 (उत्तर प्रदेश में 659) हो गई। 1971 से 1981 की अवधि में नगरों की संख्या में 132.22 प्रतिशत वृद्धि अंकित की गयी। श्रेणीगत आधार पर सबसे छोटे नगरों की प्रतिशत वृद्धि अधिकतम रही जब कि न्यूनतम वृद्धि तृतीय श्रेणी (32.61) में हुई। प्रथम, द्वितीय, चतुर्थ एवं पंचम् श्रेणियों में क्रमशः 43.75 प्रतिशत, 68.75, 117.24 तथा 230.95 प्रतिशत की वृद्धि परिलक्षित हुई। निचली श्रेणियों में अप्रत्याशित वृद्धि का मुख्य कारण अवर्गीकृत केन्द्रों सहित नवीन नगरीय केन्द्रों का उदय है।

नगरीय जनसंख्या घनत्व

नगरीय जनसंख्या घनत्व नगरीकरण की क्षेत्रीय विशषेता के अध्ययन हेतु एक आवश्यक तत्व होता है, जिसका समर्थन गिब्स एवं अन्य भूगोलवेत्ताओं ने किया है। मिलास का मत है कि नगरीय प्रकिया की विशषेताओं की मापन विधियों में किसी स्थान की जनसंख्या घनत्व भी महत्वपर्णू होती है।[15]

सारणी 2.4
श्रेणीगत नगरीय केन्द्रों की संख्या में प्रतिशत वृद्धि

वर्ष	क्षेत्र	श्रेणी						योग
		प्रथम	द्वितीय	तृतीय	चतुर्थ	पंचम्	षष्टम्	
1961	उत्तर प्रदेश	17	17	52	75	74	10	235
	ऊपरी गंगा मैदान	12	14	35	55	48	–	164
	ऊपरी गंगा मैदान में वद्धि (1951–61)	पूर्ववत	40.00	20.69	19.56	–20.0	–12.0	3.53
1971	उत्तर प्रदेश	20	20	67	91	80	13	293
	ऊपरी गंगा मैदान	16	16	46	58	42	1	180
	ऊपरी गंगा मैदान में वृद्धि (1961–71)	33.3	14.29	34.28	5.45	–12.25	नवीन केन्द्र	9.75 केन्द्र
1981	उत्तर प्रदेश	30	37	85	194	231	82	659
	ऊपरी गंगा मैदान	23	27	61	126	139	42	418
	ऊपरी गंगा मैदान में वृद्धि (1971–81)	43.75	68.75	32.61	117.24	230.95	410.0	132.22

ऊपरी गंगा मैदान में सर्वाधिक घनत्व शाहजहांपुर जनपद में 8994 व्यक्ति/किमी0 तथा न्यूनतम फतेहपुर जनपद में 2017 व्यक्ति/किमी0 है। क्षेत्रिक दृष्टि से अधिकतम घनत्व (7000 व्यक्ति/किमी0 से अधिक) उत्तरी तथा पश्चिमी जनपदों–मेरठ, सहारनपुर, मुजफ्फरनगर एवं आगरा में है। अधिक घनत्व (6000–7000 व्यक्ति/किमी0) की श्रेणी में मात्र दो जनपद लखनऊ एवं बिजनौर है। सामान्य घनत्व (5000–6000 व्यक्ति/किमी0) 7 जनपदों तथा अल्प घनत्व (5000 से कम) 20 जनपदों में है (चित्र 2.8)।

इस प्रकार अधिकतम घनत्व का क्षेत्र प्रदेश का उत्तरी–पूर्वी एवं मध्य भाग तथा सामान्य घनत्व का क्षेत्र दक्षिणी भाग है। अल्प घनत्व का क्षेत्र विखरा हुआ तथापि अधिकांश भाग पूर्वी एवं मध्य क्षेत्र में ही स्थित है।

नगरीकरण-स्तर

नगरीकरण–स्तर के निर्धारण हेतु यद्यपि विविध सूचकांकों का प्रयोग किया जाता है तथापि किसी भी क्षेत्र में, समय विशेष में कुल जनसख्या में नगरीय जनसंख्या के अनुपात को नगरीकरण के स्तर का सर्वोत्तम सूचक माना गया है।[16] कुछ विद्वानों ने नगरीय जनसंख्या घनत्व को ही नगरीकरण के स्तर के निर्धारण हेतु प्रयोग किया है।[17]

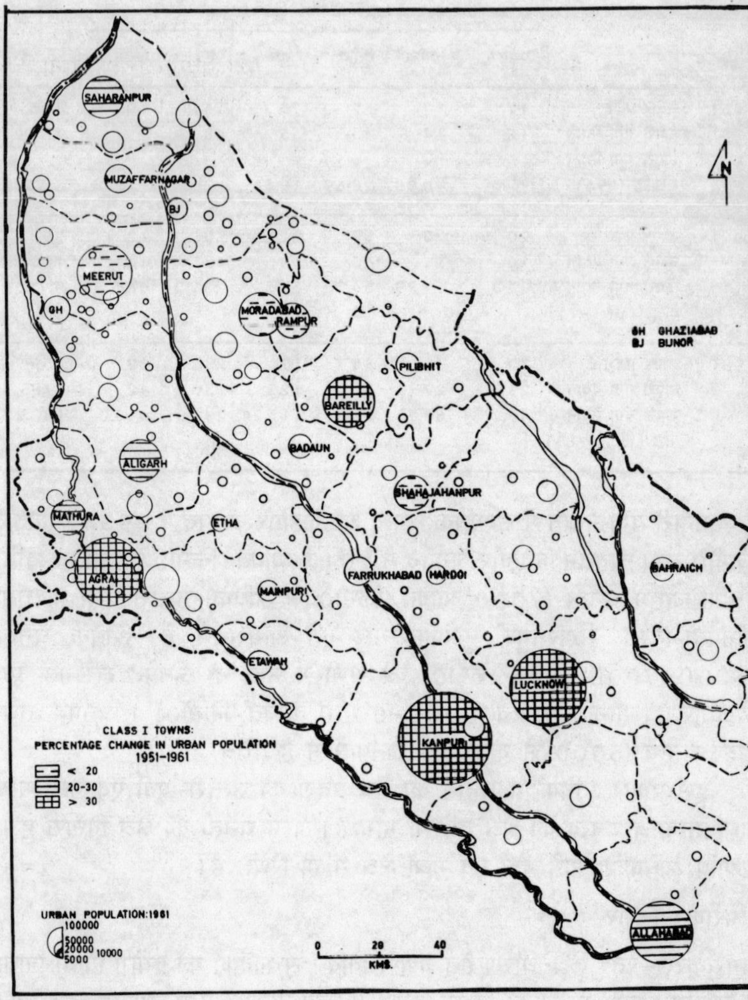

FIG. 2.5: Distribution of Urban Centres : 1961

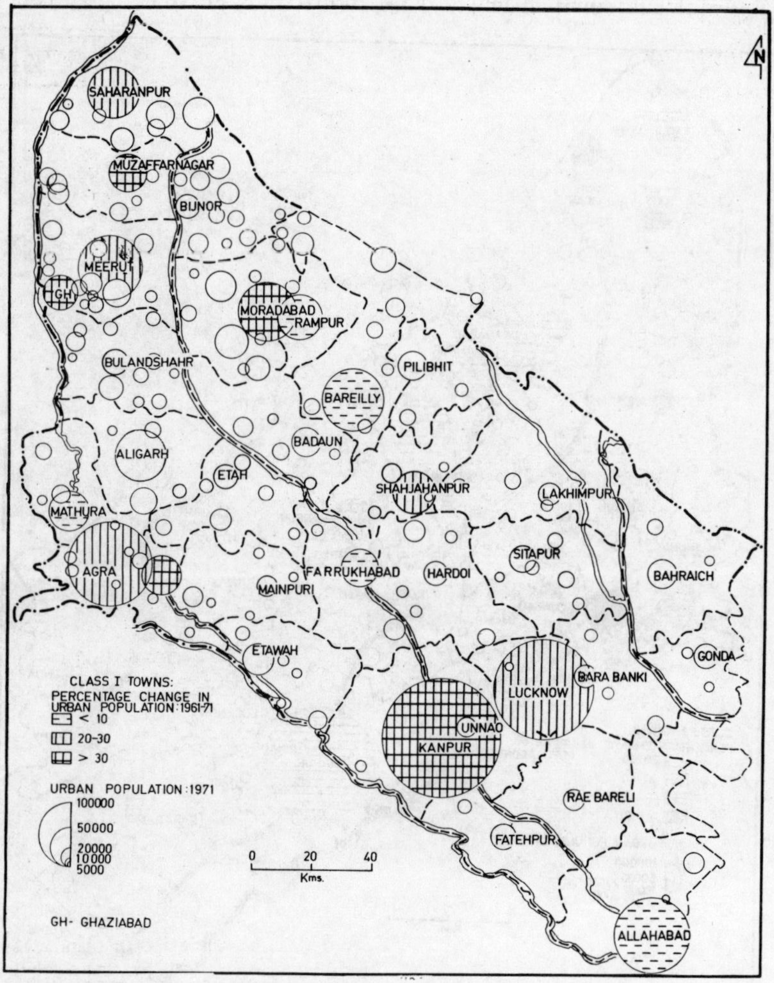

FIG. 2.6: Distribution of Urban Centres : 1971

ऊपरी गंगा मैदान में नगरीकरण की मात्रा ज्ञात करने के लिए नगरीय जनसंख्या अनुपात को निर्देशांक के रूप में स्वीकार किया गया है। क्षेत्र में नगरीकरण 21.50 प्रतिशत राज्य के औसत 18.01 प्रतिशत से अधिक तथा राष्ट्रीय औसत

23.73 प्रतिशत से कम है। नगरीकरण स्तर का परास बहराइच में 7.18 से लखनऊ में 52.48 प्रतिशत के मध्य है। इस प्रकार नगरीकरण की भूवैन्यासिक विभिन्नता स्पष्ट करने के लिए पाँच वर्ग निर्धारित किए गये हैं।

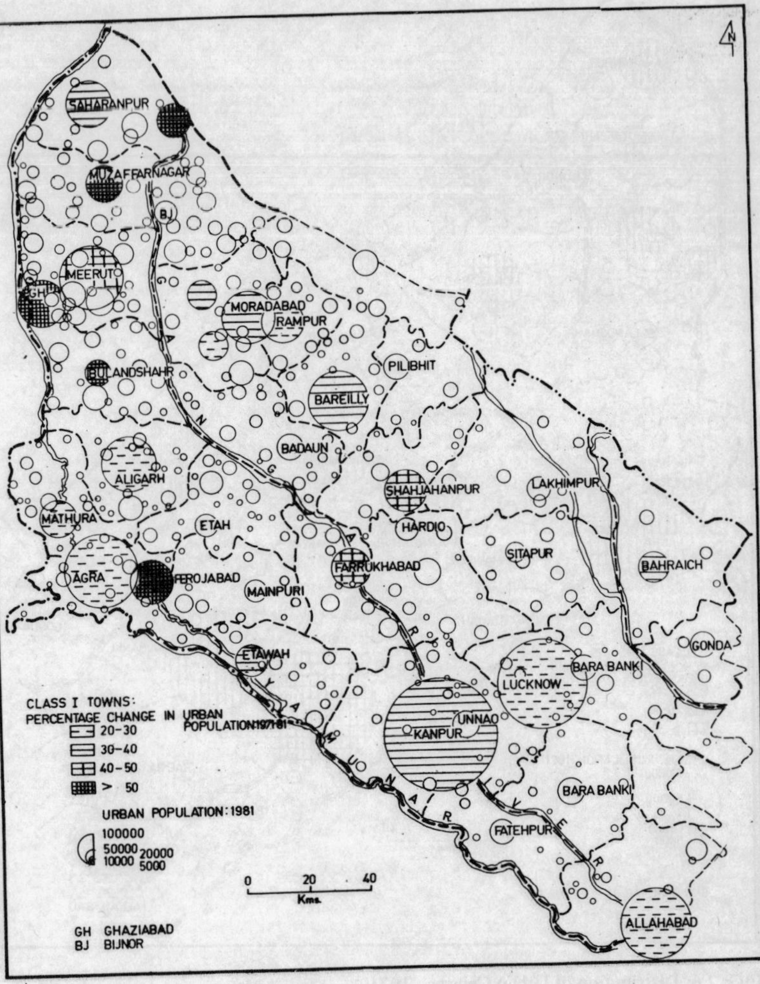

FIG. 2.7: Distribution of Urban Centres : 1981

प्रथम अत्योच्च नगरीकृत क्षेत्र 40 प्रतिशत से अधिक मात्रा दो जनपदों कानपुर तथा लखनऊ में है। 30 से 40 प्रतिशत उच्च नगरीकृत क्षेत्र के अन्तर्गत क्रमशः आगरा, इलाहाबाद, गाजियाबाद एवं मेरठ है। सामान्य नगरी स्तर (20–30

प्रतिशत) 9 जनपदों, न्यून नगरीस्तर 10–20 प्रति0 8 जनपदों तथा अतिन्यून नगरीस्तर 7 जनपदों में है।

चित्र 2.8 के अवलोकन से स्पष्ट है कि उच्च नगरीकृत क्षेत्र पश्चिमी क्षेत्र के जनपदों तथा सामान्य नगरीकृत क्षेत्र उत्तरी, दक्षिणी तथा पूर्वी क्षेत्र है। उच्च नगरीकृत क्षेत्र में औद्योगिक एवं प्रशासनिक क्रियाकलापों की प्रधानता है।

नगरीय क्षेत्र वृद्धि एवं विस्तार स्वरूप

नगरों में सम्पादित होने वाले क्रिया कलाप ही विकास के आधार होते हैं। अर्थात नगरों की कार्यात्मक संरचना उनके वृद्धि या विकास के लिए प्रेरक शक्ति का काम करती है। विभिन्न समयों में, विभिन्न कार्यो के जुड़ने से नगर का क्षेत्र सतत् बढ़ता रहता है। नगर जितना ही बड़ा होगा वहां सम्पादित किए जाने वाले कार्यों की संख्या भी बढ़ती जाती है। अतः क्षेत्रगत विस्तार या विकास का अध्ययन नगरीकरण के क्षेत्रीय स्वरूप को समझने का अच्छा मापदण्ड हो सकता है।

सम्पूर्ण क्षेत्र के सन्दर्भ में नगरीय क्षेत्र–1961 में नगरीय क्षेत्र

1961 में ऊपरी गंगा मैदान के 164 नगरीय केन्द्र 1529.4 वर्ग किमी0 क्षेत्र पर विस्तृत थे जो कुल क्षेत्रफल का मात्र 1.02 प्रतिशत ही था। सर्वाधिक नगरीय क्षेत्र लखनऊ ज़नपद में (5.65%) तथा न्यूनतम उन्नाव जनपद में (मात्र 0.12 प्रतिशत) था। एक प्रतिशत से कम नगरीय क्षेत्र युक्त जनपद उत्तर में मुजफ्फरनगर, बिजनौर एवं दक्षिण में मैनपुरी, एटा, फर्रूखाबाद, इटावा, पूरब में रायबरेली, गोण्डा, बहराइच, प्रतापगढ़ एवं बाराबंकी तथा पश्चिम में बुलन्दशहर, मथुरा तथा अलीगढ़ जनपद में था। एक प्रतिशत से अधिक क्षेत्र के 9 जनपद मुरादाबाद, रामपुर, बरेली, सहारनपुर, मेरठ, गाजियाबाद, आगरा, कानपुर एवं इलाहाबाद थे (परिशिष्ट 3)।

1971 में नगरीय क्षेत्र

क्षेत्र में कुल क्षेत्रफल के 1.19 प्रतिशत अर्थात 1774.9 वर्ग किमी0 (उत्तर प्रदेश 97%) पर 180 नगरीय केन्द्रों का विस्तार था। सामान्यतः 1961 की स्थिति ही इस वर्ष भी पायी जाती है। एक प्रतिशत से अधिक नगरीय क्षेत्र के जनपदों की संख्या 9 से बढ़कर 10 हो गयी।

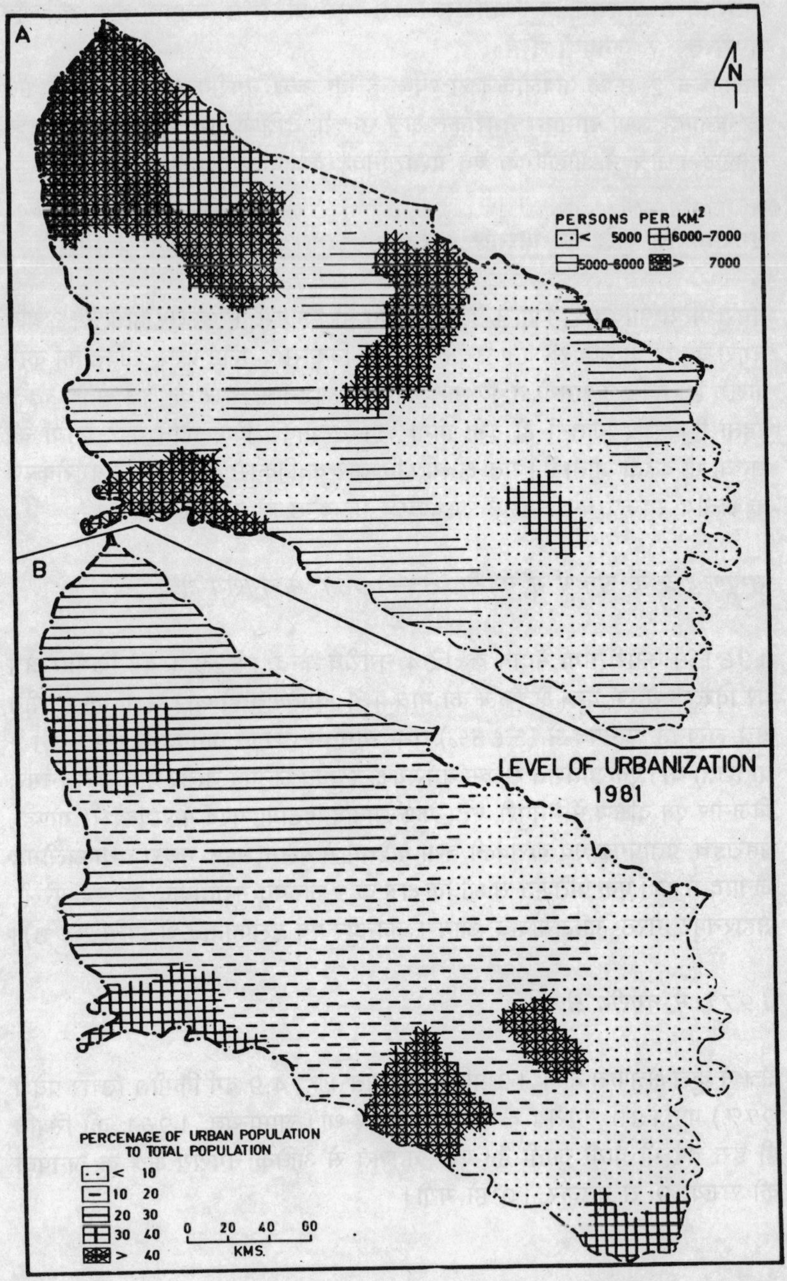

FIG. 2.8: Density of Population : 1981

1981 में नगरीय क्षेत्र

नगरीय केन्द्रों की संख्या में अप्रत्याशित वृद्धि के कारण 1981 में यहां नगरीय क्षेत्र 1.95% (2905.7 वर्ग किमी0) हो गया, जबकि उत्तर प्रदेश के लिए यह प्रतिशत मात्र 1.55 था। सर्वाधिक नगरीय क्षेत्र वाले जनपद लखनऊ का नगरीय क्षेत्र बढ़कर 6.65 प्रतिशत हो गया। सुलतानपुर में अमेठी नवीन नगरीय केन्द्र के आ जाने से वहां 0.70 प्रतिशत भूमि नगर क्षेत्र के अन्तर्गत आ गयी जो क्षेत्र का सबसे कम प्रतिशत है। लखनऊ के पश्चात् अधिकतम क्षेत्र के जनपद कानपुर 5.30 प्रतिशत, इलाहाबाद, 4.47 प्रतिशत तथा गाजियाबाद–मेरठ (संयुक्त रूप से) 5.72 प्रतिशत है। एक प्रतिशत नगरीय क्षेत्र युक्त जनपदों की संख्या 1971 के 21 से घटकर मात्र 7 रह गयी। गत वर्षों से भिन्न इस वर्ष 2 प्रतिशत से अधिक नगरीय क्षेत्र वाले 5 जनपद–बदायूँ, रामपुर, बरेली, अलीगढ़, एवं आगरा देखे जाते हैं। एक प्रतिशत से अधिक क्षेत्र वाले जनपदों की संख्या 15 है (परिशिष्ट 4)।

नगरीय क्षेत्र में वृद्धि

नगरीय क्षेत्र में वृद्धि नगरों के विस्तार तथा नए नगरीय केन्द्रों के बढ़ जाने से होता है। यहां गत दो दशकों में वृद्धि का विश्लेषण किया गया है।

1961–71 में नगरीय क्षेत्र में वृद्धि

इस दशक में नगरीय क्षेत्र में मात्र 16.05 प्रतिशत की वृद्धि हुई जो 1529.4 वर्ग किमी० से बढ़कर 1774.9 वर्ग किमी0 हो गया। जनपदानुसार सर्वाधिक वृद्धि फतेहपुर में (355.58%) एवं न्यूनतम वृद्धि फर्रूखाबाद में (.53%) अंकित किया गया। पीलीभीत, एटा, खीरी, रायबरेली एवं बहराइच, जनपद इस दृष्टि में स्थिर रहे। बिजनौर एवं मुरादाबाद में 50 प्रतिशत से अधिक तथा बुलन्दशहर एवं सहारनपुर में क्रमशः 49.82 एवं 44.99 प्रतिशत वृद्धि देखी गयी। शेष जनपदों में नगरीय विस्तार नगण्य था (परिशिष्ट 3)।

1971–81 में नगरीय क्षेत्र में वृद्धि

गत दशक की अपेक्षा इस अवधि में अधिक वृद्धि (62.71%) पायी गयी। जिससे कुल नगरीय क्षेत्र 1774.9 वर्ग किमी0 से बढ़कर 2905.7 वर्ग किमी0 हो गया।

अत्यधिक वृद्धि उन्नाव (883.64%), रायबरेली (490%) फतेहपुर (463.0%) तथा बदायूँ (448.36%) जनपदों में अंकित की गयी। बुलन्दशहर, अलीगढ़ में 6 गुने तथा फर्रूखाबाद एवं इटावा जनपदों में चार गुने की वृद्धि देखी गयी। पीलीभीत, मुजफ्फरनगर, गाजियाबाद एवं मेरठ जनपदों में लगभग दो गुने तथा शेष जनपदों में अपेक्षाकृत कम वृद्धि परिलक्षित होती है।

भावी नगरीय विस्तारः एक उदाहरण

विभिन्न ऐतिहासिक घटनाक्रमों एवं विकास प्रक्रमों से होकर नगर का वर्तमान स्वरूप निर्मित होता है। क्षेत्र के अधिकांश नगर प्राचीन है तथा उनके विकास पर हिन्दू, मुसलमान तथा अंग्रेजों के साम्राज्य का स्पष्ट प्रभाव पड़ा है। नगर विशेष के विभिन्न खण्ड या भाग भी प्राचीन शासकों के अभिरूचि का आभास कराते हैं। यथा लखनऊ प्राचीन काल में हिन्दू नगर था जो गोमती नदी के दक्षिणी तट पर लक्ष्मणटीला के समीप बसाया गया था। हिन्दू राजाओं से शासित होते हुए मध्य काल में (1160 ई0) मुगल शासकों के हाथ लगा। 16 वीं शताब्दी में अकबर के आदेश पर नगर में सड़कें निर्मित की गयी। फैजाबाद से राजधानी के स्थानान्तरण से विकास में तीव्रता आयी। आसफउद्दौला एवं सादात अली ने भी भवन निर्मित करवाकर नगर का विस्तार किया।

ब्रिटिश शासकों ने अपनी सुविधानुसार दक्षिण में सैनिक छावनी स्थापित कर नगर विकास को नया आयाम प्रदान किया। स्वतंत्रता प्राप्ति के पश्चात् नगर का तीव्रतर विकास प्रारम्भ हुआ। इलाहाबाद के स्थान पर लखनऊ को राजधानी बनाने के निर्णय से इसकी महत्ता और भी बढ़ गयी। सम्प्रति वृहद उद्योगों को निकटवर्ती भाग में स्थापित करने से विकास की गति और भी बढ़ गयी है और नगर उपान्त का तीव्रतर विकास देखा जा सकता है। इसी तरह का विकास क्षेत्र के अन्य बड़े नगरों इलाहाबाद, कानपुर, आगरा, एवं बरेली में भी द्रष्टव्य है (चित्र 2.9)।

नगरीय विशेषताएं

नगर विकास की प्रकिया को विभिन्न पारिस्थितिकीय मॉडलों के सन्दर्भ में देखने के लिए चुने गये चार नगरों–कानपुर, लखनऊ, इलाहाबाद, एवं आगरा को आधार मानकर निष्कर्ष दिया जा रहा है (चित्र 2.10)।

मैदानी भाग के अधिकांश नगरों का प्रारम्भिक निर्मित क्षेत्र नदी एवं इसके तटीय आकृति द्वारा निश्चित हुआ है। लखनऊ, आगरा एवं कानपुर का प्रारम्भिक निर्मित क्षेत्र नदी तटों का अनुकरण करते हुए रेखीय प्रतिरूप में है। पुनः प्रारम्भ

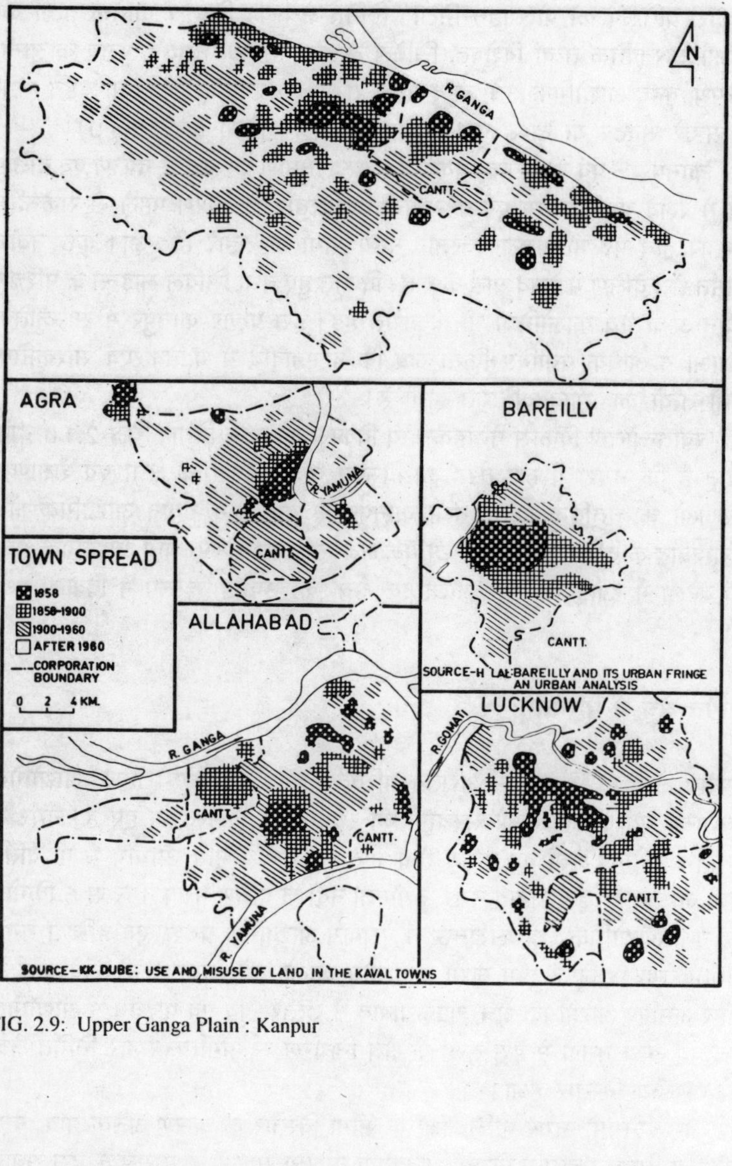

FIG. 2.9: Upper Ganga Plain : Kanpur

में सभी नगर एक व्यावसायिक क्रोड़ के चतुर्दिक ही फैले जो न्यूनाधिक संकेन्द्रीय खण्ड विकास को प्रस्तुत करते हैं (चित्र 2.10)।

बीसवीं शताब्दी में नगरीय संरचना की जटिलता में वृद्धि के कारण त्रिखण्डीय विकास प्रतिरूप को प्रोत्साहन मिला। निर्मित क्षेत्र का विस्तार भौतिक तत्वों की अपेक्षा सांस्कृतिक तत्वों विशेषतः सिविल लाइन्स, सैनिक छावनी, रेलवे कालोनी, रेलपथ, तृहद औद्योगिक क्षेत्र, वृहद पार्कों से अधिक प्रभावित हुआ। परिवहन मार्गों के सहारे सेक्टर या खण्ड रूप विस्तार को प्रश्रय मिला (चित्र 2.10)।

कानपुर के पूर्व में सैनिक छावनी एवं शस्त्र निर्माण कारखाना, दक्षिण एवं दक्षिण पूर्व में रेलवे यार्ड, उद्योग एवं कारखानों के विस्तार के कारण पहले से संकेन्द्रीय विस्तार होने पर भी अगला विस्तार मुख्य मार्गों के सहारे ही हुआ। कुछ नवीन निर्मित क्षेत्र दक्षिण में रेलवे यार्ड के बाहर विस्तृत हुए तथा सिविल लाइन्रा के पश्चिम नवीन आवासीय कालोनियां भी विकसित हुई। इस प्रकार कानपुर में सांस्कृतिक बाधाओं ने अधिक प्रभावित किया जब कि इलाहाबाद में भौतिक एवं सांस्कृतिक दोनों तत्वों का प्रभाव दृष्टिगत होता है।

स्वातन्त्रोत्तर विकास ने बहुकेन्द्रीय विकास को जन्म दिया। चित्र 2.10 द्वारा स्पष्ट है कि नगरों में इस तरह का विस्तार वृहद औद्योगिक क्षेत्रों एवं शैक्षणिक संस्थाओं के चतुर्दिक हुआ। यथा कानपुर के दक्षिण में नवीन औद्योगिक क्षेत्र इलाहाबाद के दक्षिण में "नैनी औद्योगिक क्षेत्र" लखनऊ में "ऐसबाग औद्योगिक क्षेत्र" एवं बरेली में "आइजत नगर औद्योगिक क्षेत्र" का उपग्रह के रूप में विकास हुआ है।

निर्मित क्षेत्र में परिवर्तन

नगरीय क्षेत्रों के विस्तार में अद्यतन परिवर्तन प्रमुख मार्गों के सहारे "औद्योगिक संस्थानों" एवं ऐसे ही दूसरे संस्थानों की स्थापना के फलस्वरूप हुए हैं। नगर के चतुर्दिक ग्रामीण क्षेत्रों का प्रयोग तीव्र गति से नगरीय भूमि उपयोग में परिवर्तित होता जा रहा है। इलाहाबाद नगर में गोमती नदी के दक्षिण मुख्य नगर से 6 किमी0 दूर नैनी औद्योगिक क्षेत्र, लखनऊ में ऐसबाग औद्योगिक प्रदेश, एवं इन्दिरा नगर, गोमती नगर, राजाजीपुरम जैसी आवासीय कालोनियों, कानपुर में रेलवे यार्ड के बाहर अर्मापुर औद्योगिक क्षेत्र, गाज़ियाबाद में उत्तर–पूर्व एवं पश्चिम में औद्योगिक क्षेत्र एवं अन्य नगरों में इस तरह के क्षेत्र निर्धारण से मार्गों के सहारे निर्मित क्षेत्रों का खण्डीय विस्तार हुआ।

नगर निगमों, नगर पालिकाओं के सीमा विस्तार के कारण अनेक गाँव, नगर क्षेत्र में सम्मिलित हो गये जिसमें आवश्यक नगरीय सेवाओं यथा सड़कें, बस सेवाएं,

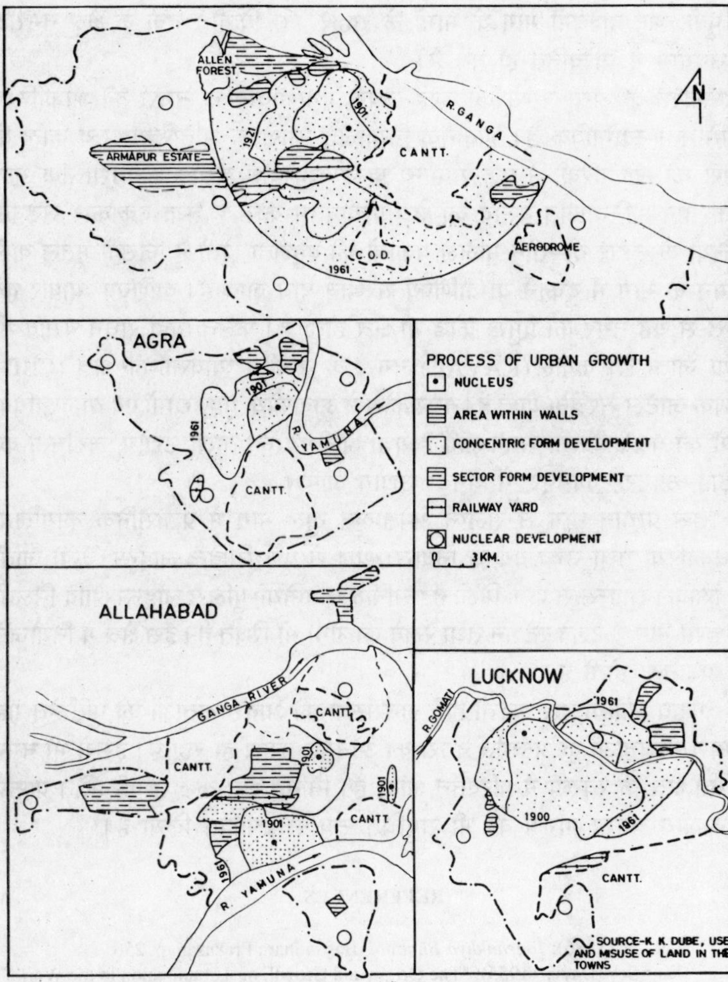

FIG. 2.10: Upper Ganga Plain : Kanpur

जलापूर्ति, एवं विद्युत आदि के विस्तार से निर्मित क्षेत्रों में वृद्धि हुई। यही प्रक्रिया नगर उपान्त की भी उत्पन्न की है। मुख्य मार्गों के सहारे तारक एवं रेखीय रूप में संक्रमण खण्ड बनते जा रहे हैं यथा बरेली[18] एवं लखनऊ[19] दोनों ही नगरों के पूर्वी तथा पश्चिमी भाग के मार्गों के सहारे 10 किमी0 तक के क्षेत्र नगरीय भू-उपयोग में परिवर्तित हो गये है।

भारत के अन्य नगरों की तरह ऊपरी गंगा मैदान के नगरों की आकारिकी में भिन्नता स्वाभाविक है। आधुनिक नियोजित नगरों के अतिरिक्त अन्य काल के नगरों की आकारिकी में एक सामान्य प्रारूप का बोध होता है। नगरान्तिक भाग सघन एवं अनियोजित बसाव का क्षेत्र प्राचीनतम क्रोड है तथा वक्राकार सड़कों, गलियों के सहारे दो-तीन मंजिले मकानों की बहुलता होती है जिसके भूतल वाले सामने के भाग में दुकानें या वाणिज्य संस्थान पाये जाते हैं। वाणिज्य व्यापार की दृष्टि से यह नगर का प्रमुख क्रोड या क्षेत्र होता है। फलतः यहां सघन बसाव भी पाया जाता है। कवाल (KAVAL) नगरों के केन्द्रीय व्यावसायिक क्षेत्र (CBD) अधिक जटिल संरचना युक्त हैं। नगर क्रोड में आवासीय, गृहउद्योगों एवं व्यावसायिक क्षेत्रों को पृथक करना संभव नहीं है यथा अलीगढ़ का ताला उद्योग, लखनऊ का कढ़ाई, आगरा, कानपुर, में चमड़ा उद्योग आदि।

इस प्राचीन भाग से संलग्न अपेक्षाकृत खुले भाग में प्रशासनिक कार्यालय, अधिकारियों तथा उच्च वर्ग के निवास स्थल से पूर्ण सिविल लाइन्स, देखी जाती है। सिविल लाइन्स से प्रायः मिली हुई सैनिक छावनियां, पुलिस लाइन्स आदि मिलती हैं। इसी भाग में रेलवे स्टेशन तथा रेलवे कालोनी भी स्थित है। इस क्षेत्र में नियोजन की प्रधानता होती है।

भराव प्रक्रिया द्वारा बढ़ती हुयी जनसंख्या की आवश्यकताओं की पूर्ति हेतु गृह निर्माण योजनाओं के अन्तर्गत नगरों का अनियत प्रसार हो रहा है। इससे भी नगर निर्मित क्षेत्र के स्वरूप में परिवर्तन आया है। निर्मित क्षेत्र के इस परिवर्तित प्रारूप ने नगरीय घनत्व प्रारूप को भी समुचित रूप से प्रभावित किया है।

REFERENCES

1. Lal, H. (1986): *Jansankhya Bhoogol,* Basundhara Prakasan, p. 256.
2. Kingsley, Davis (1955): "The Origin and Growth of Urbanization in the World", *A.J.S.* 40, p. 429.
3. Master Plan of Lucknow (1961): Lucknow Survey Division, Town and Country Planning Department, p. 1.
4. Singh, R.L. (1955): "Evolution of Settlement in Middle Ganga Valley", *N.G.J.I.*, Vol. I, p. 69.
5. Pradanath, S.N. (1972): *Chronology of Ancient India.*
6. Jarrett, H.S. (1949): *Ain-i-Akbari*, Vol. 2, Calcutta p. 172.
7. Joshi, N.P. (1966): *Mathura Sculptures,* Agra, p. 1.

8. Gideon, Sjoberg (1969): "The Rise and Fall of Cities: A Theoretical Perspective," represented in the cities in Newly Developing Countries: *Readings on Urbanism and Urbanization,* ed. by Gerald Breese, Prentice-Hall, p. 231.
9. Joshi, N.P. (1966): *Op.cit.* p. 10.
10. *District Gazetteer,* Agra, 1905, p. 191.
11. *District Gazetteer,* Lucknow, 1904, p. 148.
12. Sarikwal, R.C.S. (1972): "Sociological Study of a Growing Town and its Relation to Surrounding Areas", Unpublished Ph. D. Thesis, Agra University, p. 150.
13. Divides Town into six classes as under:

Class	I	100000 and above
Class	II	50000 - 99999
Class	III	20000 - 49999
Class	IV	10000 - 19999
Class	V	5000 - 9999
Class	VI	Less than - 5000

14. Bose, Ashis, *Studies in India's Urbanization, 1901-71,* New Delhi, p. 19.
15. Macaura, M. and Zehitz, H.O., Bert, F., "The Role of Urbanization in Economic Development, Some International Comparisons, "Unpublished Paper, p. 427.
16. Kingsley, Davis (1962): *Urbanization in India: Past and Future,* Roy Turner (Ed.) Bombay, p. 6.
17. Singh, U. (1971): "Upper Ganga Plain", Singh, R.L. (Ed.) *India: A Regional Geography,* NGSI Varanasi, pp. See Also, Singh, Onkar (1967) *The Trend of Urbanization in U.P., N.G.J.I.,* XIII, 3 Sept., p. 142.
18. Lal, H. (1987): *City and Urban Fringe,* Concept, pp. 22-25.
19. Misra, Onkar (1987): "Urban Fringe of Lucknow," "Unpublished Ph.D. Thesis, University of Gorakhpur.

अध्याय 3

नगरों में जनसंख्या वितरण प्रतिरूप

नगरों के आकार एवं प्रकार तथा आवासीय स्थलों की भिन्नता के कारण नगरीय जनसंख्या वितरण में भिन्नता पायी जाती है। पुनः वर्तमान जनसंख्या वितरण प्रतिरूप पर भूतकालीन क्रिया कलापों का प्रभाव पड़ता है। परिवर्तनशील समय के सन्दर्भ में क्षेत्रीय वितरणों की व्याख्या सर्वथा कठिन हो सकती है क्योंकि ये मानवीय अनुभवों एवं मूल्यों के परिवर्तन के साथ परिवर्तित होते रहते हैं।

नगरीय एवं ग्रामीण जनसंख्या वितरण को प्रभावित करने वाले कारक पूर्णतः भिन्न होते हैं। सामान्यतः नगरीय जनसंख्या वितरण को प्रभावित करने वाले कारकों में नगरों के आर्थिक स्तर, परिवहन तंत्र के विकास की अवस्था एवं उपलब्धता, जनोपयोगी सुविधाओं की उपलब्धता एवं राजनीतिक स्तर मुख्य हैं। सम्प्रति परिवहन तंत्र, वाणिज्य एवं व्यापार, नगर का स्तर, रोजगार के अवसर प्रदान करने वाले उद्योग तथा निर्माण कार्य अधिक महत्वपूर्ण हैं। फलस्वरूप नगरों का आकार लघु से वृहद एवं वृहद से वृहत्तम होता जा रहा है। आजकल उद्योग तीव्र दर से स्थापित हो रहे हैं, नवीन परियोजनाएं तैयार की जा रही हैं तथा यातायात एवं संचार के साधन विकसित हो रहे हैं और इनका संयुक्त प्रभाव वितरण पर अवश्य ही दृष्टिगत होता है।

वस्तुतः गत तीन दशकों में उद्योग एवं परिवहन मिलकर एक विलग जनसंख्या वितरण को विकसित किए है। इन कारकों के संयुक्त प्रभाव से उपनगरीय क्षेत्रों में नियोजित आवासीय कालोनियां, विस्तृत स्थल पर बंगले निर्मित हो रहे हैं। उपरोक्त तत्वों के अतिरिक्त अन्य कारकों में नगर की स्थिति एवं विस्तार, शैक्षणिक संस्थाएं एवं वृहद नगरों से दूरी तथा उनसे सम्बन्ध हैं।

उल्लेखनीय है कि नगर की जनसंख्या वितरण के क्षेत्रीय प्रतिरूप में दो दशकों के अन्तर की तुलना करना कठिन है क्योंकि वार्डो की सीमा एवं क्षेत्रफल में महत्वपूर्ण परिवर्तन होते रहते हैं (सारणी 3.1)। संबंधित वार्डों के अनुसार आंकडों की अनुपलब्धता प्रत्यक्षतः तुलना में बाधा पड़ती है। इसी के साथ कुछ विशेष क्षेत्र यथा

कैण्ट, हवाई अड्डा आदि के आंकड़े तथा क्षेत्रफल दोनों ही उपलब्ध नहीं होते जिससे मानचित्र निर्माण एवं विश्लेषण दोनों ही में कठिनाई उत्पन्न होती है।

सारणी 3.1
चयनित नगरों का क्षेत्रफल एवं वार्डों की संख्या

नगर	1961		1971		1981	
	वार्डों की संख्या	क्षेत्रफल/ हेक्टेयर	वार्डों की संख्या	क्षेत्रफल/ हेक्टेयर	वार्डों की संख्या	क्षेत्रफल/ हेक्टेयर
लखनऊ	32	13543	32	12266	40	14594
इलाहाबाद	27	6294	27	8218	40	8218
बरेली	16	3846	16	4246	40	4987
अलीगढ़	16	3186	19	3445	37	3445
गाजियाबाद	9	1168	15	3576	25	6577

स्रोत : भारतीय जनगणना पुस्तिका 1961 एवं 1981

नगरों में जनसंख्या वितरण प्रतिरूप

जनसंख्या वितरण किसी क्षेत्र में जनसंख्या के संकेन्द्रण या विखराव की स्थिति को व्यक्त करता है।[1] जनसंख्या वितरण के प्रदर्शन हेतु बिन्दु विधि एक सरल एवं उपयोगी विधि है। प्रस्तुत अध्याय में 5 मानचित्र (चित्र संख्या 3.1 से 3.5 तक) वितरण प्रतिरूप को प्रदर्शित कर रहे हैं।

ऊपरी गंगा मैदान भारत के सघन बसे क्षेत्रों में से एक प्रमुख क्षेत्र है, जिसमें उत्तर प्रदेश की सम्पूर्ण जनसंख्या का 74.17 प्रतिशत जनसंख्या प्रदेश के नगरीय केन्द्रों में विभिन्न वितरण प्रतिरूपों में वितरित है।

नगरों में जनसंख्या वितरण मानचित्रों के अवलोकन से सामान्यतः 4 प्रतिरूप प्रकट होते हैं।

1. अतिसघन जनसंख्या वितरण प्रतिरूप
2. सघन जनसंख्या वितरण प्रतिरूप
3. विरल जनसंख्या वितरण प्रतिरूप
4. खुले क्षेत्र

उपरोक्त प्रतिरूप वृहद नगरों में, जिसके विकास में अनेक आवासीय

परियोजनाएं पूर्ण हो चुकी है, अधिक स्पष्ट है। लध्वाकार नगरों की जनसंख्या वितरण में अत्याधिक समानता मिचलती है क्योंकि इन केन्द्रों में जनसंख्या मात्र मुख्य परिवहन मार्गों के किनारे तथा कुछ आन्तरिक क्षेत्र तक एक संकेन्द्रण के रूप में बसी हुई है। ऐसे वितरण प्रतिरूपों का मुख्य कारण सीमित क्षेत्र पर नगरीय सुविधाओं की उपलब्धता, व्यावसायिक वर्गीय लोगों का अधिकतम् आवास, कार्यालयों एवं उद्योगों का अभाव है। इसके विपरीत नगरीय समूहों जिनमें अनेक नगरीय इकाईयां–नगर पालिका, छावनी, सिविल लाइन्स, औद्योगिक आस्थान (इण्डस्ट्रियल इस्टेट) रेलवे कालोनी या उन नगरीय केन्द्रों में जिनके अन्तर्गत ऐसी इकाईयां नहीं हैं, फिर भी, औद्योगिक एवं प्रशासनिक दृष्टि से महत्वपूर्ण हैं, में जनसंख्या वितरण प्रतिरूप भिन्न–भिन्न है।

ध्यातव्य है कि विभिन्न भू–उपयोग से मिश्रित नगर का प्राचीन क्षेत्र या क्रोड आज भी नगर के हृदय स्थल के रूप में है। जनसंख्या वितरण की दृष्टि से यह भाग नगर का सर्वाधिक सघन क्षेत्र होता है। यथा – आगरा नगर का किनारी बाजार, पीपल मण्डी एवं कश्मीरी बाज़ार व्यावसायिक केन्द्र के रूप में विकसित हुए, अत्यधिक सघन बसाव के क्षेत्र हैं एवं आवासों की दयनीय स्थिति के कारण मलिन बस्तियों का स्वरूप धारण कर चुके हैं।[2] कानपुर नगर का भी प्राचीन अधिवासी क्षेत्र (नगर क्रोड) यही दृश्य प्रस्तुत करता है। नगर की 70 प्रतिशत जनसंख्या कुल क्षेत्रफल के मात्र 20 प्रतिशत पर वितरीत है। इस क्षेत्र के 60 प्रतिशत घर न्यून आय वर्ग के हैं फलतः गृहों का आकार छोटा एवं आवासीय घनत्व उच्च होने के कारण इसकी गणना भारत के अन्य सघनतम बसे नगरों की श्रेणी में की जाती है।

नगरीय जनसंख्या की प्राकृतिक वृद्धि और नगरों में औद्योगिकरण की प्रक्रिया से प्रेरित होकर ग्रामीण जनसंख्या प्रवास ने संयुक्त रूप से नगरीय जनसंख्या में वृद्धि की है। नगरीय आवश्यकताएं सामाजिक सुविधाएं एवं आवासीय निर्माण की दर का तीव्र जनसंख्या वृद्धि के साथ समायोजन नहीं हो सका। साथ ही प्रति व्यक्ति अल्प आय एवं निम्न स्तरीय रहन सहन के संयुक्त प्रभाव ने नगर क्रोड क्षेत्र की जनसंख्या वितरण की सघनता में वृद्धि की है जो तीन समयों (1961, 1971 एवं 1981) के जनसंख्या वितरण मानचित्रों से स्पष्ट है।

देश के अन्य नगरों की भांति इस क्षेत्र में भी जनसंख्या का सघन वितरण क्षेत्र नगर क्रोड एवं समीपस्थ संक्रमण भाग है। इस क्षेत्र की सामान्य विशेषताएं अनियोजित सघन बस्तियां, संकरे वक्राकार मार्ग, जीर्ण शीर्ण लध्वाकार पुराने घर, मुख्य मार्गों के किनारों के आवासों का अत्यधिक उर्ध्व विस्तार, इन भवनों का भूमि

तल व्यवसाय के रूप में तथा शेष आवास के रूप में प्रयोग, मध्यवर्ती क्षेत्र में निम्नस्तरीय लोगों का निवास क्षेत्र एवं जनोपयोगी सुविधाओं का अभाव आदि है।

अलीगढ़ नगर का सर्वाधिक सघन वितरण का क्षेत्र दिल्ली, कानपुर रेलमार्ग के पश्चिम "वाली किला" के चतुर्दिक लगभग वृत्ताकार स्वरूप में स्थित है। सारणी 3.2 से स्पष्ट है कि अलीगढ़ नगर के सम्पूर्ण क्षेत्रफल (37 वार्ड) के 4.82 प्रतिशत भाग पर कुल जनसंख्या का 23.44 प्रतिशत (10 वार्ड की जनसंख्या) बसाव है। इन क्षेत्रों में जनोपयोगी सुविधाओं का अभाव तथा नगर क्रोड की सभी विशेषताएं विद्यमान हैं (चित्र 3.4)।

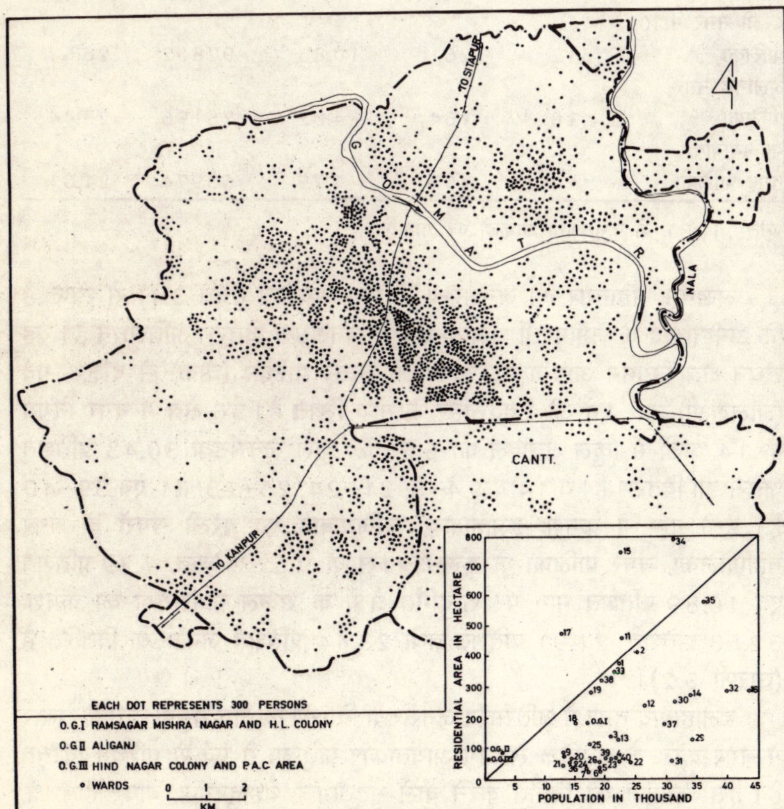

FIG 3.1: Lucknow : Distribution of Population : 1981

सारणी 3.2

नगरों में सघन बसे क्षेत्रों का क्षेत्रफल एवं जनसंख्या

नगरीय इकाई	वार्डों की संख्या	क्षेत्रफल (हे0 में)	नगर निगम/नगर पालिका		
			कुल क्षेत्रफल का %	कुल जनसंख्या	कुल जनसंख्या का %
लखनऊ म्यू0 का0	14	777	6.52	272566	30.43
इलाहाबाद नगर–महापालिका	14	607	9.52	200425	32.53
बरेली नगर महा0 पालिका	12	261	10.88	97852	26.67
अलीगढ़ नगर–पालिका	10	164	4.82	75196	23.44
गाजियाबाद नगर पालिका	10	497	7.79	63974	21.01

स्रोत : 1981 के जनगणना आंकडों पर आधारित

लखनऊ महानगर की जनसंख्या वितरण मानचित्र (चित्र 3.1) से स्पष्ट है कि अमीनाबाद के समीपवर्ती आबादी क्षेत्र में जनसंख्या वितरण अतिसघन है। यह सघन क्षेत्र लगभग आयताकार स्वरूप में उत्तर पश्चिम (चौक) से दक्षिण–पूर्व (लालकूआं) तक, एवं जी०एच० नहर के मध्य स्थित है। इस क्षेत्र में नगर निगम के 14 वार्डों में (कुल क्षेत्रफल का 6.25%) कुल जनसंख्या 30.43 प्रतिशत जनसंख्या वितरण है। ये 14 वार्ड 4–8, 21–24, 26–28, 31 एवं 39–40 हैं। इसी क्रम में क्रमशः इलाहाबाद, गाजियाबाद एवं बरेली नगरों के नगर महापालिका, नगर पालिका के कुल क्षेत्रफल के 9.52 प्रतिशत, 7.79 प्रतिशत एवं 10.89 प्रतिशत भाग पर सन्दर्भित क्षेत्रों के सकल जनसंख्या का क्रमशः 32.53 प्रतिशत, 21.91 प्रतिशत तथा 23.44 प्रतिशत जनसंख्या वितरित है (सारणी 3.2)।

इलाहाबाद नगर में अतिसघन जनसंख्या वितरण का क्षेत्र यमुना नदी के उत्तर में नगर क्रोड के चतुर्दिक लगभग आयताकार प्रतिरूप में पूर्व से पश्चिम विस्तृत है। इस जनपुंज को निर्मित करने वाले मुट्ठीगंज, बहादुरगंज, बादशाहीमण्डी, कटघर, बेरहना एवं दरियाबाद वार्ड हैं (चित्र 3.2)। बरेली नगर में अतिसघन जनसंख्या वितरण का क्षेत्र मध्यवर्ती एवं पश्चिमी क्षेत्र के वार्ड, 4–6, 13–18 एवं 26 हैं। यह जनपुंज कटक सदृश्य मध्य में जनसंख्या सघनता अधिक तथा

बाह्य क्षेत्र में घटता हुआ परिणाम प्रस्तुत कर रहा है। कुतुबखाना चौक के आस–पास कुछ कार्यालयों एवं बरेली कालेज की स्थिति से कुछ स्थान खाली हैं। नगर के पूर्वी भाग के वार्डों सहमतगंज, कालीबारी एवं उल्फीकारगंज में भी अतिसघन बसाव है।[3]

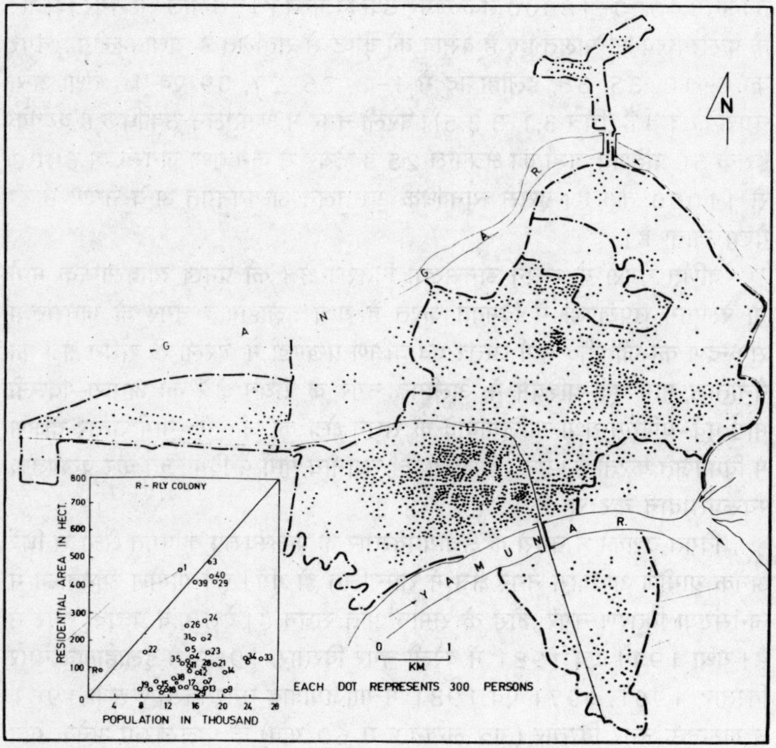

FIG 3.2: Allahabad : Distribution of Population : 1981

उल्लेख अन्य नगरों की भांति गाजियाबाद नगर में भी किला क्षेत्र के चतुर्दिक अतिसघन जनसंख्या वितरण है। यह प्रखण्ड हिण्डन नदी के पूर्व गाजियाबाद–दिल्ली एवं गाजियाबाद–मेरठ रेलमार्ग के मध्य लगभग वृत्ताकारा रूप में स्थित है जिसके अन्तर्गत राइटक, बालूपुरा, पूर्वी इस्माइल, जटवारा, चन्द्रपुरी एवं मोरी वार्ड हैं। इस

प्रकार अलीगढ़ एवं गाजियाबाद किला नगर में सघन वितरण का क्षेत्र वृत्ताकार एवं लखनऊ तथा इलाहाबाद में आयताकार स्वरूप है।

उपरोक्त व्याख्या से स्पष्ट होता है कि जनसंख्या का अत्यधिक सघन बसाव नगर केन्द्र के चतुर्दिक कुछ वार्डों तक सीमित है। इन वार्डों के क्षेत्रफल एवं जनसंख्या का तुलनात्मक अध्ययन करने पर वितरण का असंतुलन स्पष्ट हो रहा है। (चित्र 3.1 से 3.5) सामान्यतः सघन बसे वार्डों का क्षेत्रफल 10 से 50 हेक्टेयर तक है जिनमें 4000–18000 तक जनसंख्या वितरित है। ऐसे वार्ड जो नगर विस्तार के फलस्वरूप सम्मिलित हुए हैं बसाव की दृष्टि से संतुलित हैं, यथा अलीगढ़ नगर का 8–10, 35, 36, इलाहाबाद में 1–3, 26, 27, 39 एवं 40 तथा अन्य नगरों के वार्ड हैं (चित्र 3.1 से 3.5)। बरेली नगर में असंतुलन सर्वाधिक है क्योंकि इसके 50 प्रतिशत वार्डो का क्षेत्रफल 25 हेक्टेयर से कम तथा जनसंख्या 6000 से 11000 तक है। इससे न्यूनाधिक असंतुलन अध्ययनगत अन्य नगरों में भी देखा जाता है।

वर्णित नगरों के सघन जनसंख्या वितरण क्षेत्र को प्रमुख व्यावसायिक मार्ग या रेलमार्ग उपखण्डों में विभक्त करते हैं यथा इलाहाबाद नगर के जनसंख्या संकेन्द्रण को जी०टी० मार्ग उत्तर एवं दक्षिण प्रखण्डों में, बरेली के सघन क्षेत्र को नैनीताल मार्ग पूर्व–पश्चिम में, अलीगढ़ नगर के सघन क्षेत्र को आगरा–दिल्ली मार्ग पूर्व–पश्चिम तथा गाजियाबाद के सघन क्षेत्र को जी०टी० मार्ग उत्तर दक्षिण में विभाजित करती है। इन उपखण्डों को स्थानीय मार्ग में विभाजित कर प्रखण्डीय स्वरूप प्रदान कर रहे हैं।

विगत दशकों में नगरों के क्षेत्रीय विस्तार के फलस्वरूप कृषिगत क्षेत्रों से घिरे अनेक ग्रामीण अधिवास नगर क्षेत्र में सम्मिलित हो गये। इन ग्रामीण अधिवासों में जनसंख्या वितरण नगर क्रोड के समान अति सघन हैं। ऐसे गांव प्रत्येक नगर में है। यथा 1971 एवं 1981 में बरेली नगर विस्तार, 1959 में इलाहाबाद नगर विस्तार, 1961, 1971 एवं 1981 में गाजियाबाद नगर विस्तार तथा 1961 में लखनऊ नगर विस्तार (मात्र लखनऊ में 60 गांव) के फलस्वरूप अनेक गांव सम्मिलित हो चुके हैं।

उपरोक्त सघन क्षेत्र के अतिरिक्त औद्योगिक आस्थानों की स्थिति के साथ कुछ नवीन आवासीय स्वरूप प्रकट हुए हैं। इन क्षेत्रों में एक भी जनोपयोगी सुविधाएं उपलब्ध नहीं है फिर भी झुग्गी–झोंपड़ी द्वारा निर्मित यह आवासीय प्रतिरूप जनसंख्या वितरण की दृष्टि से अतिसघन है। अल्प आय प्राप्त कर्ताओं की इस बस्ती में औद्योगिक श्रमिक, रिक्शा चालक, सब्जी विक्रेता, एवं मरम्मत आदि कार्य करने वाले तथा इनके समान स्तरीय लोग हैं। इसके विकास में नगर के चतुर्दिक ग्रामीण

क्षेत्रों से आये श्रमिकों का विशेष योगदान है। इस तरह का क्षेत्र गाजियाबाद का मोहनापुर, कानपुर का ग्वालाटोला, कुर्सवाना, पिल्खवाना, पुरानी सब्जी मण्डी, धोबी मोहल्ला हैं। कानपुर नगर की गन्दी बस्तियों के सर्वेक्षण से ज्ञात हुआ है कि एक लाख से अधिक लोग अनुपयुक्त परिस्थितियों में जीवन व्यतीत करते हैं।

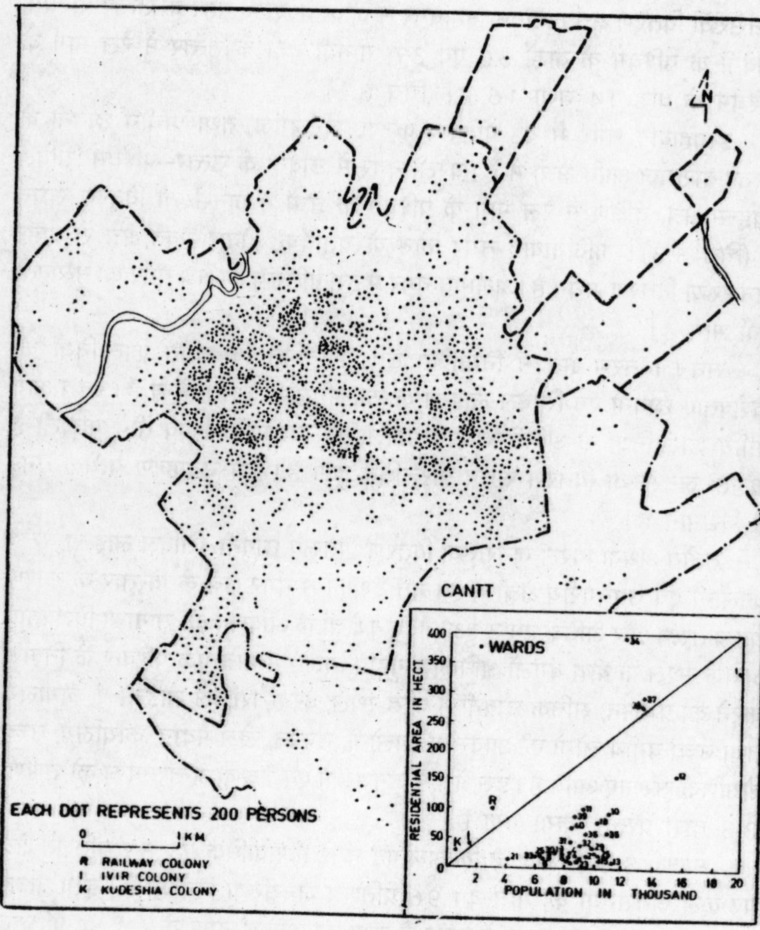

FIG. 3.3: Bareilly : Distribution of Population : 1981

नगर के मध्यवर्ती प्रखण्डों अथवा व्यक्तिगत निर्मित कालोनियों में जनसंख्या बसाव सघन है। नगर क्रोड में वाणिज्य व्यापार के विस्तार के पश्चात् लोगों ने

इस क्षेत्र में बसना प्रारम्भ किया। उच्च भू–मूल्य देने में असमर्थ लोग भी इस क्षेत्र में बसे। शैक्षणिक संस्थाएं, कुछ प्रशासनिक कार्यालय एवं न्यूनाधिक खुले क्षेत्र इसकी सामान्य विशेषताएं हैं। इस क्षेत्र के आवासों की विशेषताएं नगर क्रोड से भिन्न हैं। यहां के आवास खुले क्षेत्रों के बीच दो मंजिले चौड़ी सड़कों के किनारे स्थित हैं। जनसंख्या एवं आवासीय घनत्व तुलनात्मक दृष्टि से कम है। इस प्रतिरूप का जनसंख्या वितरण क्षेत्र लखनऊ महानगर में जी०एच०एल० नहर के उत्तर पश्चिम, छावनी के पश्चिम के वार्डों 36 एवं 37, गोमती नदी के उत्तर में रेल मार्ग के पश्चिम के वार्ड 14 तथा 16 हैं। (चित्र 3.1)

इलाहाबाद नगर में यह प्रतिरूप कटरा, कर्नलगंज, तथा प्राचीन छावनी के उत्तर दारागंज आदि क्षेत्रों में है। बरेली नगर में छावनी के उत्तर–पश्चिम सिविल लाइन्स क्षेत्र, दक्षिण में रेल मार्ग के पश्चिम के क्षेत्रों में जनसंख्या वितरण सघन है (चित्र 3.3)। गाजियाबाद नगर क्रोड के चतुर्दिक, दीवार युक्त क्षेत्र से बाहर जनसंख्या वितरण सघन है। अलीगढ़ नगर में इस प्रतिरूप का क्षेत्र नगर का मध्यवर्ती पूर्वी भाग है।

सघन वितरण क्षेत्र में नियोजित ढ़ग से निर्मित व्यक्तिगत कालोनियों की विशेषताएं छावनी एवं सिविल लाइन्स के कालोनियों से पूर्णत भिन्न हैं। उच्च आय वर्गीय कालोनियों के अतिरिक्त अन्य कालोनियां दो मंजिली एवं तीन मंजिली हैं फलतः जनसंख्या वितरण सघन परिलक्षित हुआ है। ऐसे उदाहरण प्रत्येक नगर में विद्यमान हैं।

तृतीय अथवा विरल जनसंख्या वितरण प्रतिरूप छावनी, सिविल लाइन्स, रेलवे कालोनी एवं उपनगरीय क्षेत्रों में है। गत दशकों में नगर क्षेत्र के विस्तार के कारण यह प्रतिरूप और अधिक स्पष्ट हुआ है। इन क्षेत्रों के आवासों की सामान्य विशेषताएं अधिक स्थल के बीच बंगलों अधिकांश गृहों (बंगलों) में मात्र एक परिवार के निवास करने का प्रचलन, सैनिक छावनी में परेड स्थल, बैरक, सिविल लाइन्स में कार्यालय तथा उच्च वर्गीय लोगों की आवसीय कालोनी, उपवन, खेल मैदान, कार्यालय, उच्च शैक्षणिक संस्थाएं आदि हैं। इस क्षेत्र में जनसंख्या एवं क्षेत्र के अन्तर्सम्बन्ध को सारणी 3.3 द्वारा प्रस्तुत किया गया है।

सारणी 3.3 से स्पष्ट है कि अलीगढ़ नगर में सर्वाधिक 72.87 प्रतिशत क्षेत्र पर कुल जनसंख्या का मात्र 41.96 प्रतिशत जनसंख्या वितरित है। इसी प्रकार का असंतुलन प्रत्येक नगर में प्रकट है यथा इलाहाबाद नगर के 63.14 प्रतिशत क्षेत्र पर 26.86 प्रतिशत जनसंख्या का बसाव भी विरलता को प्रदर्शित करता है।

सारणी 3.3

म्यू0बोर्ड/नगर निगम के सन्दर्भ में उपान्तीय वार्डों का क्षेत्रफल एवं जनसंख्या : 1981

नगर	वार्डों की संख्या	वार्डों का क्षेत्रफल/ हेक्टेयर	म्यूबोर्ड/नगर निगम के सम्पूर्ण क्षेत्र का %	वार्डों की सम्पूर्ण जनसंख्या	सन्दर्भित क्षेत्र की कुल जनसंख्या का %
लखनऊ	15	7299	70.45	405553	45.28
इलाहाबाद	10	3974	63.14	165502	26.86
बरेली	8	1700	70.89	101914	26.73
अलीगढ़	13	2482	72.87	134627	41.96
गाजियाबाद	8	4712	71.64	118045	41.12

स्रोत : 1981 की जनगणना आंकड़ों पर आधारित

यह क्षेत्रीय अंसतुलन मानचित्रों (3.1से 3.5) के दृष्टि प्रदर्शन से भी प्रकट होता है। लखनऊ महानगर में विरल वितरण का मुख्य क्षेत्र उपनगरीय वार्ड अलीगंज, दौलतगंज, सआदतगंज महानगर, कनौसी, तथा बाह्‌य विकास क्षेत्र इन्दिरानगर, बस्तौली, चांदगंज, गौमती कालोनी, राजाजीपुरम एवं हिन्द नगर कालोनी है। ब्रिटिश कालोनी सैनिक छावनी (22.23% क्षेत्र पर 8.89% जनसंख्या) एवं सिविल लाइन्स भी विरल वितरण को प्रदर्शित कर रहे हैं। इलाहाबाद नगर में विरल वितरण के क्षेत्र उत्तर में फाफामऊ, पश्चिम में बमरौली चकनिरातुल, दक्षिण में नैनी के अतिरिक्त तीनों छावनी एवं सिविल लाइन्स है। सामान्यतः ये क्षेत्र नगर विस्तार के फलस्वरूप सम्मिलित हुए है। जिनमें आवासीय विकास नियोजित तथा विरल प्रतिरूप में हुआ।

बरेली नगर की जनसंख्या वितरण में सर्वाधिक असमानता है क्योंकि मात्र 8 वार्ड नगरपालिका के कुल क्षेत्र के 70.89 प्रतिशत भाग पर विस्तृत है परन्तु इस पर निवास करने वाली जनसंख्या 26.73 प्रतिशत है। इस प्रकार सम्पूर्ण बाह्‌यवर्ती क्षेत्रों सहित सैनिक छावनी विरल वितरण का प्रदर्शन कर रहे हैं (चित्र 3.3)। अलीगढ़ नगर में विरल जनसंख्या वितरण का क्षेत्र उत्तर–पूरब में विश्वविद्यालय के समीपवर्ती क्षेत्र, रामघाट आवासीय क्षेत्र में स्कूलों, कार्यालयों के कारण, तथा सिविल लाइन्स है। गाजियाबाद के जनसंख्या वितरण में भी अत्याधिक असमानता है। इसका मुख्य कारण अन्य नगरों की अपेक्षा नगरीय क्षेत्र का तीव्र विस्तार एवं औद्योगिक इकाइयों हेतु भूखण्डों का सुरक्षित किया जाना है। ऐसे क्षेत्र मुख्यतः उपान्तीय वार्ड दिगम्बरपुर, राजेन्द्रनगर, अर्थला करैड़ा, विजय नगर, मिर्जापुर एवं

दौलतपुर है। जिसके अन्तर्गत यत्र–तत्र आवासीय क्षेत्रों के अतिरिक्त खुले क्षेत्रों की अधिकता है।

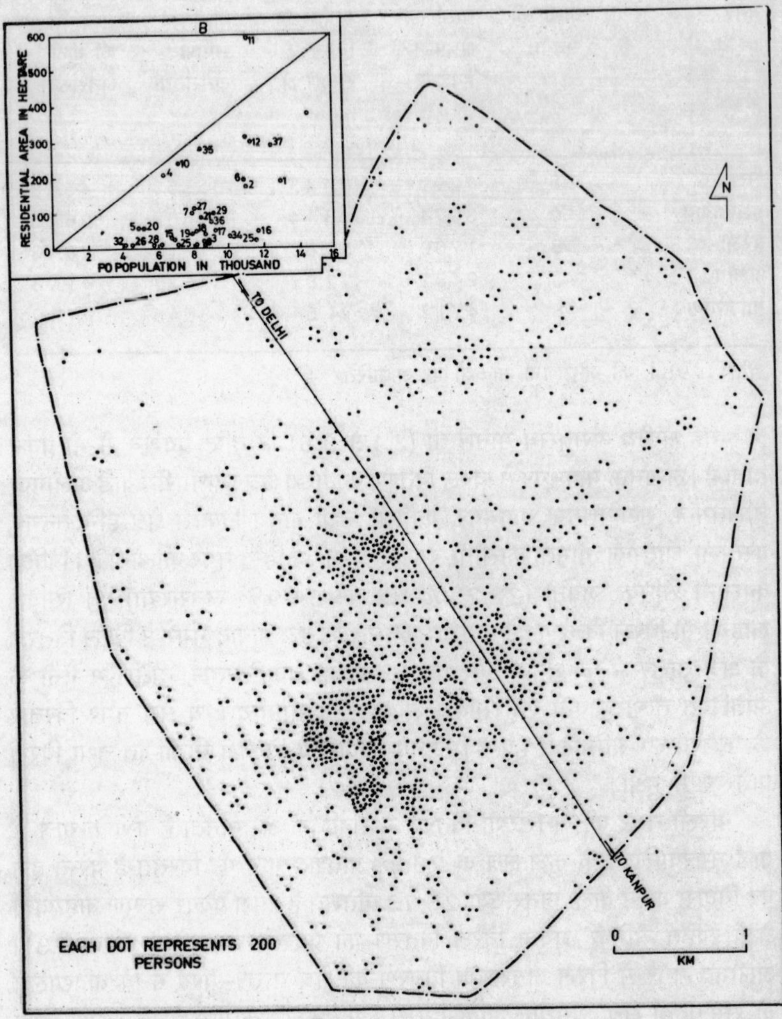

FIG. 3.4: Aligarh: Distribution of Population : 1981

यद्यपि कि यहां जनसंख्या घनत्व की व्याख्या करना प्रयोजन नहीं है, परन्तु विभिन्न आकार के नगरों में जनसंख्या वितरण में असंतुलन को प्रदर्शित करने के लिए इसको प्रस्तुत किया जा रहा है। प्रस्तुत सारणी 3.4 में विभिन्न आकार के नगरों के क्षेत्रीय संदर्भ में घनत्व श्रेणियों के अनुसार जनसंख्या वितरण प्रदर्शित है।

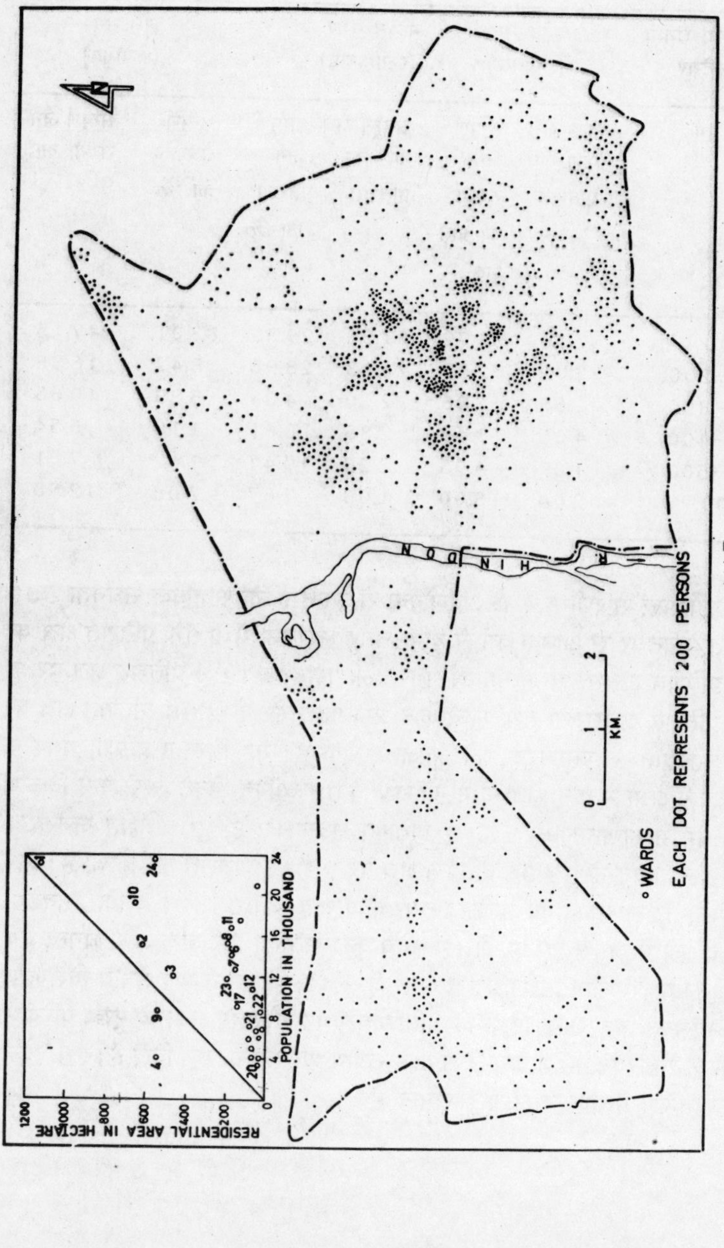

FIG 3.5: Ghaziabad: Distribution of Population : 1981

सारणी 3.4

विभिन्न आकार के नगरों में जनसंख्या घनत्व श्रेणी एवं प्रतिशत क्षेत्र : 1981

जनसंख्या घनत्व प्रति हेक्टेयर	वृहद नगर (लखनऊ)		मध्यम नगर (इलाहाबाद)		लघु नगर (अलीगढ़)	
घनत्व वर्ग	कुल क्षेत्र फल का प्रतिशत	सम्पूर्ण जन–संख्या का प्रति–शत	सम्पूर्ण क्षेत्र–फल का प्रतिशत	सम्पूर्ण जन–संख्या का %	सम्पूर्ण क्षेत्रफल का %	सम्पूर्ण जन–संख्या का %
< 100	67.10	28.72	67.06	29.35	83.01	47.15
100–200	23.05	32.89	25.13	28.96	8.42	16.35
200–300	2.65	7.06	2.10	4.06	3.89	10.65
300–400	4.05	13.40	2.35	8.61	1.18	5.54
400–500	1.09	4.93	2.28	10.47	1.42	7.81
> 500	2.04	16.00	1.08	7.67	2.08	12.50

उपरोक्त सारणी 3.4 के अवलोकन से स्पष्ट है कि सर्वाधिक सघनता 500 व्यक्ति/हेक्टेयर से अधिक वर्ग में वृहद नगर लखनऊ में 2.04 प्रतिशत क्षेत्र पर 16 प्रतिशत जनसंख्या, मध्माकार नगर इलाहाबाद के 1.08 प्रतिशत क्षेत्र पर 7.67 प्रतिशत जनसंख्या तथा लध्वाकार अलीगढ़ नगर के 2.08 प्रतिशत क्षेत्र पर 12.50 प्रतिशत जनसंख्या की अपेक्षा अधिक है। यह भिन्नता क्रमशः नगर के बाह्यवर्ती क्षेत्रों में कम होती गयी है। यथा 100 व्यक्ति/हेक्टेयर से कम वितरण वाले वर्ग में लखनऊ के 67.10 प्रतिशत क्षेत्रफल 28.72 प्रतिशत जनसंख्या तथा इलाहाबाद के 67.06 प्रतिशत क्षेत्र पर 29.35 प्रतिशत जनसंख्या है। ऐसी ही भिन्नता इलाहाबाद एवं अलीगढ़ नगर के बीच है। 400–500 व्यक्ति/हेक्टेयर घनत्व क्षेत्र में जनसंख्या एवं क्षेत्र के बीच कुछ संतुलन है जबकि अन्य घनत्व वर्गों में न्यूनाधिक भिन्नता परिलक्षित है (सारणी 3.4)। इसका कारण क्षेत्रीय विशेषताएं है। उपरोक्त वितरण प्रतिरूपों के अतिरिक्त नगर के बाहय क्षेत्रों के मुख्य परिवहन मार्गों के सहारे निर्मित होने वाले आवास रेखीय प्रतिरूप उत्पन्न किए हैं। इस प्रकार के उदाहरण प्रत्येक नगर में विद्यमान हैं।

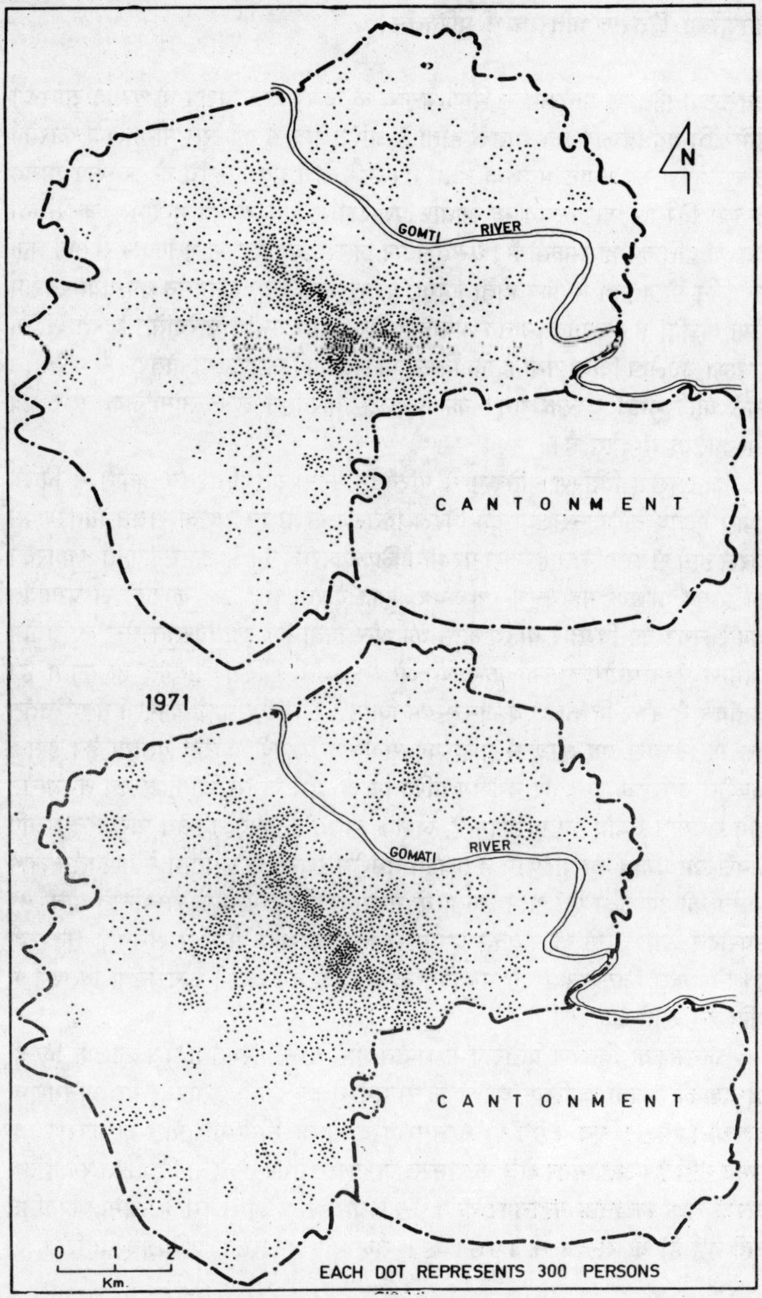

FIG. 3.6 : Lucknow: Distribution of Population : 1961

जनसंख्या वितरण प्रतिरूप में परिवर्तन

जनसंख्या वितरण प्रतिरूप न सिर्फ मनुष्य के किसी क्षेत्र विशेष के बसाव सम्बन्धी अभिरूचि एवं विरूचि का द्योतक होता है अपितु क्षेत्र में कार्यरत भौगोलिक कारकों के संश्लेषण का स्पष्ट प्रदर्शक होता है। अभिरूचि एवं विरूचि के अनुरूप मानव के इस विस्तार या फैलाव के आधार पर रेखीय, प्रकीर्ण एवं पूंजीभूत जनसंख्या वितरण प्रतिरूप हो सकती है। धरातल पर जनसंख्या वितरण भूतकाल से अब तक परिवर्तन होता रहा है और होता रहेगा, परन्तु भविष्य के परिवर्तन का क्या स्वरूप होगा अज्ञात है। क्योंकि मानव अपनी सुविधानुसार स्थान परिवर्तित करता रहता है, यथा उल्लेख किया गया है कि किसी भी नगर की जनसंख्या वितरण में परिवर्तन लाने वाले मुख्य कारक नगर का अर्थतंत्र, परिवहन तंत्र, सामाजिक स्तर एवं सांस्कृतिक भू-दृश्य है।

जनसंख्या वितरण प्रतिरूप में परिवर्तन सामान्यतः निश्चित अवधि में किसी स्थान विशेष की जनसंख्या की विरल वितरण से सघन अथवा सघन वितरण से विरल होने से सम्बन्धित है जिस पर भौगोलिक कारकों की अपेक्षा सांस्कृतिक कारकों का प्रभाव अधिक महत्वपूर्ण एवं स्पष्ट हुआ करता है।[4] इन कारकों से प्रभावित होकर नगर का विस्तार बाह्य क्षेत्रों की ओर होता है। इस विस्तृत क्षेत्र का प्रयोग विभिन्न भू–उपयोगकर्ताओं के करने से भिन्न-भिन्न विशेषतायुक्त हो जाता है। रोडविन ने नगर विस्तार एवं जनसंख्या वितरण में परिवर्तन के कारणों में परिवर्तन तंत्र के विकास एवं आय में वृद्धि को सर्वाधिक प्रभावी कारक बताया है। इसके विपरीत वर्गेस के अनुसार नगरीय परिवर्तन केन्द्र में जनसंख्या वृद्धि एवं तज्जनित भूमि उपयोग दबाव का परिणाम है, जबकि होयट के लिए नगरीय परिवर्तन यद्यपि जनसंख्या दबाव का परिणाम है तथापि नगरीय स्थलों के उपयोग में परिवर्तन लाभ अर्जन की आकांक्षा एवं अभिगम्यता के नगरान्तरिक वैभिन्य से सम्बन्धित होता है। उपरोक्त सभी तत्वों के संयुक्त प्रभाव से नगर के कुछ क्षेत्रों में सघनता घट रही है। निष्कर्षतः जनसंख्या को प्रभावित करने वाले कारक ही जनसंख्या वितरण में परिवर्तन लाते हैं।

जनसंख्या वितरण प्रतिरूप में घटित होने वाले परिवर्तनों की व्याख्या किन्हीं दो दशकों अथवा कालिक चरणों के सन्दर्भ में की जाती है परन्तु गत जनगणना दशकों (1961 एवं 1971) में नगरीय वार्डों के सीमा परिवर्तन के कारण यह संभव नहीं है। अतः नगर क्षेत्र के समस्त जनपूंजों, नगर केन्द्र से निर्धारित संकेन्द्रिय वलयों तथा लखनऊ महानगर के 1961 के 32 वार्डों (जिसकी सीमा परिवर्तित नहीं हुई है) के सन्दर्भ में 1961-81 तक की जनसंख्या परिवर्तन प्रदर्शित है।

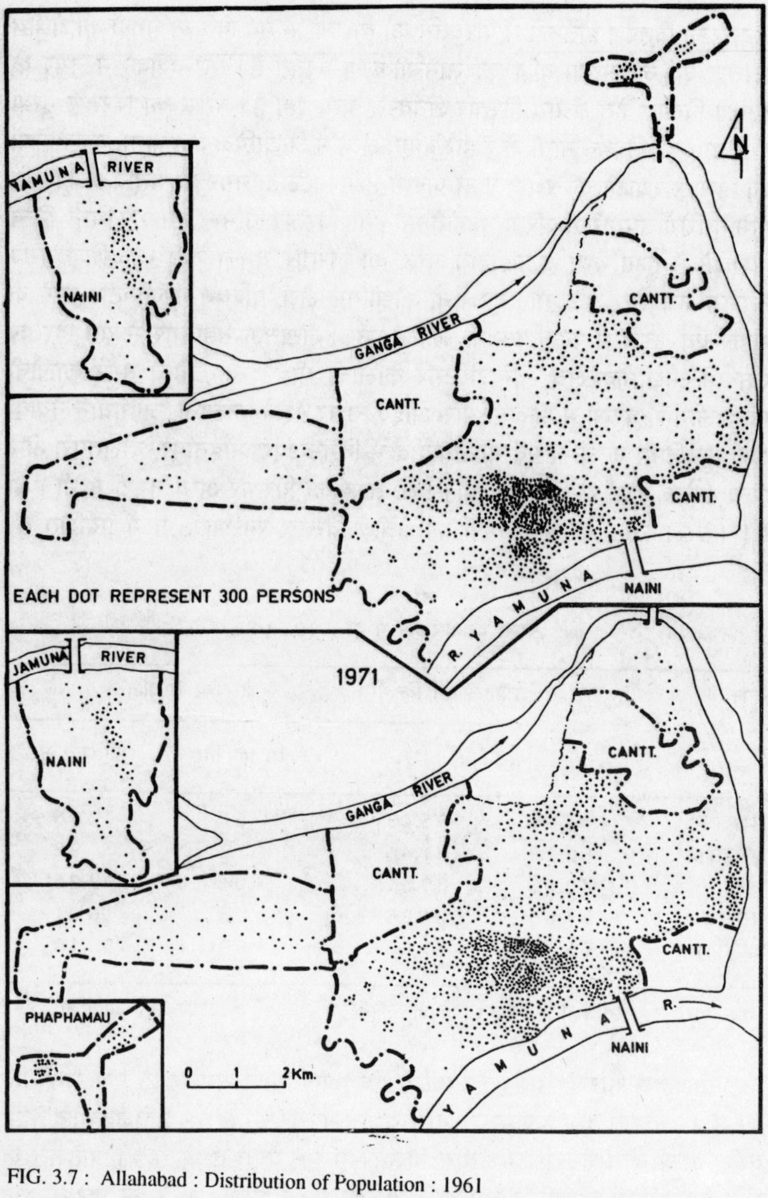

FIG. 3.7 : Allahabad : Distribution of Population : 1961

जनसंख्या वितरण प्रतिरूप में परिवर्तनः 1961-81

जनसंख्या वितरण प्रतिरूप में परिवर्तन की व्याख्या से पूर्व विभिन्न नगरों का क्षेत्रीय विस्तार एवं जनसंख्या वृद्धि का सामन्यीकरण प्रस्तुत है। गत दशकों में नगर के सम्पूर्ण विकास हेतु क्षेत्रीय विस्तार अनवरत होता रहा है। नगरों का विस्तार मुख्य नगर से दूर परिवहन मार्गों के सहारे बाह्य क्षेत्रों में औद्योगिक आस्थानों, कालोनियों एवं अन्य संस्थाओं की स्थापना से प्रारम्भ हुआ। फलतः नगर के चतुर्दिक कृषिगत भूमि नगरीय उपयोग में परिवर्तित होते गये। यह विस्तार विभिन्न नगरों में भिन्न-भिन्न दिशाओं में हुआ यथा, इलाहाबाद नगर का विस्तार यमुना नदी के दक्षिण मुख्य नगरीय क्षेत्र से 6 कि०मी० दूर नैनी औद्योगिक क्षेत्र, पश्चिम में जी०टी० मार्ग के सहारे एवं उत्तर में फाफामऊ के रूप में हुआ। लखनऊ महानगर में यह विस्तार ऐसबाग औद्योगिक क्षेत्र, इन्दिरा नगर कालोनी, पी०ए०सी०, हिन्द नगर कालोनी एवं अलीगंज, बरेली में आ०वी०आर०आइ०, उत्तर रेलवे कालोनी, जोगियान नेवादा तथा कुदेशिया कालोनी एवं गाजियाबाद में दिगम्बरपुर, मोहनापुर, दौलतपुरा और अन्य अनेक वार्डों के रूप में हुआ। इसी तरह का विस्तार अन्य नगरों में भी हुआ है। 1961—81 के बीच नगरों का क्षेत्रीय विस्तार सारणी 3.5 में प्रदर्शित है।

सारणी 3.5
नगरों के क्षेत्रफल में वृद्धि 1961-81

नगर	क्षेत्रफल वर्ग कि मी0		क्षेत्रफल में वृद्धि	
	1981	1961	वर्ग कि मी0	प्रतिशत में
लखनऊ	145.94	135.43	10.51	7.76
इलाहाबाद	82.18	81.46	.72	.88
बरेली	42.95	39.31	3.64	9.26
अलीगढ़	34.06	31.86	2.20	6.91
गाजियाबाद	65.77	11.68	54.09	463.10

स्रोतः 1961, 1971 एवं 1981 की जनगणना के आंकड़ों के आधार पर आंकलित।

उपरोक्त सारणी 3.5 से स्पष्ट है कि गाजियाबाद नगरीय क्षेत्र में सर्वाधिक 463.1 प्रतिशत तथा इलाहाबाद नगरीय क्षेत्र में न्यूनतम 0.88 प्रतिशत वृद्धि देखी गयी। अन्य तीन नगरों का क्षेत्रीय विस्तार 9.26 प्रतिशत से 6.91 प्रतिशत के बीच है। चूंकि गाजियाबाद नगर का विकास गत दशक 1961 से प्रारम्भ हुआ

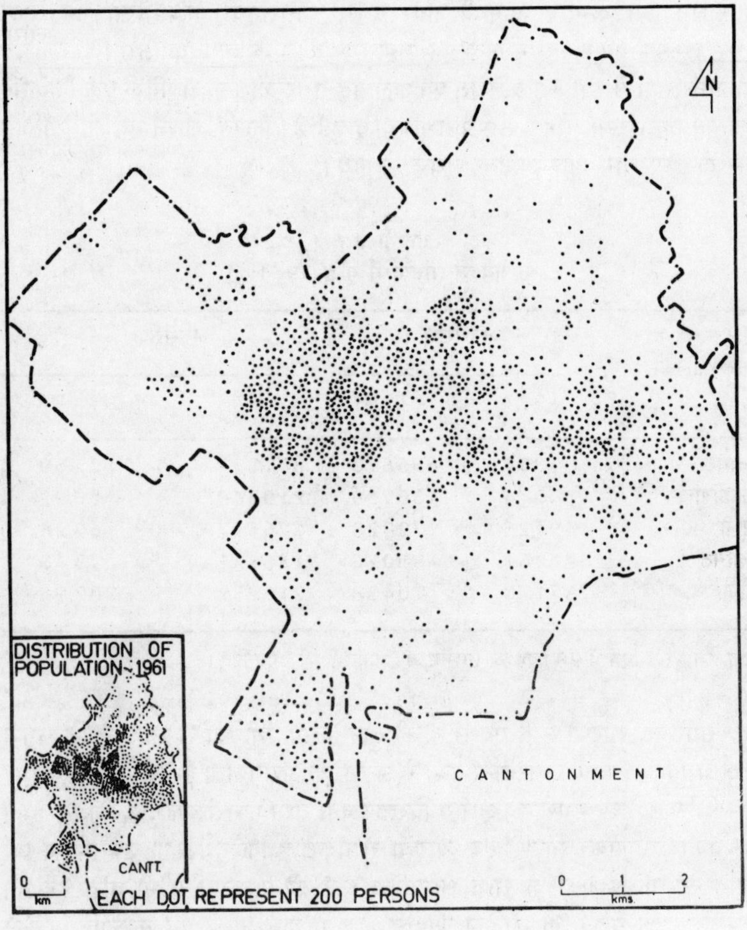

FIG. 3.8: Bareilly : Distribution of Population : 1971

है, फलतः इन दो दशकों में तीव्र वृद्धि हुई जबकि नगरों का आवश्यकतानुसार विस्तार पहले ही हो चुका था। नगरीय क्षेत्र में वृद्धि एवं जनसंख्या वृद्धि के तुलनात्मक अध्ययन हेतु जनसंख्या वृद्धि की भी व्याख्या की गई है। जनसंख्या वृद्धि भी वितरण प्रतिरूप में परिवर्तन की व्याख्या कर रही है। सारणी 3.6 के अवलोकन से सपष्ट है कि सर्वाधिक वृद्धि गाजियाबाद नगर में 307.69 प्रतिशत तथा न्यूनतम लखनऊ नगर में 35.58 प्रतिशत हुआ जब कि इलाहाबाद, बरेली एवं अलीगढ़ नगरों में

क्रमशः 50.92 प्रतिशत, 62.26 तथा 73.42 प्रतिशत अंकित किया गया। पहले से सघन बसे केन्द्रीय आबादी क्षेत्रों में भी जनसंख्या वृद्धि देखी गई, यथा 1961–81 की अवधि में लखनऊ, महानगर क्रोड के चतुर्दिक .50 कि०मी०क्षेत्र की जनसंख्या में 50.43 प्रतिशत एवं अलीगढ़ नगर क्रोड के चतुर्दिक एक कि०मी० क्षेत्र की जनसंख्या में 49.60 प्रतिशत वृद्धि हुई है। फलतः सघन एवं अनियोजित बसे केन्द्रीय भाग और अधिक सघन हो गये।

सारणी 3.6
नगरीय जनसंख्या में वृद्धि 1961-81

नगर समूह/ नगर पालिका	जनसंख्या		जनसंख्या	
	1981	1961	वृद्धि	वृद्धि/प्रतिशत
लखनऊ	1007004	655673	351331	35.58
इलाहाबाद	650074	436730	219340	50.92
बरेली	449425	272828	176597	62.26
अलीगढ़	320861	185020	135841	73.43
गाजियाबाद	287170	70438	216732	307.96

स्रोत : 1961 एवं 1981की जनगणना के आंकड़ों पर आधारित।

उपरोक्त सारणी 3.5 एवं 3.6 की तुलनात्मक व्याख्या से स्पष्ट है कि नगरों के क्षेत्रीय विस्तार एवं जनसंख्या वृद्धि में अत्यधिक असमानता है। गाजियाबाद नगर के अतिरिक्त अन्य नगरों का क्षेत्रीय विस्तार कम तथा जनसंख्या वृद्धि अधिक हुई। इस प्रकार उपरोक्त सारणी एवं व्याख्या से प्रकट है कि नगरों के उपनगरीय एवं नवीन सम्मिलित क्षेत्रों के साथ आन्तरिक क्षेत्र की सघनता में भी वृद्धि हुई है। लखनऊ तथा बरेली के सिविल लाइन्स क्षेत्र में कुछ आवासीय कालोनियों जैसे बरेली कालेज के पास रामपुर गार्डेन कालोनी, एवं कचहरी के पास आवासीय निर्माण के कारण ये सघन संकेन्द्रण के क्षेत्र हो चुके हैं। ऐसे ही लखनऊ महानगर में गोमती नदी के उत्तर, लखनऊ विश्वविद्यालय के पश्चिमी एवं उत्तरी क्षेत्र के हसनगंज, डालीगंज, महानगर वार्डों तथा एच०एल० नगर के उत्तर ऐसबाग औद्योगिक कालोनी एवं उत्तरी क्षेत्र तथा कानपुर रेलमार्ग तथा छावनी के मध्य के क्षेत्रों में वितरण विरल से सघन होने की प्रक्रिया में है। (चित्र 3.1 से 3.11 तक) बरेली नगर में शाखा रेल मार्ग के उत्तर का क्षेत्र आवासीय निर्माण के कारण पूर्णरूप से निर्मित क्षेत्र

हो चुका है। साथ ही जंक्शन के पास का भी क्षेत्र उच्च संकेन्द्रण के अन्तर्गत जा चुका है। इस प्रकार बरेली नगर के पूर्वी व दक्षिणी क्षेत्र की जनसंख्या वितरण में महत्वपूर्ण परिवर्तन हुए हैं।

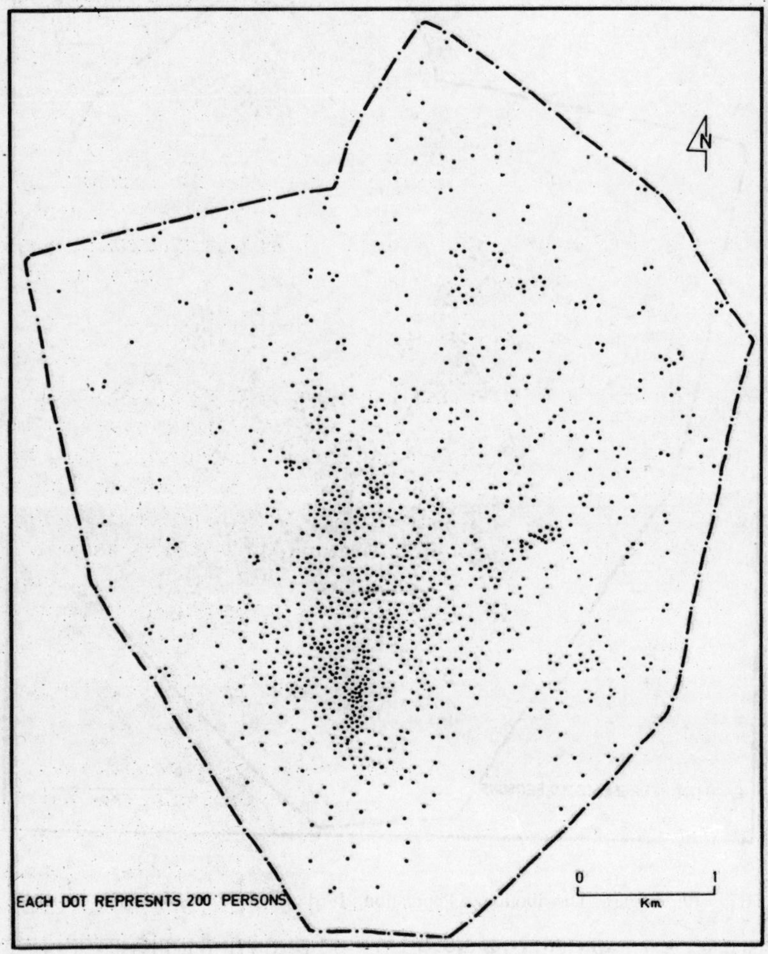

FIG. 3.9: Aligarh : Distribution of Population : 1971

इलाहाबाद नगर में आन्तरिक सघनता के अतिरिक्त कर्नलगंज, कटरा के उत्तरी एवं दारागंज के पश्चिमी भागों के खुले क्षेत्रों में ह्रास के कारण जनसंख्या सघनता में वृद्धि हुई है। गाजियाबाद नगर का क्षेत्रीय विस्तार व जनसंख्या परिवर्तन चित्र

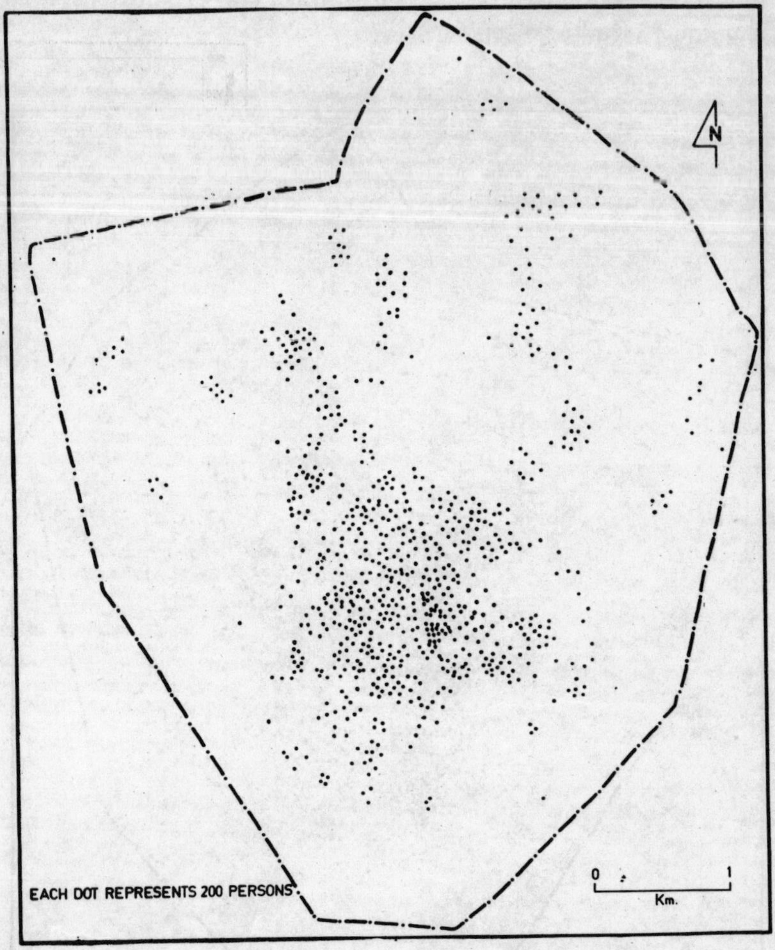

FIG. 3.10: Aligarh : Distribution of Population : 1961

3.5 एवं 3.11 के तुलनात्मक अध्ययन से स्पष्ट हो सकता है। गाजियाबाद दिल्ली रेलमार्ग के दक्षिण भट्ठा एवं नजरअली वार्डों में (1981 में नगरीय क्षेत्र के अन्तर्गत सम्मिलित) जनसंख्या वितरण पहले की अपेक्षा सघन परिलक्षित होती है जबकि हिण्डन नदी के पश्चिम रेलमार्ग के दक्षिण क्षेत्रीय विस्तार के कारण कुछ ग्रामीण अधिवास नगरीय अधिवास में परिवर्तित होकर सघन वितरण प्रदर्शित कर रहे हैं। उत्तर में औद्योगिक क्षेत्रों के मध्य स्थित जनपुंजों के क्षेत्रीय विस्तार के कारण खुले

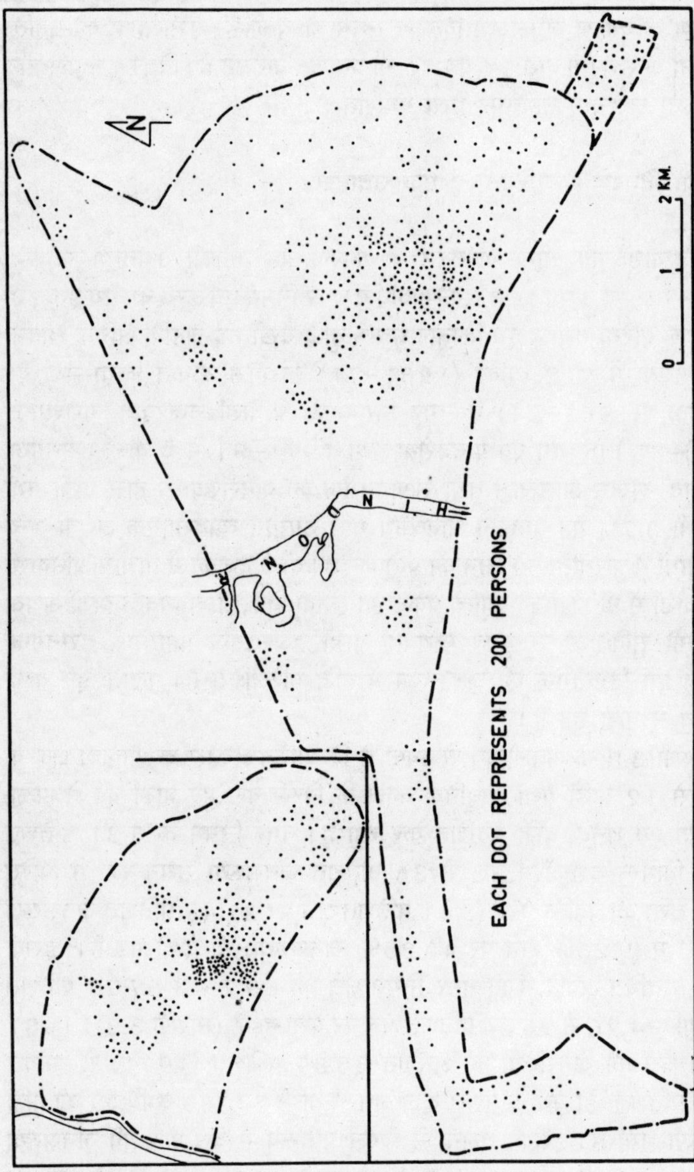

FIG. 3.11: Ghaziabad : Distribution of Population : 1971

क्षेत्र में ह्रास हुआ है। अलीगढ़ नगर में कानपुर–दिल्ली रेलमार्ग के पूरब सिविल लाइन्स क्षेत्र एवं विश्वविद्यालय के समीपस्था क्षेत्रों में आवासीय कालोनियों एवं बंगलों के निर्माण के कारण जनसंख्या वितरण सघन हो चुकी है। इसी तरह की प्रवृत्ति गुलरनाला के उत्तर में वार्ड 14 एवं 16 भी प्रदर्शित कर रहे हैं। वितरण में परिवर्तन की व्याख्या लखनऊ महानगर द्वारा प्रदर्शित है।

जनसंख्या वितरण में परिवर्तन : एक उदाहरण

नगरों के वार्डों की सीमा परिवर्तन के कारण यह प्रक्रिया अपनायी गई है। 1961–71 एवं 1971–81 की अवधि में नगर निगम एवं अन्य नगरीय इकाइयों नोटीफायड एरिया तथा बाह्य विस्तार क्षेत्र में वृद्धि देखी गई जबकि सैनिक छावनी की जनसंख्या में 812 व्यक्ति (1961–71) का ह्रास अंकित किया गया है। गत दशक (1961–71) में नगर निगम के 5 वार्डों नजरबाग, गणेशगंज, घसियारी–मण्डी ऐसबाग एवं पानदरीबा तथा 1971–81 में 4 वार्डों हुसेनगंज, अमीनाबाद, बाजार झाउलाल तथा सआदतगंज की जनसंख्या में ह्रास देखी गयी है (सारणी 3.7)। यह प्रतिरूप आवासीय भूमि उपयोग व्यावसायिक अथवा अन्य भू–उपयागों में परिवर्तित हो जाने का प्रतिफल है। दोनों दशकों में प्राचीन अधिवासी क्षेत्र के वार्डों में ही ह्रास की प्रवृत्ति प्रकट है। इसके विपरीत बाह्यवर्ती वार्डों अथवा जनोपयोगी सुविधाओं से युक्त मध्यवर्ती वार्डों हजरतगंज महानगर, हसनगंज, डालीगंज एंवं टिकतगंज की जनसंख्या में वृद्धि परिलक्षित है। फलतः इन वार्डों के घनत्व में वृद्धि हुई है।

सारणी 3.8 के अवलोकन से स्पष्ट है कि मुस्लिम काल के आबादी क्षेत्र के सघन बसे 12 वार्डों तथा आधुनिक काल के विरल बसे हुए वार्डों का क्षेत्रफल, जनसंख्या एवं घनत्व वृद्धि प्रदर्शित कर रहा है। नगर निगम के 5.31 प्रतिशत क्षेत्र पर विभिन्न दशकों में 33 से 36 प्रतिशत जनसंख्या सघन रूप में विरित है। इसी तरह की प्रवृत्ति मेरठ (5.41 प्रतिशत क्षेत्र पर 21.49 प्रतिशत जनसंख्या एवं झासी में (9.26% क्षेत्र पर 40.25% जनसंख्या) भी देखी गई है।[5] इसके विपरीत, संदर्भित अवधि में ही नगर निगम क्षेत्र की 65.29 से 67.70 प्रतिशत जनसंख्या, 94.26 से 96.64 प्रतिशत क्षेत्र पर बसी हुई है (सारणी 3.8)। 1981 में सघन क्षेत्र की जनसंख्या का अनुपात 35.89 प्रतिशत (1971) से घटकर 32.29 प्रतिशत हो गया है परन्तु कुल जनसंख्या में 27229 व्यक्तियों की वृद्धि अंकित की गयी है। इसकी तुलना में विरल प्रतिरूप में बसे क्षेत्रं की जनसंख्या का अनुपात 64.11 प्रतिशल (1971) से बढ़कर 67.70 प्रतिशत हो गया है। इस प्रकार इस क्षेत्र में 140486 जनसंख्या की वृद्धि हुई।

सारणी 3.7

वार्ड के अनुसार जनसंख्या, घनत्व एवं घनत्व भिन्नता 1961-71 और 1971-81

वार्ड संख्या/ वार्ड के नाम	जनसंख्या		शुद्ध वृद्धि/ह्रास	घनत्व	घनत्व	घनत्व	घनत्व भिन्नता व्यक्ति/हे0	जनसंख्या	घनत्व	घनत्व भिन्नता व्यक्ति/हे0
	1961	1971	1971	1961	1961	1971	1971–61	1981	1981	1981–71
	2	3	4	5	6	7	8	9	10	11
1. नरही	15986	18416	2430	37.53	43.24	5.71	22117	3707	58.32	9.08
2. हजरतगंज	15788	16722	934	36.22	38.36	2.14	24999	8277	60.12	21.76
3. नजरबाग	18705	16528	−2177	201.56	178.12	−23.44	21317	4789	232.46	54.34
4. बारूदखाना	14116	20237	6121	91.37	130.97	39.60	27602	7372	308.00	177.03
5. हुसेनगंज	20683	23702	3019	245.95	281.85	35.90	22965	−737	358.34	76.49
6. लालकूआं	17540	18065	525	264.29	272.22	7.39	20093	2028	313.50	41.28
7 गणेशगंज	18238	16922	−1316	51590	478.58	−37.32	19766	2844	482.63	4.05
8. अमीनाबाद	15567	24089	8522	234.56	363.00	128.44	23261	−828	358.23	−4.77
9. घसियारीमण्डी	19628	18245	−1383	211.51	198.59	−12.96	19205	960	201.37	2.78
10. बरूनीखण्डक	13833	21528	7625	447.63	696.67	249.04	28630	7102	799.53	120.86
11. वसीरतगंज	16272	23556	7284	733.34	1061.82	328.48	26563	3007	1067.89	6.07
12. मौलवीगंज	16724	18816	2092	945.97	1064.29	118.32	24961	6145	1078.57	14.28
13. बाजारझाउलाल	17776	24530	6754	121.85	168.15	46.30	26546	2016	179.81	11.66
14. वजीरगंज	15538	22387	6849	130.0	140.00	10.00	20438	−1949	138.32	−1.68

(Contd.)

(Contd.)

1	2	3	4	5	6	7	8	9	10	11
15. मसकगंज	17072	20794	3722	502.66	510.90	8.24	21141	347	515.08	4.18
16. राजाबाजार	17155	17529	374	168.49	172.05	3.56	21051	3522	309.62	137.57
17. याहियागंज	21569	26158	4589	210.26	252.17	41.91	27193	1036	292.70	40.53
18. कुण्डरी रकाबगंज	15165	28492	13327	244.70	460.27	215.57	35840	7348	581.21	121.94
19. ऐसबाग	31618	23141	−8477	119.56	94.83	−24.73	31144	8003	120.53	26.30
20. पानदरीबा	24763	18021	−6762	133.34	97.05	−36.29	18802	781	102.25	5.20
21. भिलवाना	33520	46237	12717	41.36	57.05	15.69	55836	9599	82.52	25.47
22. टिकतगंज	17310	27414	10104	33.76	53.46	19.70	38373	10959	135.70	82.23
23. सआदतगंज	22345	26492	4147	40.46	47.98	7.52	31345	4853	60.56	12.58
24. कश्मीरी मोहल्ला	15877	24723	8646	149.95	233.51	83.56	24402	−321	224.59	−8.92
25. अशर्फाबाद	18644	23425	4781	301.20	378.41	77.21	29559	6134	395.78	17.37
26. चौक	15348	23343	7995	433.46	659.46	225.80	24373	1029	675.28	16.02
27. नेवाजगंज	22232	24630	2398	28.07	39.98	11.91	32756	8126	84.00	44.21
28. दौलतगंज	16784	23890	7106	25.68	42.73	17.05	35742	11852	68.21	25.48
29. डालीगंज	15970	26580	10610	65.66	91.66	26.00	35218	8638	162.90	71.24
30. हसनगंज	18277	25519	7242	17.80	28.83	10.03	34742	9223	55.35	26.52
31. निशातगंज	18487	29931	11444	26.59	48.85	22.26	33575	3644	53.73	4.88
32. महानगर	16970	29177	12267	14.80	14.51	−00.29	33156	3979	30.97	16.46
सैनिक छावनी	40150	39338	−812	14.65	14.35	0.30	59614	20276	21.56	7.21
अलीगढ़	320861	185020	135841	73.43						
गाजियाबाद	287170	70438	216732	307.69						

स्रोत : 1961 एवं 1981 की जनगणना के आंकडों पर आधारित।

सारणी 3.8

लखनऊ नगर निगम के सघन एवं विरल वितरण वाले वार्डों का क्षेत्रफल जनसंख्या एवं घनत्व में वृद्धि प्रतिरूप 1961-81

	सघन वार्ड 5–8, 10–12,–15, 17, 18, 25, 26			विरल क्षेत्र के शेष 20 वार्ड		
	1961	1971	1981	1961	1971	1981
क्षेत्रफल (हेक्टेयर)	549	549	549	9814	9034	9814
जनसंख्या	206655	268885	296114	388785	480354	620840
घनत्व प्रति हेक्टेयर	376.42	489.98	539.36	39.61	53.17	63.26
सम्पूर्ण जनसंख्या का प्रतिशत	34.71	35.89	32.29	65.29	64.11	67.70
सम्पूर्ण क्षेत्रफल का प्रतिशत	5.31	5.74	5.31	94.64	94.26	96.64

इन क्षेत्रों में जनसंख्या वृद्धि के परिणामस्वरूप घनत्व में भी वृद्धि हुई है। सघन क्षेत्र का घनत्व 376.42 व्यक्ति प्रति हेक्टेयर (1961) से बढ़कर 593.36 व्यक्ति/हेक्टेयर (1981) तथा संदर्भित अवधि मे विरल क्षेत्र का घनत्व 39.61 से बढ़कर 63.26 व्यक्ति प्रति हेक्टेयर हो चुका है। इस प्रकार प्रथम क्षेत्र के घनत्व में 216.94 तथा द्वितीय क्षेत्र के घनत्व में 23.65 व्यक्ति/हेक्टेयर की वृद्धि हुई है। इस व्याख्या से स्पष्ट है कि सघन आबादी क्षेत्र की सघनता आज भी बढ़ रही है परन्तु वार्डों की जनसंख्या में ह्रास सम्पृक्तावस्था को भी इंगित कर रहा है।

REFERENCES

1. Lal, H., (1986) *जनसंख्या भूगोल,* वसुन्धरा प्रकाशन, पृ० 294
2. Singh, U. (1971) *Upper Ganga Plain in India: India a Regional Grography* (Ed.) Singh, R.L., NGSI, p. 155.
3. Lal, H., (1980) नगर एवं उपान्त में जनसंख्या का क्षेत्रीय वितरण भू–विज्ञान चयनिका, केन्द्रीय हिन्दी निदेशालय, नई दिल्ली, पृ० 79–87
4. Kumar, A. (1969), "Population Distribution and Displacement in Bihar," *Uttar Bharat Bhoogol Patrika,* Vol. 5, Part I, p. 15.
5. Singh, T.D. (1985), *Spatial Patterns of Population in the Cities of Uttar Pradesh: India,* Tara Book Agency, Varanasi, pp. 86-110.

अध्याय 4

महानगरीय जनसंख्या घनत्व प्रवणता

छोटे–बड़े नगरों में घनत्व प्रवणता भिन्न-भिन्न मिलते हैं। सामान्यतः बड़े नगरों में छोटे नगरों की अपक्षा केन्द्रीय घनत्व अधिक मिलता है परन्तु घनत्व प्रवणता कम होती है। इसका मुख्य कारण महानगरों के केन्द्रीय भाग के आवासों का अधिक उर्ध्व विस्तार एवं एक ही आवास में अनेक परिवारों तथा इससे दूर एक आवास में एक परिवार निवास करने का प्रचलन है। फलतः नगर केन्द्र से कुछ दूरी तक घनत्व प्रवणता में तीव्र ह्रास तदन्तर मन्द ह्रास परिलक्षित होता है।

लखनऊ महानगर

प्रदेश की राजधानी लखनऊ (1007004) कानपुर के बाद द्वितीय सबसे बड़ा नगर है। उपवन नगर के रूप में प्रचलित यह लखनऊ गोमती नदी के दक्षिणी किनारे पर 26^0 52′ उत्तरी अक्षांश तथा 80^0 56′ पूर्वी देशान्तर पर स्थित है जिसकी समुद्र तल से ऊंचाई 120 मीटर है।

लखनऊ एक ऐतिहासिक नगर है, जो विशिष्ट सभ्यता एवं उत्तम कला के लिए दीर्घ काल से ही प्रसिद्ध रहा है। अपनी शानो–शौकत, नक्काशी व संस्कृति, विशेषतः लखनवी तहज़ीब एवं संस्कृति के कारण इसकी अपनी एक अलग पहचान है। इसका विकास उत्थान–पतन युक्त रहा है तथा उद्भव के सम्बन्ध में प्रमाण की कमी है। परम्परागत रूप से यह माना जाता है कि अयोध्या के राजा राम के छोटे भाई लक्ष्मण के नाम पर इसे लक्ष्मणपुर कहा गया। आज मच्छी भावन क्षेत्र में लक्ष्मण टीला नामक एक कृत्रिम टीला है जिसे ही वह किला स्थल समझा जाता है और इसे लक्ष्मण ने अपनी राजधानी की सुरक्षा के लिए निर्मित करवाया था।[1] यही टीला कालान्तर में महत्वपूर्ण हुआ और इसके चतुर्दिक सतत रूप में गृहों का जमाव हुआ। वास्तविक विकास की दृष्टि से नगर का विकास 10वीं सदी के बाद मुगल बादशाहों द्वारा ही किया गया। इन शासकों के सत्ता परिवर्तन का प्रभाव भी नगर विकास पर पड़ा। आसफउद्दौला द्वारा लखनऊ को राजधानी बनाये जाने

की धाषेणा करने पर न केवल इसका पुननिर्माण एवं क्षेत्रीय विस्तार हुआ अपितु यह नये युग में प्रवेश कर ऐतिहासिक गौरव भी प्राप्त कर सका।[2] तदन्तर लखनऊ का मुख्य विकास आज से लगभग 50 वर्ष पूर्व 1930 से प्रारम्भ होता है जब इलाहाबाद के स्थान पर इसे प्रदेश की राजधानी के रूप में चुना गया। इस प्रकार इस नगर का विकास तीन अवस्थाओं में विभक्त किया जा सकता है (1) प्राचीन कालीन विकास, (2) नवाब कालीन विकास, एवं (3) आधुनिक विकास। नगर विकास की इन तीन विशेषताओं के कारण नगरीय घनत्व प्रारूप को भी समुचित रूप से प्रभावित किया है।

जनसंख्या वृद्धि

अपनी भौगोलिक स्थित के कारण लखनऊ प्रारम्भ से ही मानव आकर्षण का केन्द्र रहा है। इस सदी के प्रारम्भ में नगर की जनसंख्या 256239 थी जो 1921 में घटकर 240566 रह गई। वस्तुतः यह महामारियों एवं दुर्भिक्ष का काल था। तदन्तर रोग निरोधक उपायों में वृद्धि से मृत्यु दर में कमी आयी और परिणामतः इस नगर की जनसंख्या में 1921–61 के मध्य 172.55 प्रतिशत की वृद्धि अंकित की गयी। सर्वाधिक वृद्धि 1931 से 1941 के मध्य 40.97 प्रतिशत की थी जो स्पष्ट रूप से राजधानी की मान्यता प्राप्ति का ही प्रतिफल है। 1961 की 6.53 लाख जनसंख्या 1971 में 8.1 लाख और गत जनगणना वर्ष पर यह 10 लाख को पार कर गयी। सातवें दशक तक नगर का विस्तार गोमती नदी के दोनों ओर होने लगा था। राजनीतिक क्रिया–कलाप के संकेन्द्रण, वृद्धिमान रोजगार अवसर के प्राप्त होते ही यहां वाह्य भागों से स्थानान्तरण में वृद्धि हुई जो नगर की जनसंख्या वृद्धि में सहायक रही है। वर्ष 1961 और 1971 के बीच जनवृद्धि का प्रतिशत 31.96 था जो इस सदी की वृद्धि में सर्वाधिक द्वितीय है। वर्ष 1971 में 24.14 और 1981 में 23.66 प्रतिशत जनसंख्या वृद्धि रही है। यद्यपि सम्पूर्ण जनसंख्या वृद्धि के प्रतिशत में नाम मात्र की कमी आयी है, परन्तु कुल बढ़ी जनसंख्या पूर्व की तुलना में अधिक है (सारणी 4.1)।

जनसंख्या घनत्व

वर्ष 1981 में लखनऊ महानगर का औसत घनत्व 69 व्यक्ति प्रति हेक्टेयर था जो 1971 के 63 की तुलना में अधिक है। गंगा मैदान के दूसरे नगर इलाहाबाद में यह घनत्व 79 व्यक्ति प्रति हेक्टेयर था। नगर समूह का औसत घनत्व नगर क्षेत्र के विस्तार एवं जनसंख्या वृद्धि के साथ–साथ घटता बढ़ता रहा है।

सारणी 4.1
लखनऊ महानगर का दशकवार जनसंख्या वृद्धि (1901–81)

वर्ष	नगरीय स्तर	जनसंख्या	जनसंख्या वृद्धि	प्रतिशत वृद्धि
1901	म्यु0बोर्ड	256239	–	–
1911	म्यु0बोर्ड	252114	–4125	–1.01
1921	म्यु0बोर्ड	240566	–11548	–4.58
1931	म्यु0बोर्ड	274659	+34093	+14.71
1941	म्यु0बोर्ड	387177	+112518	+40.97
1951	म्यु0बोर्ड	496861	+109684	+28.31
1961	म्यु0कारपो0	655672	+158812	+31.96
1971	म्यु0कारपो0	813982	+158309	+24.11
1981	म्यु0कारपो0	1007004	+193022	+23.66

स्रोतः भारतीय जनगणना पुस्तिका (1901–1981)

सारणी 4.2
विभिन्न दशकों में औसत जनसंख्या घनत्व 1901–81

वर्ष	क्षेत्रफल/हेक्टेयर	घनत्व/हेक्टेयर
1901	4403	58
1911	4403	57
1921	4403	54
1931	7143	38
1941	7573	51
1951	7573	65
1961	13543	48
1971	12766	63
1981	14594	69

उपरोक्त सारणी 4.2 के अवलोकन से स्पष्ट है कि प्रारम्भ के तीन दशकों में जनसंख्या घनत्व में कमी आयी जिसका मुख्य कारण कुल जनसंख्या में ह्रास होना है। 1931 में जनसंख्या वृद्धि होने पर क्षेत्रीय विस्तार के कारण औसत घनत्व में 16 व्यक्ति/हेक्टेयर की कमी आयी। बाद के चार दशकों (1941–81) में जनसंख्या घनत्व में क्रमशः वृद्धि अंकित की गयी परन्तु 1961 में नगर सीमा के क्षेत्रीय विस्तार (597 हेक्टेयर) के कारण घनत्व में ह्रास परिलक्षित होता है,

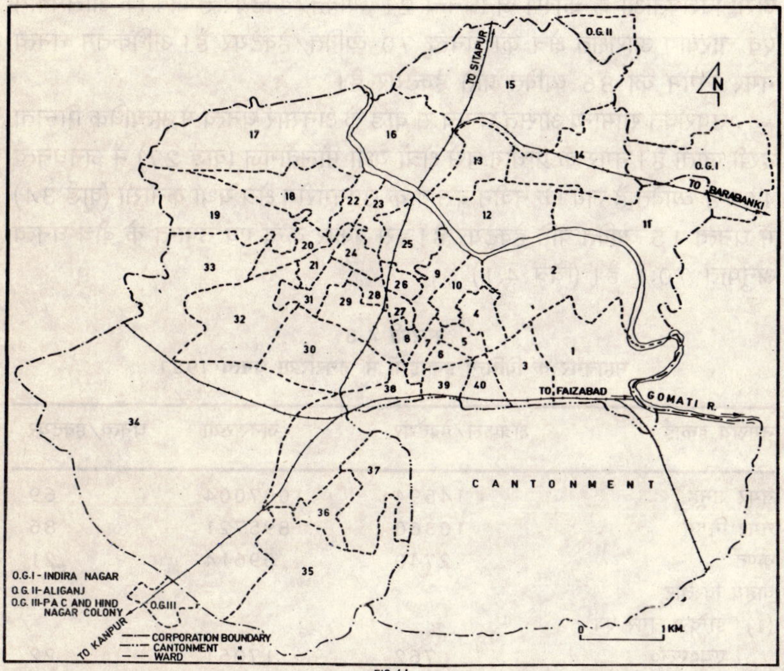

FIG. 4.1: Lucknow : Reference Map : Wards 1981

जब कि इस दशक में अधिकतम जनसंख्या वृद्धि (31.96%) हुई। यह औसत घनत्व गत दो दशकों में बढ़ा है (सारणी 4.2)। नगर समूह के भीतर घनत्व की विभिन्नताएं निम्न सारणी 4.3 से स्पष्ट होती है। नियोजित ढंग से बसे क्षेत्रों में जनघनत्व नगर समूह के औसत घनत्व से कम है। छावनी के अपनी एकाकीपन जैसी विशेषताओं के कारण जनघनत्व 21 व्यक्ति/हेक्टेयर है जब कि आलमबाग एवं चारबाग आरक्षित क्षेत्र का घनत्व 70 व्यक्ति/हेक्टेयर है। अधिकतम घनत्व नगर निगम का 86 व्यक्ति प्रति हेक्टेयर है।

उपरोक्त सामान्य औसत घनत्व से वार्ड के अनुसार घनत्व में अत्यधिक भिन्नता देखी जाती है। नगर के प्राचीन बसे क्षेत्रों यथा मौलवीगंज (वार्ड 27) में जनघनत्व 1078 व्यक्ति है जब कि नवीन बसाव के उपनगरीय क्षेत्र यथा कनौसी (वार्ड 34) में घनत्व 15 व्यक्ति प्रति हेक्टेयर है। इस प्रकार केन्द्र एवं उपान्त के बीच घनत्व अनुपात 70:1 है। (चित्र 4.1)

सारणी 4.3
महानगर के विभिन्न इकाइयों में जनसंख्या घनत्व 1981

नगरीय इकाई	क्षेत्रफल/हेक्टेयर	जनसंख्या	घनत्व/हेक्टेयर
नगर समूह	14594	1007004	69
नगर निगम	10360	895721	86
कैण्ट	2740	59614	21
वाह्य विस्तार			
(1) इन्दिरा नगर एवं एच०एल०	762	17051	22
(2) अलीगंज कालोनी एक्सटेंसन	172	3463	20
(3) हिन्द नगर एवं पी० ए०सी० कालोनी	117	719	6
आलग बाग एवं चारबाग सुरक्षित क्षेत्र	443	31036	70

स्रोतः 1981 की जनगणना के आंकडे के आधार पर आधारित।

लखनऊ नगर का आवासीय निर्माण सदैव योजनाबद्ध ढ़ंग से नहीं हुआ। यह समय विशेष के शासकों के पसन्द एवं उनकी इच्छा पर आधारित रहा है। इस प्रकार नवाब काल के चौक, वजीरगंज, मौलवीगंज, सादातगंज, कैसरबाग, जैसे सघन से लेकर ब्रिटिश काल के सिविल लाइन्स, छावनी, क्लेस्क्वायर एवं वटलर

रोड जैसे नियोजित तथा विरल घनत्व युक्त क्षेत्र हैं। जनघनत्व भिन्नता हेतु यह एक प्रमुख कारक है।

सर्वाधिक घनत्व (1078 से 517 व्यक्ति/हेक्टेयर) नगर के मध्य क्षेत्र के वार्डों–मौलवीगंज, वशीरतगंज, मकबूलगंज, वजीरगंज, नजरबाग एवं मशकगंज में है। 400 से 500 व्यक्ति/हेक्टेयर की श्रेणी में मात्र दो वार्ड गणशेगंज एवं चौक है, जब कि 300–400 व्यक्ति/हेक्टेयर के घनत्व के क्षेत्र बरफखाना, अशर्फाबाद, राजाबाजार, भदेवा एवं लालकूआं हैं। कश्मीरी मोहल्ला एवं राजेन्द्रनगर में जनघनत्व 200–300 व्यक्ति/हेक्टेयर है। न्यूनतम घनत्व 100 से 200 तथा 100 व्यक्ति से कम उपनगरीय क्षेत्रों के कुल 22 वार्डों अर्थात् नगर निगम के सम्पूर्ण क्षेत्र के 90 प्रतिशत भाग पर देखा जाता है। यह सभी वार्ड नगर के चतुर्दिक स्थित है। उपनगरीय सीमान्त भागों में नियोजित कालोनियों, बड़े क्षेत्र पर फैले शिक्षण संस्थाओं, क्रीड़ा स्थल, पार्क एवं कार्यालयों के कारण घनत्व कम है। 10 वार्डों का घनत्व नगर के औसत घनत्व से भी कम है (चित्र 4.2)।

नगर क्रोड से वाह्य क्षेत्रों की ओर घनत्व ह्रास को स्पष्ट करने के लिए सम घनत्व रेखाओं की रचना की गई है, जो घनत्व प्रवणता का सरल दृष्टिक प्रदर्शन है। चित्र 4.2 से स्पष्ट है कि नगर के हृदय स्थल के रूप में विद्यमान प्राचीन क्षेत्र जो सघन आबादी द्वारा आच्छादित है, 600 व्यक्ति से अधिक की सममान रेखा द्वारा आवृत्त है। इसके विपरीत उपनगरीय क्षेत्र में 50 व्यक्ति की घनत्व रेखा विरलता की प्रतीक है। इस प्रकार केन्द्र से उपनगरीय क्षेत्र की ओर क्रमशः सममान रेखाओं के मान में ह्रास तथा इनके क्षेत्रीय विस्तार में वृद्धि हो रही है। मुख्यतः यह नगर निर्माण काल एवं भूमि उपयोग की गहनता का प्रतिफल है।

घनत्व प्रवणता

सारणी 4.4 से स्पष्ट है कि सर्वाधिक जनसंख्या घनत्व 523 व्यक्ति/हेक्टेयर नगर केन्द्र में आधे किमी० की दूरी के क्षेत्र में पाया जाता है। नगर केन्द्र अर्थात अमीनाबाद (गौतमबुद्ध मार्ग एवं विश्वेसर नाथमार्ग) से दूरी वृद्धि के साथ ही घनत्व घटना प्रारम्भ हो जाता है और मात्र एक किमी० की दूरी पर यह लगभग आधा अर्थात् 265 ही रह जाता है। 4 किमी० के दूरी वलय पर घनत्व न्यूनतम 7 व्यक्ति/हेक्टेयर तक पहुँच गया है। नगर के मध्य पेटी (2.50 किमी० के पश्चात्) से परिधिस्थ दिशा की ओर जनघनत्व ह्रास धटते हुए दर को प्रकट कर रहा है। जनसंख्या की सर्वाधिक संकुलता गोमती नदी के दक्षिण स्थिति प्राचीन वार्डों–चौक, हुसैनाबाद वशीरबाग, राजाबाजार, याहियागंज, सादातगंज, कुण्डरीरकाबगंज, मौलवीयगंज एवं अमीनाबाद के अन्तर्गत है। नगरवासियों के समुचित आय में अभाव,

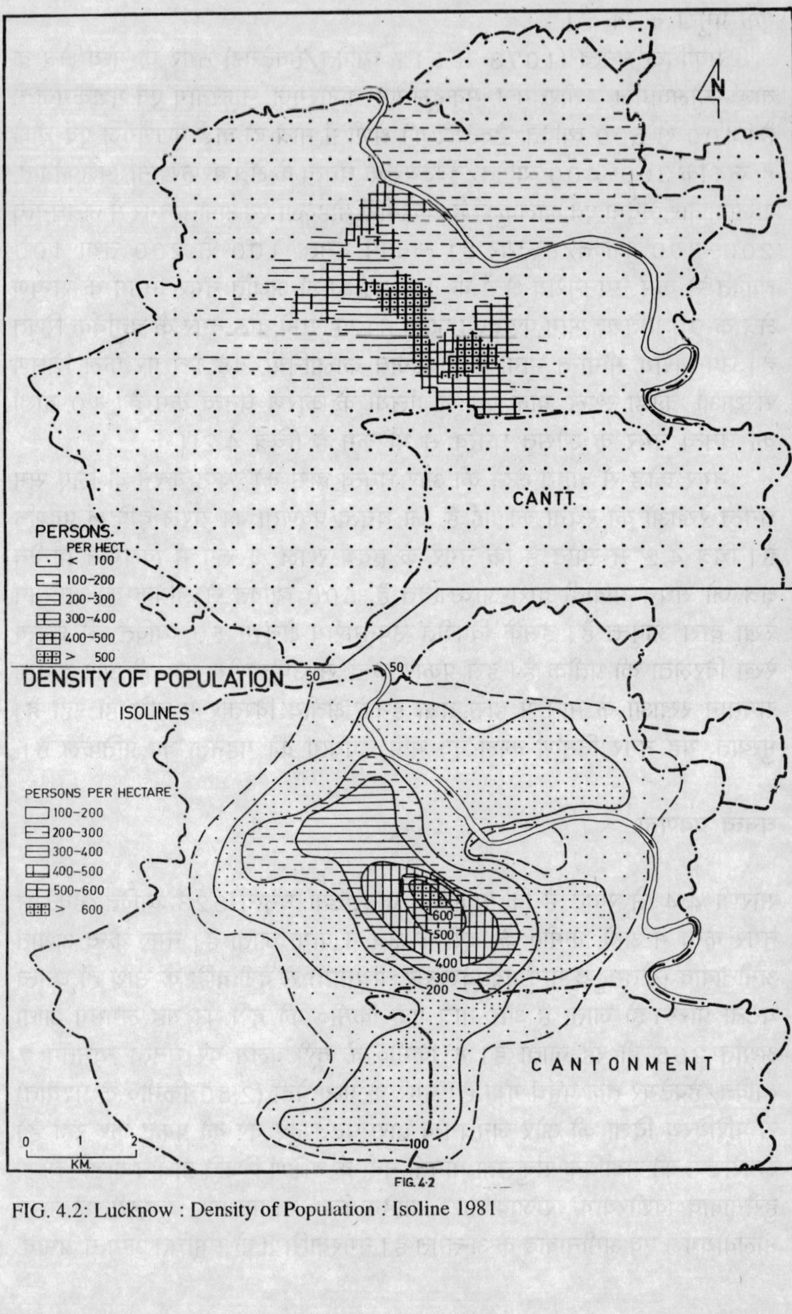

FIG. 4.2: Lucknow : Density of Population : Isoline 1981

कार्यस्थल या सर्वाधिक गम्यता–युक्त नगर केन्द्र के आस–पास बसने की प्रवृत्ति, नगर बाह्य में निर्मित आधुनिक बंगलों, फ्लैट में निम्न एवं मध्यम आय वर्गीय लोगों के लिए बसाव सम्बन्धी आर्थिक कठिनाई के कारण जनसंख्या का बड़ा भाग आन्तरिक संक्रमण क्षेत्र में बसने के लिए बाध्य होता है। उल्लेखनीय है कि नगर के कुल 50.8 प्रतिशत परिवार मात्र एक कमरे के आवास में निवास करती है।

उपरोक्त विश्लेषण से स्पष्ट होता है कि नगर केन्द्र (अमीनाबाद) से दो किमी० के बाद घनत्व ह्रास क्रमशः मन्द होता गया है इतना ही नहीं लगभग समान विशेताओं से युक्त कानपुर तथा इलाहाबाद की अपेक्षा यहां ह्रास मन्द है। इस मन्द ह्रास का मुख्य कारण नगर की आकृति (लगभग वृत्ताकार), परिवहन सुविधाओं की उपलब्धता तथा आर्थिक स्तर का अधिक समान वितरण पाया जाना है। अनेक पार्कों की स्थिति एवं प्रदेश की राजधानी होने के कारण प्रशासनिक कार्यों के

सारणी 4.4

नगर केन्द्र से दूरी-वृद्धि के अनुसार जनसंख्या घनत्व में भिन्नता 1981

व्यक्ति प्रति हेक्टेयर	(नगर केन्द्र से दूरी किमी0 में)
0.00–.50	523
0.51–1.00	360
1.01–1.50	265
1.51–2.00	165
2.00–2.50	80
2.50–3.00	90
3.01–3.50	60
3.51–4.00	40
4.01–4.50	15
4.51–5.00	7

स्रोतः लेखक द्वारा आंकलित

प्रधानता के फलस्वरूप अनेक विभागीय मुख्यालय एवं स्थानीय कार्यालयों की स्थिति ने जनसंख्या संकेन्द्रण को कम किया है। नगर क्षेत्र के 2.62 प्रतिशत भाग पर मनोरंजन एवं खुला क्षेत्र–पार्क आदि, 7.63 प्रतिशत भाग पर जनोपयोगी सेवाएं, 2.6 प्रतिशत भाग पर औद्योगिक तथा शैक्षिणिक केन्द्र हैं। सबसे बड़ा मनोरंजन स्थल नगर के दक्षिण, दक्षिण–पूर्व में ला मार्टिनिय ग्राउण्ड है। संक्षिप्त रूप में लखनऊ के 32 वार्डों में 123 पार्क हैं। अधिक बड़े भू–भाग पर विस्तृत लखनऊ विश्वविद्यालय, मेडिकल कालेज, सार्वजनिक चिकित्सालय, अपर इण्डिया पेपर मिल, विक्रम काटन मिल्स एवं ऐशबाग के हल्के उद्योग, रेलवे स्टशेन, वनास्पतिक उद्यान आदि ने घनत्व को पूर्णतः प्रभावित किया है।

समाश्रयण विश्लेषण

लखनऊ नगर के घनत्व–दूरी सम्बन्धी सांख्यिकीय विश्लेषण से प्राप्त सहसम्बन्ध गुणांक (*r*)–0.75, निश्चितता गुणांक (R^2) 0.56 एवं एफ अनुपात (F-Ratio) एक प्रतिशत है। इस प्रकार एकाधिक केन्द्र के नगरों के सांख्यिकीय विश्लेषण से प्राप्त पूर्ववर्ती परिणामों से यह पूर्णतः भिन्न है।

सारणी 4.5

लखनऊ महानगर में जनसंख्या घनत्व का समाश्रयणः 1981

सांख्यिकीय इकाईयां	43
आंकलित समीकरण	
log *a*	2.8159
log *b*	-.3347
log *Sxy*	3046
नगर केन्द्र से दूरी (किमी0 में)	व्यक्ति/हेक्टेयर
0.00	680
0.50	445
1.00	300
1.50	200
2.00	140
2.50	95
3.00	64
3.50	43
4.00	28
4.50	20
5.00	16
सहसम्बन्ध गुणांक (*r*)	–75
निश्चितता गुणांक	50
F अनुपात	एक प्रतिशत

स्रोतः लेखक द्वारा आंकलित

सारणी 4.5 नगर केन्द्र से दूरी–वृद्धि के परिप्रेक्ष्य में जनसंख्या घनत्व समाश्रयण को प्रकट करती है। समाश्रयण 2.8159 +(–.3347) × से महानगर केन्द्र में 680 एवं एक किमी० की दूरी पर 300 व्यक्ति प्रति हेक्टेयर घनत्व प्राप्त होता है। इस तीव्र ह्रास का क्रम 2 किमी० तक (140 व्यक्ति/हेक्टेयर) बना हुआ है। तदन्तर नगर बाहय क्षेत्र में 4 किमी० पर 43 व्यक्ति/हेक्टेयर तथा परिधिस्थ 5 किमी० पर 16 व्यक्ति/हेक्टेयर आता है।

इस प्रकार केन्द्र से एक किमी0 की दूरी के अन्तर पर (0.0–1.0 किमी०) 380 व्यक्ति तथा उपनगरीय क्षेत्र में संदर्भित दूरी (4.0–5.0 किमी०) पर मात्र 12 व्यक्ति का ह्रास प्रकट है। अतः केन्द्र एवं उपनगरीय क्षेत्र के घनत्व के बीच समाश्रयण मान के अनुसार 43.1 का अनुपात है।

उपरोक्त तीव्र ह्रास तथा केन्द्रीय एवं उपनगरीय क्षेत्र के बीच पायी जाने वाली भिन्नता द्विखण्डीय समाश्रयण (Two Part Regression) से और भी अधिक स्पष्ट हो जाती है। समाश्रयण रेखा के प्रथम खण्ड के केन्द्र में 580 व्यक्ति/हेक्टेयर एवं 2.5 किमी० पर 100 व्यक्ति/हेक्टेयर है, जब कि द्वितीय खण्ड के शीर्ष (2.5 किमी०) पर 120 व्यक्ति एवं 5 किमी० पर 6 व्यक्ति/हेक्टेयर है। इस प्रकार प्रथम खण्ड में तीव्र ह्रास तथा द्वितीय खण्ड में मन्द ह्रास का आभास होता है।

प्रकीर्ण चित्र 4.3 द्वारा स्पष्ट है कि मध्यवर्ती व्यावसायिक क्षेत्र अथवा प्राचीन आवासीय क्षेत्रों वाले वार्ड जिनका क्षेत्रफल कम तथा घनत्व उच्च है, एक किमी० दूरी तक संकेन्द्रित है। इससे कुछ अति उच्च घनत्व वाले वार्ड समाश्रयण रेखा के ऊपर और कभी–कभी विश्वास सीमा स्तर से भी ऊपर दृष्टिगत होते हैं।

समाश्रयण से विचलन

अवलोकित जनसंख्या घनत्व प्रतिरूप की भिन्नता का एक सरल समाश्रयण रेखा के स्थान पर उससे ऊपर नीचे मानक त्रुटि या विश्वास सीमा की दो रेखाएं खींचकर अधिक महत्वपूर्ण विश्लेषण किया जा सकता है।

दूरी के सन्दर्भ में घनत्व मान को अंकित कर खीची गई घनत्व वक्र को देखने से स्पष्ट है कि यह 2.5 किमी० तक समाश्रयण रेखा से ऊपर है। इसके पश्चात् कुछ दूरी के लिए यह समाश्रयण रेखा से नीचे हो गयी है। सामान्य उपनति से यह विचलन अर्थात् कमी आवासीय भू–उपयोग के अतिरिक्त दूसरे उपयोगों की प्रधानता का प्रतिफल है। पुनः आन्तरिक एवं मध्यवर्ती भाग के संक्रमण भाग में आवासीय संकुलता के कारण घनत्व वक्र समाश्रयण रेखा से ऊपर विश्वास सीमा के पास तक चली गयी है और 4 किमी० की दूरी तक यह क्रम बना हुआ है। तदन्तर यह वक्र समाश्रयण रेखा से नीचे आ गयी है। यह वस्तुतः क्षेत्र के उपान्तीय विशेषता का ही प्रतिफल है।

इस प्रकार घनत्व वक्र सर्वप्रथम नतोदर, तदन्तर उन्नतोदर और पुनः नतोदर प्रवृत्ति को प्रकट करती है। सामान्य प्रवृत्ति का आंकलन किया जाय तो यह दृष्टिगत होता है कि नगर केन्द्र से 2.5 किमी० तक तीव्र ह्रास का क्रम एवं तत्पश्चात् दर में कमी होती गयी है (चित्र 4.3)।

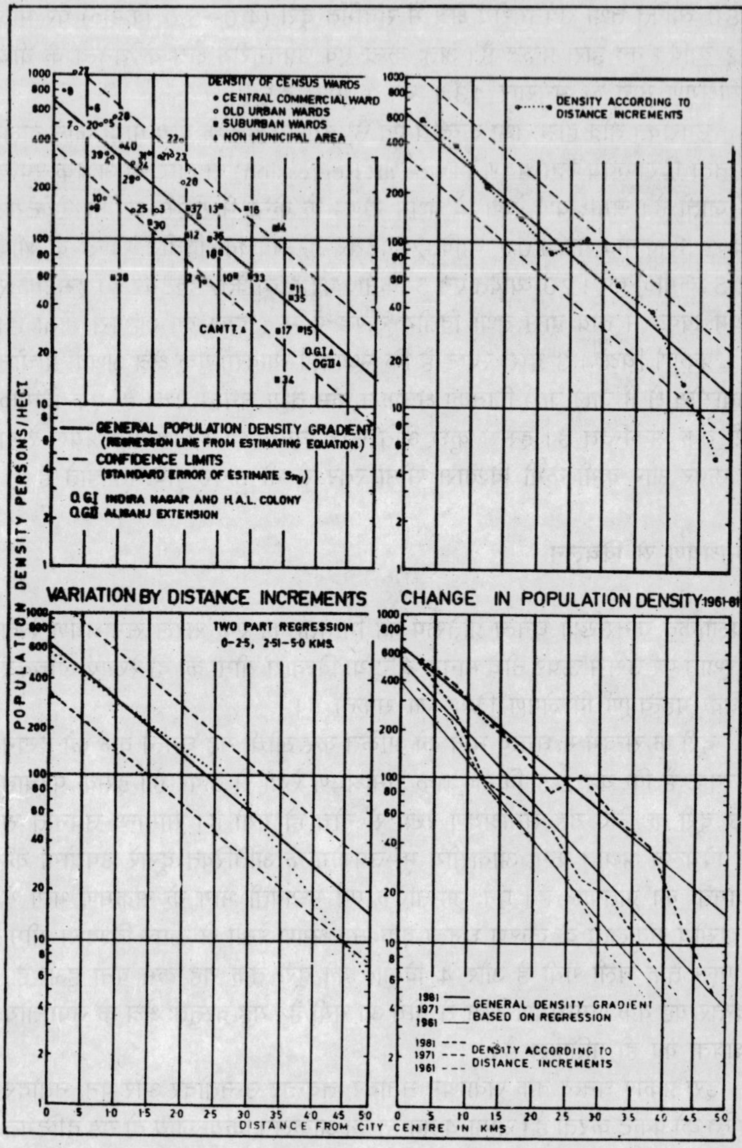

FIG. 4.3: Lucknow: (a) General Population Density Gradient (1981); (b) Population Density by Distance Increments (1981); (c) Variation by Distance Increments; (d) Change in Population Density (1961-81)

समाश्रयण से अवशिष्ट

प्रत्येक वार्ड हेतु आंकलित अवशिष्ट मान (Residuals Values) को मानचित्र पर छाया विधि द्वारा प्रदर्शित कर उसकी तुलना सामान्य घनत्व मानचित्र से की गयी है। महानगर के 43 सांख्यिकीय इकाईयों (40 वार्ड, सैनिक छावनी तथा दो बाह्य विकास क्षेत्र) के आधार पर निर्मित घनत्व मानचित्र से प्रकट होता है कि नगर का प्राचीन क्षेत्र अधिकतम घनत्व (1074 व्यक्ति/हेक्टेयर) युक्त है तथा इसके निकटवर्ती भाग में अधिक बसाव पाया जाता है जब कि उपनगरीय एवं परिधिस्थ क्षेत्र अल्प घनत्व युक्त है।

महानगर में अपवाद स्वरूप कुछ वार्डों के अतिरिक्त मध्यवर्ती प्राचीन क्षेत्र ही धनात्मक अवशिष्ट के हैं। मुगलकालीन 6 वार्डों के अतिरिक्त गोमती नदी के उत्तर में मुख्यतः महानगर एवं डालीगंज, दक्षिण के प्राचीन क्षेत्र में मौलवीगंज विश्वास सीमा स्तर के ऊपर एवं छावनी के उत्तर हुसेनगंज, नजरबाग, मकबूलगंज, हजरतगंज, उत्तर–पूर्व में कश्मीरी मुहल्ला, राजाबाजार, मध्यवर्ती क्षेत्र मैं टिकतगंज, मशकगंज, भदेवा, कुण्डरीरकाबगंज, एवं दक्षिण क्षेत्र में मिलावा समाश्रयण रेखा से ऊपर स्थित है। उपरोक्त वार्ड अपक्षोकृत अधिक घनत्व को धारण करते हैं।

ऋणात्मक अवशिष्ट के क्षेत्र सम्पर्णू बाह्यवर्ती वार्डों सहित गोमती नदी प्रभाव क्षेत्र में स्थित कुछ प्राचीन वार्डों में भी है। तीन वार्ड ऋणात्मक विश्वास सीमा स्तर से भी नीचे हैं। सैनिक छावनी एवं बाह्य विस्तार अलीगंज, इन्दिरानगर तथा एच०एल०कालोनी, पी०ए०सी०कालोनी ऋणात्मक अवशिष्ट वर्ग में ही आते हैं।

अवशिष्ट चित्र 4.4 से स्पष्ट है कि केन्द्रीय वार्ड अत्यधिक घनत्व युक्त होने के कारण घनात्मक अवशिष्ट के रूप में समाश्रयण रेखा तथा विश्वास सीमा स्तर के ऊपर है। अपवाद स्वरूप कुछ प्राचीन वार्ड वस्तुतः जिनमें घनत्व अधिक है, परन्तु समाश्रयण रेखा से नीचे स्थित है। यह प्रवृत्ति प्रवणता तीव्रता एवं आवासीय भू–उपयोग के अतिरिक्त अन्य भूमि उपयोगों की प्रधानता का प्रतिफल है। इसके विपरीत नियोजित ढंग से बसाया गया महानगर जैसा क्षेत्र भी घनात्मक अवशिष्ट के अन्तर्गत आता है। ऋणात्मक अवशिष्ट क्षेत्र सामान्यतः अनेक सांस्कृतिक बाधाओं युक्त तथा अधिक बसाव के लिए अनुपयुक्त भाग को ही प्रदर्शित करते हैं।

घनत्व प्रवणता परिवर्तन

समयावधि में घनत्व परिवर्तन के फलस्वरूप उसकी प्रवणता प्रभावित होती है। सामान्य अवधारणा है कि पश्चिमी देशों के विकास एवं विस्तार के परिणामस्वरूप उनमें घनत्व की प्रवृत्ति सम प्रवणता जब कि पश्चिमोत्तर देशों के अधिकांश नगरों

में यह प्रवणता यथावत किन्तु उच्च मानयुक्त होती जाती है। यथा लोगों की आय में वृद्धि के कारण जीवन स्तर में उन्नयन के साथ ही प्रति हेक्टेयर आवासों की संख्या में कमी तथा आवागमन साधनों के विकास एवं आधुनिकीकरण से जनसंख्या वृद्धि होने पर घनत्व प्रवणता में ह्रास होता है। परन्तु अधिकांश भारतीय नगरों पर इन तत्वों का प्रभाव देर से आया।

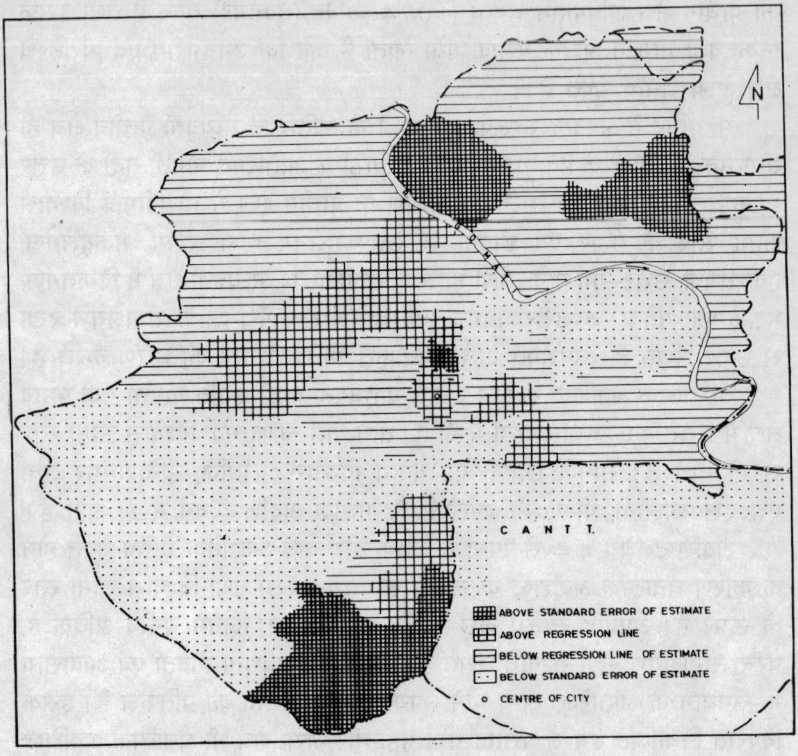

FIG. 4.4: Lucknow : Residuals from Regression of Population Density : 1981

भारत में वास्तविक विकास का इतिहास स्वतंत्रता के बाद से प्रारम्भ होता है। इसलिए नगरान्तरिक वृद्धि प्रतिरूप में परिवर्तन को सामन्यीकरण करने के लिए लखनऊ की 1961–1981 तक की जनसंख्या वृद्धि को आधार माना गया है। गत तीन जनगणनाओं के मध्य लखनऊ निगम क्षेत्र में 321515 तथा छावनी क्षेत्र में 19464 जनसंख्या की वृद्धि हुयी। वस्तुतः 1961 में नगरमहापालिका के क्षेत्र विस्तार के कारण नगर बाह्य क्षेत्र में पायी जाने वाले पूर्ववर्ती ग्रामीण

अधिवासों की जनसंख्या भी सम्मिलित कर ली गई। क्षेत्रफल की दृष्टि से निगम क्षेत्र में 11411 हेक्टेयर का विस्तार हुआ।

समय के सन्दर्भ में घनत्व परिवर्तन को विश्लेषित करने के लिए 1961, 1971 एवं 1981 की घनत्व रेखाओं की व्याख्या की गयी है। घनत्व रेखाएं कुल जनसंख्या वृद्धि के साथ केन्द्रीय जनसंख्या मे थोड़ी वृद्धि को प्रदर्शित करती है, किन्तु घनत्व प्रवणता के सन्दर्भ में किसी उल्लेखनीय अन्तर का आभास नहीं होता है। नगर केन्द्र "अमीनाबाद चौक" से 0.5 किमी० वलय में घनत्व क्रमशः 1961 में 365 से बढ़कर 1981 में 523 हो गया, अर्थात् दो दशक में कुल 158 की वृद्धि हुई। तीन केन्द्रीय वार्डों (अमीनाबाद, मौलवीगंज तथा गणेशगंज) में 1961 के क्रमशः घनत्व 238, 958 एवं 423 से बढ़कर 1981 में 799, 1075 एवं 523 हो गये हैं। इस प्रकार केन्द्रीय घनत्व में कुछ दूरी तक समान वृद्धि के कारण, संदर्भित अवधि में अमीनाबाद से एक किमी० तक प्रवणता ढाल में चपटापन परिलक्षित होता है। 1971 में एक से दो किमी० के मध्य घनत्व रेखा का नतोदर स्वरूप परिवर्तित होकर उन्नतोदर हो गया है, जिसका मुख्य कारण केन्द्रीय भाग में भू मूल्य में अप्रत्याशित वृद्धि से बड़े क्षेत्र पर व्यावसायिक भू-उपयोग के विस्तार से आवासीय भाग का निकटवर्ती संक्रमण क्षेत्र में अधिक हो जाना है। इसके विपरीत 2 से 3 किमी० वलय के मध्य, केन्द्रीय एवं मध्य पेटी की तुलना में कम वृद्धि परिलक्षित होता है।

सारणी 4.6

लखनऊ नगर समूह में दूरी-वृद्धि के अनुसार घनत्व परिवर्तनः 1961-1981

जनगणना वर्ष	व्यक्ति प्रति हेक्टेयर (नगर केन्द्र से दूरी किमी0 में)									
	0.00–0.50	0.50–1.00	1.00–1.50	1.50–2.00	2.00–2.50	2.5–3.0	3.0–3.5	3.5–4.0	4.0–4.5	4.5–5.0
1981	523	360	265	165	89	90	60	40	15	5
1971	507	288	95	72	62	26	17	9	5	–
1961	365	239	90	50	55	17	8	5	2	–

स्रोतः लेखक द्वारा आंकलित

नगर विस्तार के कारण सम्मिलित पूर्ववर्ती ग्रामीण अधिवासों की जनसंख्या में वृद्धि तथा कालोनियों के निर्माण के कारण गत दो जनगणना वर्षों (1961, 1971) की अपेक्षा 1981 में घनत्व परिवर्तन अधिक हुआ है परन्तु घनत्व प्रवणता पिछले ढाल का ही अनसरण करती है। निश्चित ही सांस्कृतिक अवरोध रूपी छावनी से परे आवासीय निर्माण की स्वतंत्रता तथा जनोपयोगी सुविधाओं यथा विद्युत आपूर्ति

तथा मार्ग आदि की उपलब्धता के कारण केन्द्रीय भू–उपयोग पर पड़ने वाले दबावों से प्रभावित जनसंख्या इसी बाह्यवर्ती क्षेत्र में बसने के लिए बाध्य हुई। इस प्रकार नगर केन्द्र से एक किमी० दूरी के बाद ही वक्र वृद्धिमान स्वरूप धारण कर लेता है (आरेख 4.3) और यह 3 किमी० पर 17 से बढ़कर 90 व्यक्ति हो जाता है।

निष्कर्षतः घनत्व वक्र में नगर केन्द्र से दो किमी० तक चपटापन, छावनी के पश्चात् वृद्धि आदि विशेषताएं है। घनत्व प्रवणता के अनुमानित मान को प्रकट करने वाली समाश्रयण रेखा प्रवणता में परिवर्तन की व्याख्या कर रही है। तीन वर्षों की समाश्रयण रेखाएं प्रवणता में अल्प ह्रास प्रकट कर रही है (चित्र 4.3)।

उपयुक्त मॉडल

दूरी घनत्व अन्तर्सम्बन्ध (घनत्व प्रवणता) के स्वरूप को निर्धारित करने के लिए विभिन्न समाश्रयण मॉडलों–प्रथम अशं ऋणात्मक धातीय माडल, द्वितीय अंश ऋणात्मक धातीय मॉडल, वर्गमूल ऋणात्मक धातीय मॉडल एवं क्वाड्रेटिक धातीय मॉडल के परीक्षणार्थ गणना कर निम्न सारणी 4.7 में रखा गया है।

सारणी 4.7 में सांख्यिकीय विश्लेषण से प्राप्त परिणामों द्वारा विभिन्न माडलों के सार्थकता की व्याख्या की गयी है। सर्वाधिक निश्चितता गुणांक प्रथम अंश ऋणात्मक घातीय माडल के पक्ष में ही प्राप्त हो रहा है, जिसके अनुसार नगर केन्द्र से दूरी–वृद्धि का घनत्व परिवर्तन 56 प्रतिशत योगदान निश्चित होता है। द्वितीय अंश ऋणात्मक घातीय माडल से 46 प्रतिशत तीसरे एवं चौथे मॉडल से क्रमशः 20 एवं 35 प्रतिशत तक परिवर्तन की व्याख्या होती है (सारणी 4.7)।

सारणी 4.7

घनत्व पार्श्विक हेतु आंकलित समीकरण

	समीकरण	आंकलित समीकरण	निश्चितता गुणांक (R^2) प्रतिशत में
1.	प्रथम अंश ऋणात्मक धातीय मॉडल	2.8159–.3347x	56
2.	द्वितीय अंश ऋणात्मक धातीय मॉडल	2.6032–.0454x^2	46
3.	वर्गमूल ऋणात्मक धातीय मॉडल	3.3527–.2763$\sqrt{x}$	35
4.	क्वाड्रेटिक ऋणात्मक धातीय मॉडल	3.7250–.0189$_x$ –.0208$_x$2	32

इस प्रकार घनत्व पार्श्विका के अवलोकन से केन्द्रीय घनत्व में वृद्धि परिलक्षित है, जो नगर के युवावस्था में होने का सूचक है। इस अवस्था में क्लार्क का माडल

उपयुक्त है क्योंकि अधिक से अधिक लोग नगर केन्द्र से कुछ दूरी (2 किमी०) तक ही बस रहे हैं। नगर से बसने वालों की संख्या अब भी कम है। गत वर्षों में नगर के बीच के खाली हिस्सों में भी जनसंख्या के बसाव के फलस्वरूप संकेन्द्रण में वृद्धि हुयी है और इसिलिए 1968 में निश्चित किए गये प्रतिरूप अर्थात् सहसम्बध गुणांक 0.57[3] के स्थान पर वर्तमान समय में 0.75 हो गया है।

REFERENCES

1. Master Plan of Lucknow, Lucknow Survey Division, Town and Country Planning Department, U.P., 1961, p.1.
2. Singh, T.D. (1985): *Spatial Pattern of Population in the Cities of Uttar Pradesh : India,* Tara Book Agency, p.27.
3. Brush, J.E. (1968): Spatial Pattern of Population in Indian Cities," *The Geographical Review,* Vol. 58, No.3, p.370.

अध्याय 5

द्वितीय वर्ग के नगरों में जनसंख्या घनत्व प्रवणता—वृहद नगर (5 लाख से अधिक)

ऊपरी गंगा मैदान के द्वितीय वर्ग अर्थात् 5 लाख से अधिक जनसंख्या वाले नगरों की संख्या मात्र 3 है। ये नगर क्रमशः आगरा (770352), इलाहाबाद (650070) तथा मेरठ (531461) है। विशेष अध्ययन हेतु इलाहाबाद नगर के चयन का आधार मुख्यतः इसका धार्मिक एवं ऐतिहासिक दृष्टि से महत्वपूर्ण होना है। प्रदेश की राजधानी स्थानान्तरित होने (1930) से पूर्व इस नगर की राजनीतिक महत्ता भी थी। राजधानी स्थानान्तरण के कारण इस नगर का विकास अवरूद्ध सा हो गया। इस श्रेणी के नगरों की घनत्व सम्बन्धी सामान्य विशेषतायें—नगर केन्द्र में वृहद नगरों की अपेक्षा कम घनत्व, घनत्व संकेन्द्रण की दृष्टि से कुछ विखराव एवं लध्वाकार नगरों से अपेक्षाकृत अल्प तीव्रता युक्त घनत्व प्रवणता का पाया जाना है।

इलाहाबाद नगर समूह

इलाहाबाद नगर ऊपरी गंगा मैदान के दक्षिण—पूरब में गंगा—यमुना तथा अदृश्य सरस्वती नदी के संगम पर स्थित है। नगर के पूर्व में 80^{0} पूर्वी देशान्तर तथा दक्षिण में $25^{0}25'$ अक्षांश रेखा है। यह उत्तर प्रदेश का पांचवां वृहद नगर है। नगर का उद्भव प्रागैतिहासिक काल में हो चुका था परन्तु इस काल में प्रयाग एक नगर के रूप में तो कम, मध्ययुग में इलाहाबाद के उभरने तक धार्मिक स्थान के रूप में ही अधिक महत्व था। नगर विकास का इतिहास बहुत ही रोमांचकारी रहा है। 16वीं सदी के अन्त से इस नगर का स्थायित्व प्रारम्भ होना बतलाया जाता है।[1] अकबर द्वारा निर्मित नगरों में इलाहाबाद प्रसिद्ध है। अकबर ने ही संगम पर प्रयाग के पास किला तथा शहर निर्मित करवा कर "इलाहाबाद" नाम दिया था।[2]

इसी समय अकबर की राजधानी जौनपुर से हटकर इलाहाबाद लायी गयी थी।

जहांगीर (सलीम) ने नगर के दक्षिण में खुल्दाबाद की स्थापना की। दाराशिकोह ने पूर्व की ओर दारागंज की स्थापना की। उत्तर की ओर कटरा अधिवास आमेर के राजा जयसिंह द्वारा स्थापित किया गया। 17 वीं शताब्दी के अन्त में सुबेदार खां, जो इलाहाबाद के गवर्नर थे, ने ग्रैण्ड ट्रंक मार्ग पर पश्चिम की ओर सुबेदारगंज की स्थापना की।[3] इस समय नगर में संकरी गलियां थी तथा इनके किनारे दो या तीन मंजिले भवन निर्मित थे। वर्तमान समय की प्राचीन बस्तियां–कटरा, मुट्ठीगंज, खुल्दाबाद आदि मलिन बस्तियों के रूप में ऐसे उदाहरण आज भी देखे जा सकते हैं।

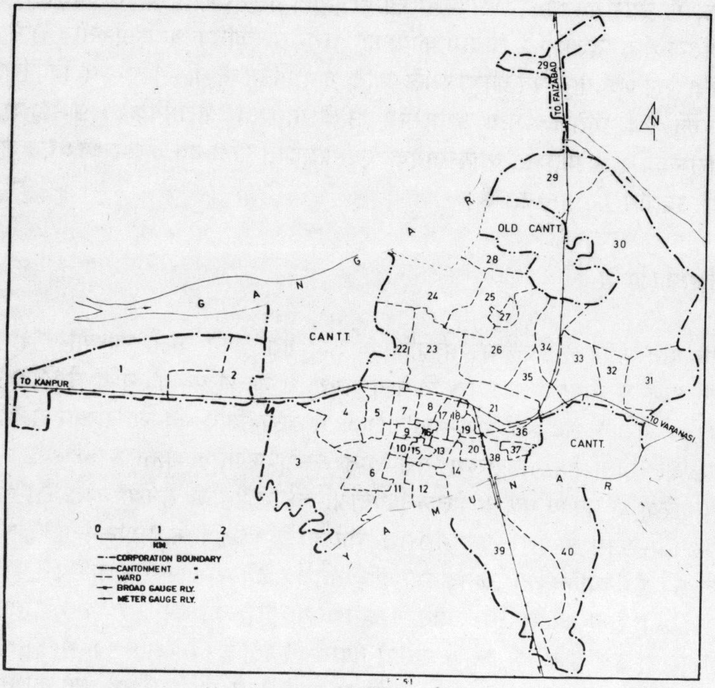

FIG. 5.1: Allahabad : Reference Map : 1981

मुगल शासकों से शासित होते हुए अन्ततोगत्वा 1801 में यह ब्रिटिश शासकों के अधीन हो गया। इनके आगमन से नगर का विकास चतुर्दिक प्रारम्भ हुआ। इसकी पुष्टि नगर में स्थित सैनिक छावनियों, चर्चों एवं बंगलों से की जाती है। 1858 में पश्चिमी सूबे की राजधानी आगरा से इलाहाबाद में स्थानान्तरण करने के कारण अनेक प्रशासकीय कार्यालयों की स्थापना हुई। 1887 ई० में इलाहाबाद विश्वविद्यालय की स्थापना नगर के उत्तरी हिस्से में हुई।

स्वतंत्रता के पश्चात् नगर के विकास का नया चरण प्रारम्भ होता है। उत्तर प्रदेश की राजधानी होने के कारण इसकी राजनीतिक महत्ता भी थी। इसके कारण ही अनेक कार्यालयों के मुख्यालय भी थे जो नगर के अन्य सेवाओं को प्रभावित करते थे। परन्तु 1930 में प्रदेशीय राजधानी के लखनऊ स्थानान्तरण हो जाने के कारण नगर का विकास अवरूद्ध सा हो गया। नगर की जनसंख्या वितरण को प्राकृतिक तीन दिशाओं में नदियों का प्रवाह, तथा सांस्कृतिक बाधाओं–तीन सैनिक छावनी, रेल पथ, पार्क एवं क्रीड़ा स्थल आदि, ने प्रभावित किया है। नगर के विकसित क्षेत्र का 24 प्रतिशत भाग आवासीय, 3.4 प्रतिशत औद्योगिक 1.9 प्रतिशत प्रशासनिक, 1.3 प्रतिशत व्यावसायिक, एक प्रतिशत पार्क एवं क्रीड़ास्थल एवं शेष अन्य उपयोग के अन्तर्गत है।

जनसंख्या वृद्धि

इलाहाबाद नगर की जनसंख्या वृद्धि को प्रदर्शित करने वाली सारणी 5.1 के विश्लेषण से स्पष्ट होता है कि विभिन्न समयों में जनसंख्या की वृद्धि में विविधता रही है। बीसवीं सदी के प्रारम्भिक दशकों में इलाहाबाद की जनसंख्या में ह्रास परिलक्षित होता है। जनसंख्या ह्रास राष्ट्र स्तर पर पाया जाता है जिसके लिए महामारियों के प्रकोप एवं प्राकृतिक विपदाओं को उत्तरदायी समझा जाता है। यथा 1901 में प्लेग से मरने वाले 6000 व्यक्ति एवं 1921 में इनफ्लुएंजा से मरने वाले 5151 व्यक्ति थे।[4] जनसंख्या वृद्धि चतुर्थ दशक से प्रारम्भ होता है। 1901 से 1981 तक की सुदीर्घ अवधि में जनसंख्या वृद्धि की दर 277.87 प्रतिशत रही, परन्तु इस वृद्धि की दर में पर्याप्त वैषम्य मिलता है। वर्ष 1931 में 16.98 प्रतिशत तथा 1941 में 41.47 प्रतिशत वृद्धि देखी गई जो अब तक की वृद्धि में अधिकतम है। गत चार दशकों (1951–81) में जनसंख्या वृद्धि क्रमशः 27.5, 29.62, 19.11 तथा 25.22 प्रतिशत अंकित की गयी। 1961 में कुछ तीव्र वृद्धि का मुख्य कारण नगर सीमा विस्तार के फलस्वरूप ग्रामीण जनसंख्या एवं फाफामऊ तथा नैनी की जनसंख्या सम्मिलित हो जाना है।

सारणी 5.1
इलाहाबाद नगर समूह की जनसंख्या वृद्धि (1901–81)

वर्ष	जनसंख्या	दशकगत वृद्धि	दशकगत वृद्धि% में
1901	172032	–	–
1911	171697	–335	0.19
1921	157220	–14477	–8.43
1931	183914	+26694	16.98
1941	260630	+76716	41.47
1951	332295	+71665	27.50
1961	430730	+98435	29.62
1971	513036	+82306	19.11
1981	650070	+137034	25.22

सारणी 5.2
उत्तर प्रदेश के पाँच नगरों में अभिनव जनसंख्या वृद्धि 1961-81 (प्रतिशत में)

दशक	कानपुर	लखनऊ	वाराणसी	आगरा	इलाहाबाद
1961–71	31.32	24.14	23.85	24.76	19.11
1971–81	32.39	23.66	30.79	21.39	25.22

जनसंख्या घनत्व

जनसंख्या घनत्व भी नगरान्तरीय विशेषताओं को प्रकट करती है। 1981 में इलाहाबाद नगर का औसत घनत्व 79 व्यक्ति/हेक्टेयर था जो 1971 के 62 एवं 1961 के 52 की तुलना में अधिक है। नगर का औसत घनत्व सम्पूर्ण क्षेत्रफल का परिणाम होता है परन्तु विभिन्न नगरीय इकाईयों में यह घनत्व भिन्न–भिन्न होता है (सारणी 5.3)। सारणी 5.3 से स्पष्ट है कि अधिकतम घनत्व 100 व्यक्ति प्रति हेक्टेयर अनियोजित बसे निगम क्षेत्र में है जब कि न्यूनतम 10 व्यक्ति/हेक्टेयर एकाकी विशेषता वाले सैनिक छावनी में है। लगभग समान विशेषता वाले रेलवे कालोनी में भी अपेक्षाकृत कम घनत्व 21 व्यक्ति प्रति हेक्टेयर है।

नगर क्षेत्र में असमान जनसंख्या वितरण की व्याख्या नगरीय वार्डों के द्वारा अधिक स्पष्ट होती है। यथा सामान्य औसत घनत्व वार्ड के अनुसार घनत्व में अत्यधिक भिन्नता देखी जाती है। प्राचीन अधिवासी क्षेत्र के बक्सीबाजार वार्ड (9)

में जनसंख्या घनत्व 884 व्यक्ति/हेक्टेयर है जब कि नगर विस्तार के फलस्वरूप सम्मिलित क्षेत्र के वार्ड 30 (सदियाबाद) में घनत्व 23 व्यक्ति/हेक्टेयर है। इस प्रकार सघन बसाव एवं विरल बसाव के घनत्व के बीच अनुपात 38:1 है, जो लखनऊ महानगर का लगभग आधा है।

सारणी 5.3

इलाहाबाद नगर समूह में जनसंख्या घनत्व : 1981

	नगरीय इकाई	क्षेत्रफल/हेक्टेयर	जनसंख्या	घनत्व/हेक्टेयर
	इलाहाबाद नगर समूह	8218	650070	79
(अ)	इलाहाबाद	6387	613466	98
(1)	इलाहाबाद नगर निगम	6294	629486	100
(2)	सुबेदारगंज रेलवे कालनी	93	1979	21
(ब)	सैनिक छावनी (तीनों का योग)	1831	18604	10

इलाहाबाद नगर का भी विकास योजनाबद्ध ढंग से नहीं हुआ। जनसंख्या अपनी सुविधानुसार विभिन्न क्षेत्रों में बसती गयी। बाद के वर्षों में खाली क्षेत्रों में भी जनसंख्या बसाव के कारण सघनता और बढ़ गयी। इस प्रकार नगर के प्राचीन बार्ड–अटाला, बादशाहीमण्डी, मोहिसिनगंज, मुट्ठीगंज, बहादुरगंज एवं दरियाबाद अति सघन है जब कि दूसरी तरफ ब्रिटिश काल में विकसित छावनी एवं सिविल लाइन्स जैसे क्षेत्र अति विरल है। अन्य नगरों की अपेक्षा इस नगर के घनत्व पर प्राकृतिक एवं सांस्कृतिक बाधाओं का प्रभाव अधिक पड़ा है। नगर क्षेत्र के घनत्व में विषमता सारणी 5.4 में प्रदर्शित की गई है।

सारणी 5.4 के अवलोकन से स्पष्ट है कि सर्वाधिक जनसंख्या घनत्व 884 से 554 व्यक्ति/हेक्टेयर, का क्षेत्र कटरा सहित 3 केन्द्रीय वार्ड हैं जब कि उच्च घनत्व श्रेणी में 5 वार्ड हैं, जो अधिकतम घनत्व युक्त वार्ड के दक्षिण में स्थित हैं। इस क्षेत्र की सामान्य विशेषतायें खुले भाग का अभाव, अल्प क्षेत्र पर निर्मित आवास, एक ही आवास में कई परिवारों के निवास करने का प्रचलन तथा आन्तरिक बस्तियों की दयनीय स्थिति आदि है। मध्यम उच्च श्रेणी के वार्डों–दोदीपुर, शाहगंज, बादशाहीमण्डी तथा बहादुरगंज का घनत्व क्रमशः 344, 382, 378 एवं 313 व्यक्ति/हेक्टेयर और मध्यम श्रेणी (200–300) में मात्र दो बार्डों का घनत्व क्रमशः 227 एवं 228 व्यक्ति/हेक्टेयर है। उपरोक्त वार्डों के अतिरिक्त शेष 25 वार्डों में जनसंख्या घनत्व 200 व्यक्ति/हेक्टेयर से कम है। इतना ही नहीं 12 वार्डों का घनत्व (88 से 23 व्यक्ति/हेक्टेयर) नगर निगम के औसत घनत्व से भी कम

है। इस प्रकार निचले क्रम के दो श्रेणियों के वार्ड नगर निगम के कुल क्षेत्रफल के 94.96 प्रतिशत भाग पर विस्तृत है जिनमें निवास करने वाली जनसंख्या मात्र 74 प्रतिशत है। उपरोक्त विशेषता से युक्त वार्ड नगर के मध्यवर्ती क्षेत्र से लेकर परिधिस्थ क्षेत्र तक विस्तृत है। इनकी सामान्य विशेषताएं नगर केन्द्र के विपरीत खुले एवं कृषिगत क्षेत्र की अधिकता, नदियों के कुप्रभावों से प्रभावित, नियोजित कालनियां, शिक्षण संस्थाएं, चौड़ी सड़कें, कार्यालय पार्क, एवं विस्तृत भाग पर निर्मित बंगले आदि हैं।

सारणी 5.4

इलाहाबाद नगर निगम में जनसंख्या घनत्व प्रतिरूप : 1981

घनत्व श्रेणी	व्यक्ति/हेक्टेयर	वार्ड
अत्यधिक उच्च	500 से अधिक	बक्सी बाजार, अटाला, चौक गंगा दास, कटरा
उच्च	400–500	मालवीनगर, अतरसुइया, मोहिसनगंज, मुट्ठीगंज, जहांगीराबाद
मध्यम उच्च	300–400	दोदीपुर, शाहगंज, बादशाहीमण्डी, बहादुरगंज
मध्यम	200–300	कटघर, कृष्णनगर
मध्यम निम्न	100–200	लूकरगंज, पुरामनोहरदास, मीरापुर, दरियाबाद, वैरहना, सिविल लाइन्स, बेली रोड ममफोर्डगंज, बाघम्बरी, अलोपीबाग, टैगोर टाऊन, मधवापुर एवं नयी बस्ती
निम्न	100 से कम	बमरौली, सुलेमान सराय, चकनिरातल, खुल्दाबाद, रेलवे क्षेत्र कर्नलगंज, फाफामऊ, सदियाबाद, दारागंज, चकदोही एवं जहांगीराबाद (चित्र 5.2)

घनत्व प्रवणता के सरल दृष्टिक प्रदर्शन हेतु समघनत्व रेखाओं की रचना की गई है। चित्र 2.9 एवं 5.2 के तुलनात्मक अध्ययन से नगर विकास प्रतिरूप एवं घनत्व की सममान रेखाओं के बीच घनिष्ठ सम्बन्ध प्रदर्शित है। प्राचीन क्षेत्र में अधिक मान की रेखा एवं नवीन क्षेत्र में कम मान की रेखा के प्रदर्शन के साथ ही नगर विस्तार के साथ घनत्व में अन्तर भी प्रदर्शित है। नगर के हृदय स्थल के रूप में विद्यमान नगर क्रोड का निकटवर्ती क्षेत्र जो सघन आबादी द्वारा आच्छादित है, 400 व्यक्ति से अधिक की सम्मान रेखा द्वारा आवृत्त है। यह क्षेत्र यमुना नदी के उत्तर में सीमित भाग पर फैला हुआ है। इसके विपरीत 50 व्यक्ति की सम्मान रेखा परिधिस्थ वार्डों दारागंज, फाफामऊ, बमरौली, नैनी, एवं सुलेमान सराय को अलग करती हुयी विरलता को प्रदर्शित कर रही है। इस प्रकार घनत्व रेखाओं के

मान में वृद्धि के साथ–साथ क्षेत्र सीमित होता गया है जो भूमि उपयोग की गहनता का प्रतिफल है (चित्र 5.2)।

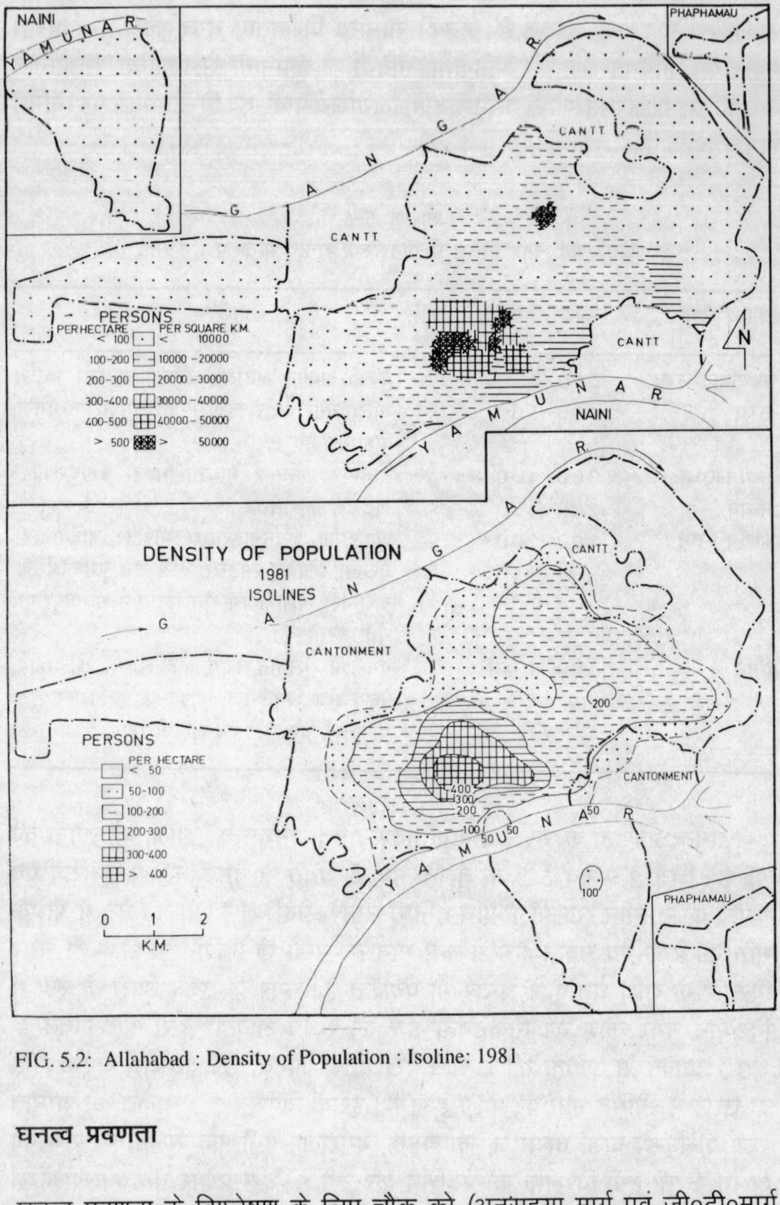

FIG. 5.2: Allahabad : Density of Population : Isoline: 1981

घनत्व प्रवणता

घनत्व प्रवणता के विश्लेषण के लिए चौक को (अनुसुइया मार्ग एवं जी०टी०मार्ग क्रासिंग) नगर केन्द्र निश्चित किया गया है। सारणी 5.5 से स्पष्ट है कि अधिकतम

जनसंख्या घनत्व 484 व्यक्ति प्रति हेक्टेयर नगर केन्द्र से प्रथम वलय क्षेत्र (आधा किमी०) में पाया जाता है। नगर केन्द्र से दूरी–वृद्धि के साथ ही घनत्व ह्रास प्रारम्भ हो जाता है और यह मात्र एक किमी० बाद, एक से 1.5 किमी० वलय क्षेत्र में घटकर 90 ही रह जाता है। इस प्रकार एक किमी० की दूरी पर 394 व्यक्ति का अन्तर है। जनसंख्या का सर्वाधिक बसाव यमुना नदी के उत्तर स्थित प्राचीन वार्डों– दोदीपुर, मुट्ठीगंज, बादशाहीमण्डी, बक्सीबाजार एवं शाहगंज के अन्तर्गत है। इन वार्डों के बीच मलिन बस्ती के रूप में स्थित ग्वाला टोली, धोबी टोला जैसी बस्तियों सघनता को बढ़ावा देती है। नगर वासियों के समुचित आय में अभाव, सर्वाधिक गम्यता युक्त स्थल के निकटवर्ती क्षेत्रों में बसने की प्रवृत्ति, नगर बाह्य में निर्मित बंगलों, फ्लैट में निम्न एवं मध्यम आय वर्गीय लोगों के बसाव सम्बन्धी आर्थिक कठिनाई के कारण जनसंख्या का बड़ा भाग इन्हीं क्षेत्रों में बसने के लिए बाध्य होता है। घ्यातव्य है कि लगभग 60 प्रतिशत परिवार मात्र एक कमरे के आवास में निवास करता है। उपरोक्त प्रवृत्ति के बाद मन्द ह्रास का क्रम प्रारम्भ होता है (चित्र 5.3)। इस प्रकार दो किमी० पर 43 व्यक्ति तथा परिधिस्थ क्षेत्र के 5.5 किमी० पर 2 व्यक्ति हेक्टेयर तक पहुँच गया है। नगर केन्द्र से 5 किमी० बाद प्रत्येक वलय में घनत्व घटकर आधा होता गया है। यह गंगा–यमुना नदियों का कुप्रभाव, नगर आकार, सांस्कृतिक बाधा के रूप में 3 सैनिक छावनियों, सिविल लाइन्स में स्थित कार्यालयों, खुले क्षेत्रों, शिक्षण संस्थाओं आदि का प्रतिफल है।

सारणी 5.5

नगर केन्द्र से दूरी-वृद्धि के अनुसार जनसंख्या घनत्व में भिन्नता 1981

नगर केन्द्र से दूरी (किमी० में)	व्यक्ति/प्रति हेक्टेयर
0.0–0.50	484
0.50–1.00	190
1.00–1.50	90
1.50–2.00	43
2.00–2.50	36
2.50–3.00	35
3.00–3.50	23
3.50–4.00	10
4.00–4.50	5
4.50–5.00	4
5.00–5.50	2

स्रोतः लेखक द्वारा आंकलित

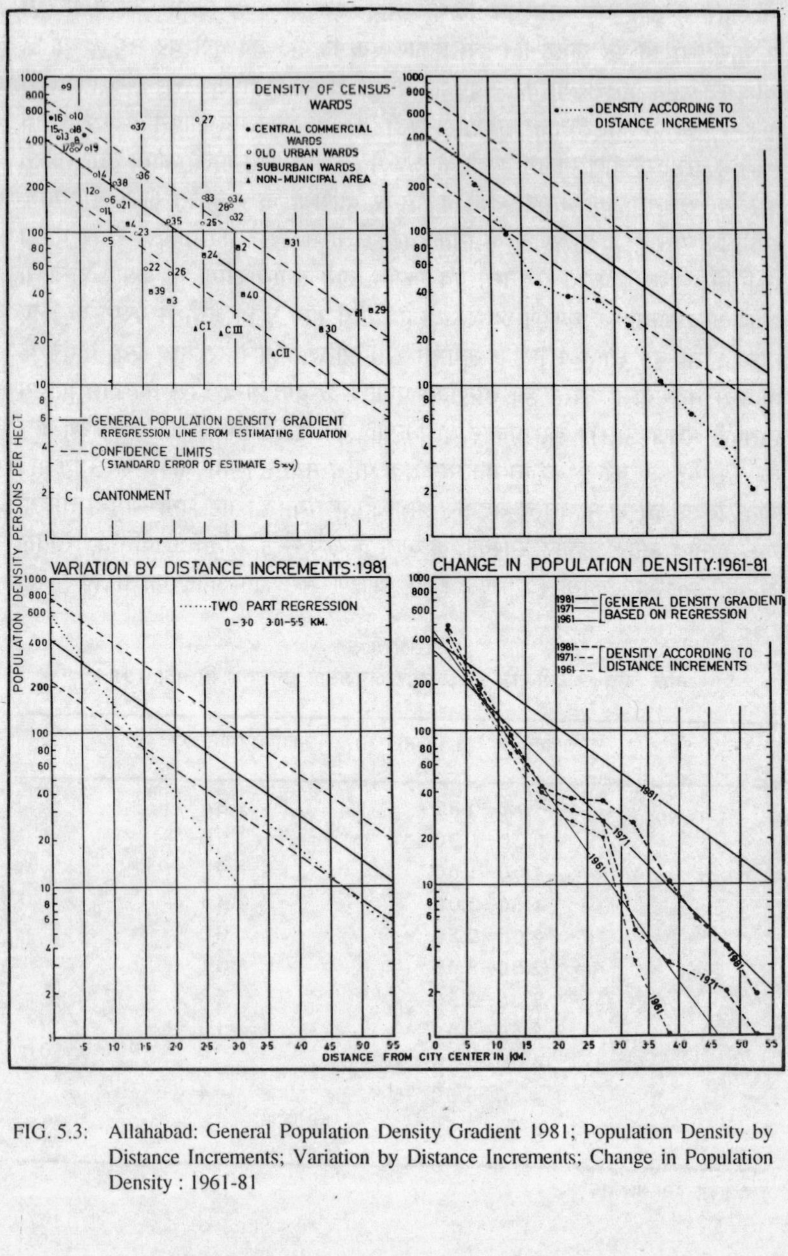

FIG. 5.3: Allahabad: General Population Density Gradient 1981; Population Density by Distance Increments; Variation by Distance Increments; Change in Population Density : 1961-81

उपरोक्त विश्लेषण से स्पष्ट है कि नगर केन्द्र "चौक" से 2 किमी0 तक तीव्र ह्रास के बाद मन्द होता गया है।

समाश्रयण-विश्लेषण

इलाहाबाद नगर के घनत्व–दूरी सम्बन्धी सांख्यिकीय विश्लेषण से प्राप्त सहसम्बन्ध गुणांक –0.73, निश्चितता गुणांक 0.53 तथा एफ अनुपात एक प्रतिशत है। यह अध्ययनगत नगरों के सहसम्बन्ध गुणांक से कम तथा पूर्ववर्ती 1961 के सहसम्बन्ध गुणांक (0.68) से कुछ अधिक है। यह वृद्धि लखनऊ महानगर की अपेक्षा कम है। जिससे स्पष्ट होता है कि इलाहाबाद नगर में जनसंख्या संकेन्द्रण अन्य नगरों की अपेक्षा कम हुआ।

सारणी 5.6 में प्रदर्शित जनसंख्या घनत्व समाश्रयण से स्पष्ट है कि नगर केन्द्र में (शून्य दूरी पर) 400 व्यक्ति/हेक्टेयर एवं 1.5 किमी० पर 150 व्यक्ति/घनत्व प्राप्त होता है। इस तीव्र ह्रास का क्रम नगर के मध्य भाग के 2.5 किमी० तक बना हुआ है। तदन्तर नगर बाह्य क्षेत्र में 3.5 किमी० पर 52 व्यक्ति तथा परिधिस्थ क्षेत्र के 5.50 किमी० पर 12 व्यक्ति प्रति हेक्टेयर आता है (चित्र 5.3)।

इस प्रकार केन्द्र से 1.5 किमी0 (0–1.5 किमी०) की दूरी के अन्तर पर 250 व्यक्ति तथा उपनगरीय क्षेत्र के संदर्भित दूरी (3.5–5.0 किमी०) पर मात्र 26 व्यक्ति का ह्रास प्रकट है। अस्तु प्रथम दूरी पर लखनऊ (380 व्यक्ति) से कम तथा द्वितीय दूरी पर (12) अधिक है। फलतः केन्द्र एवं उपनगरीय क्षेत्र के घनत्व के बीच समाश्रयण मान के अनुसार 33.1 का अनुपात है।

उपरोक्त तीव्र ह्रास एवं केन्द्रीय उपनगरीय क्षेत्र के बीच विद्यमान भिन्नता द्विखण्डीय समाश्रयण द्वारा और भी स्पष्ट हो जाती है (चित्र 5.3)। समाश्रयण रेखा के प्रथम खण्ड के केन्द्र में 573 व्यक्ति एवं 3 किमी० की दूरी पर 10 व्यक्ति/हेक्टेयर है जब कि द्वितीय खण्ड के केन्द्र में अर्थात् 3.01 किमी० पर 40 व्यक्ति एवं 5.5 किमी० पर 5 व्यक्ति/हेक्टेयर है। इस प्रकार प्रथम खण्ड में तीव्र प्रवणता एवं द्वितीय खण्ड में मन्द प्रवणता का आभास होता है। वस्तुतः यह आवासीय आकार एवं स्वरूप तथा भू–उपयोग गहनता में भिन्नता का प्रतिफल है।

मगर केन्द्र से दूरी–वृद्धि के सन्दर्भ में वार्डों के वास्तविक घनत्व के आधार पर निर्मित प्रकीर्ण चित्र 4.3 द्वारा स्पष्ट है कि प्राचीन आवासीय क्षेत्रों (.5 से एक किमी० के बीच) वाले वार्ड जिनका क्षेत्रफल कम तथा घनत्व 884 से 313 व्यक्ति/हेक्टेयर के बीच है, समाश्रयण रेखा से ऊपर तथा कुछ वार्ड विश्वास सीमा स्तर से भी ऊपर है। इसके बाद के क्षेत्रों में स्थित वार्ड समाश्रयण रेखा से ऊपर–नीचे

विखराव प्रवृत्ति में स्थित हैं। तीनों छावनियों सहित 14 वार्ड समाश्रयण रेखा से नीचे है। सामान्यतः वार्डों का वितरण पुंज प्रतिरूप में है। इससे स्पष्ट होता है कि इस नगर में द्विकेन्द्री नगरों में प्राप्त होने वाली विशेषता "संकेन्द्रण की अपेक्षा विखराव" की प्रधानता अब भी है।

सारणी 5.6

इलाहाबाद नगर समूह में जनसंख्या घनत्व का समाश्रयण 1981

सांख्यिकीय इकाईयां	43
आंकलित समीकरण	
Log *a*	2.6228
Log *b*	–.2873
Log *Sxy*	.2731
नगर केन्द्र से दूरी (किमी० में)	व्यक्ति/हेक्टेयर
0.0	400
0.5	290
1.0	200
1.5	150
2.0	110
2.5	77
3.0	50
3.5	38
4.0	26
4.5	20
5.0	15
5.5	12
सहसम्बन्ध गुणांक	(Co-efficient of correlation)–0.73
निश्चितता गुणांक	(Co-efficient of determination)–0.53
एफ अनुपात	(F-Ratio) एक प्रतिशत

स्रोतः लेखक द्वारा आंकलित

समाश्रयण से विचलन

विश्वास सीमा के बीच खींची जाने वाली घनत्व वक्र से स्पष्ट है कि यह नगर केन्द्र से 0.5 किमी० तक समाश्रयण रेखा से ऊपर है तदन्तर परिधिस्थ क्षेत्र के 5.5 किमी0 तक समाश्रयण रेखा से नीचे आ गयी है। बीच में तथापि यह 2 से

2.5 तथा 3.5 से 5 किमी० तक विश्वास सीमा स्तर से भी नीचे चली गयी है। सामान्यतः यह प्रवृत्ति विस्तृत भू–उपयोग एवं उपान्तीय विशेषता का प्रतिफल है।

इस प्रकार घनत्व वक्र सर्वप्रथम नतोदर एवं पुनः उन्नतोदर प्रवृत्ति प्रदर्शित कर रही है। गत जनगणना वर्षों 1971 एवं 1981 के बीच नतोदर स्वरूप में ह्रास हुआ है। सामान्य प्रवृत्ति का आंकलन किया जाय तो नगर केन्द्र से 2 किमी० तक तीव्र ह्रास का क्रम एवं तत्पश्चात् वृद्धि तथा पुनः कम दर के ह्रास का प्रदर्शन होता है (सारणी 5.5 एवं चित्र 5.3)।

समाश्रयण से अवशिष्ट

नगर के 43 सांख्यिकीय इकाइयों (40 वार्ड, तीन सैनिक छावनियाँ) के आधार पर निर्मित घनत्व मानचित्र एवं अवशिष्ट मान (परिशिष्ट 6) को रखकर निर्मित किये गये अवशिष्ट मानचित्र के तुलनात्मक अध्ययन से स्पष्ट है कि प्राचीन नगरीय क्षेत्र "बक्सीबाजार" के समीपस्थ क्षेत्र ही सर्वाधिक सघन है। इसके विपरीत मध्यवर्ती क्षेत्र एवं नगर विस्तार के फलस्वरूप सम्मिलित क्षेत्र अल्प घनत्व युक्त विरल है।

अवशिष्ट चित्र 5.4 से स्पष्ट है कि घनात्मक अवशिष्ट का मुख्य क्षेत्र मध्यवर्ती प्राचीन क्षेत्र एवं पूर्वी तथा पश्चिमी भाग का कुछ क्षेत्र है। उत्तर में फाफामऊ, कटरा, ममफोर्डगंज, पूरब में वार्ड 31, 34 तथा पश्चिम में वार्ड 1 एवं 2 घनात्मक अवशिष्ट युक्त विश्वास सीमा स्तर से ऊपर है जब कि प्राचीन क्षेत्र के लगभग सभी वार्ड यथा 7–10, 15–18, 20, 30, 33 एवं 35–36 समाश्रयण रेखा से ऊपर हैं। उपरोक्त वार्ड अपेक्षाकृत अधिक घनत्व को धारण करते हैं।

ऋणात्मक अवशिष्ट के क्षेत्र बाह्यवर्ती वार्डों सहित मध्यवर्ती क्षेत्र में स्थित कुछ वार्ड भी हैं। सैनिक छावनियों के साथ 5 वार्ड 3, 5, 22, 26 एवं 29 विश्वास सीमा स्तर से नीचे हैं और पश्चिम में 4–6, दक्षिण में 11–12, 14, 21, 23–24 एवं 40 भी ऋणात्मक अवशिष्ट वर्ग में ही आते है।

उपरोक्त व्याख्या से स्पष्ट है कि केन्द्रीय वार्ड अत्यधिक घनत्व युक्त होने के कारण घनात्मक अवशिष्ट के रूप में समाश्रयण रेखा तथा विश्वास सीमास्तर से भी ऊपर स्थित है। अपवादस्वरूप कुछ प्राचीन वार्ड 12, 14 एवं 38 वस्तुतः जिनमें जनसंख्या अधिक है, प्रवणता तीव्रता के कारण समाश्रयण रेखा से नीचे स्थित है। ऋणात्मक अवशिष्ट के क्षेत्र सामान्यतः अनेक प्राकृतिक एवं सांस्कृतिक बाधाओं से युक्त तथा अधिक बसाव के लिए अनुपयुक्त भागों को प्रदर्शित करते हैं।

घनत्व प्रवणता परिवर्तन

घनत्व प्रवणता परिवर्तन की व्याख्या के लिए तीन घनत्व रेखाओं (1961, 1971 एवं 1981) को आधार माना गया है। तीस वर्षों (1961–81) में नगर निगम की जनसंख्या में 50 प्रतिशत की वृद्धि देखी गयी है जब कि छावनी क्षेत्र में यह वृद्धि मात्र 6.1 प्रतिशत ही अंकित की गयी। इस अवधि में नगर का क्षेत्रीय विस्तार नाम मात्र हुआ। फलतः नगर में आने वाली बाहर की जनसंख्या पहले से बसे क्षेत्रों में बसती गयी। घनत्व रेखाएं कुल जनसंख्या वृद्धि के साथ केन्द्रीय जनसंख्या में अल्प वृद्धि को प्रदर्शित करती है, परन्तु घनत्व प्रवणता में किसी उल्लेखनीय अन्तर का प्रदर्शन नहीं होता है। नगर केन्द्र चौक से प्रथम वलय (.5 किमी०) में घनत्व क्रमशः 1961 में 378 से बढ़कर 1981 में 484 व्यक्ति हो गया अर्थात् दो दशक में कुल 106 की वृद्धि हुई। यह प्रवृत्ति केन्द्रीय वार्डों के घनत्व में वृद्धि का प्रतिफल है यथा तीन केन्द्रीय वार्डों (बक्सीबाजार, अटाला एवं चौक गंगादास) में 1971 के घनत्व क्रमशः 646, 409 एवं 535 से बढ़कर 1981 में 884, 585 तथा 592 हो गये हैं। इस प्रकार केन्द्रीय घनत्व में कुछ दूरी तक समान वृद्धि के कारण संदर्भित अवधि में केन्द्र से 2 किमी० प्रवणता ढाल में चपटापन प्रदर्शित हैं। तदन्तर प्रतिबन्धित क्षेत्र एवं अन्य बाधाओं के कारण घनत्व में कम परिवर्तन परिलक्षित होता है। तीन किमी० के बाद अनियंत्रित बसाव, प्रशासन द्वारा जनोपयोगी सुविधाओं की उपलब्धता, आवास–विकास द्वारा निर्मित प्रतिमानगर, करैलीस्कीम, अशोकनगर एवं शिवपुर जैसी आवासीय कालोनियों के निर्माण तथा नगर विस्तार में सम्मिलित क्षेत्रों के पूर्ववर्ती ग्रामीण अधिवासों की जनसंख्या वृद्धि के कारण गत दो जनगणना वर्षों (1961–71) की अपेक्षा 1981 में घनत्व परिवर्तन अधिक हुआ है। यथा –3.5 किमी0 से 4 किमी० वलय क्षेत्र में 1961 के एक व्यक्ति प्रति हेक्टेयर घनत्व से बढ़कर 1981 में 10 व्यक्ति/हेक्टेयर हो गया है। निष्कर्षतः घनत्व वक्र में केन्द्र से 2.0 किमी0 तक तीव्रता तथा छावनी क्षेत्र के बाद वृद्धि की विशेषता पायी जाती है। घनत्व प्रवणता के सभांवित मान का प्रदर्शित करने वाली समाश्रयण रेखा प्रवणता परिवर्तन की व्याख्या कर रही है। तीन जनगणना वर्षों की समाश्रयण रेखाएं प्रवणता में अल्प ह्रास को प्रकट कर रही है (चित्र 5.3)।

उपयुक्त मॉडल

दूरी घनत्व अन्तर्सम्बन्ध के स्वरूप को निर्धारित करने के लिए विभिन्न समाश्रयण मॉडलों की गणना कर निम्न सारणी 5.8 में रखा गया है।

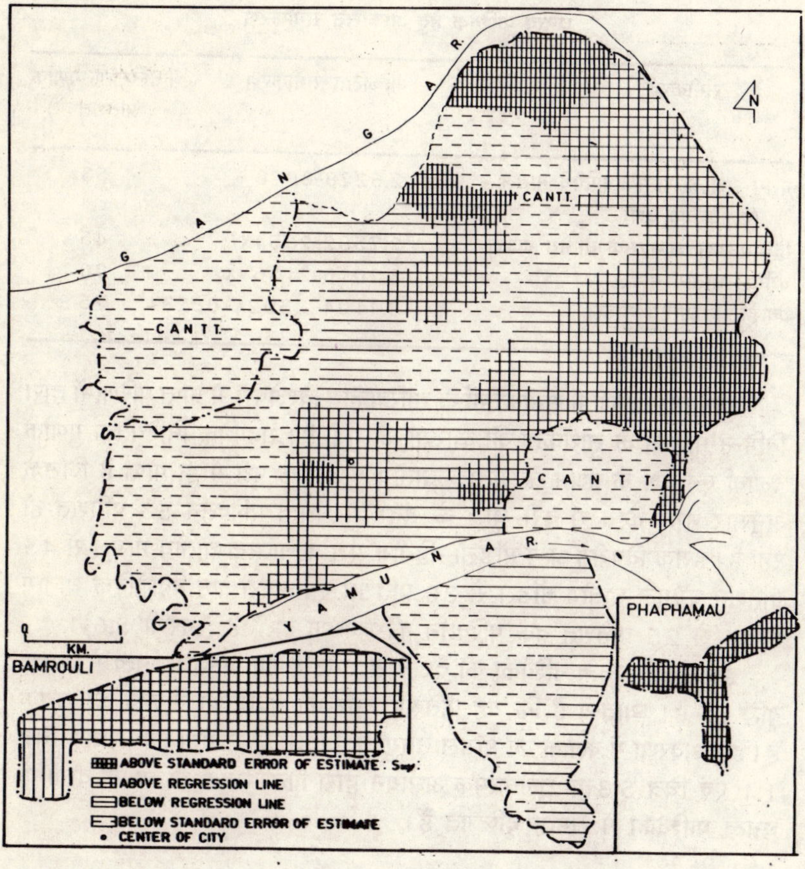

FIG. 5.4: Allahabad : Residuals from Regression of Population Density : 1981

सारणी 5.7

इलाहाबाद नगर समूह में दूरी-वृद्धि के अनुसार घनत्व परिवर्तनः 1961-81

जनगणना वर्ष	व्यक्ति प्रति हेक्टेयर					(नगर केन्द्र से दूरी किमी0 में)					
	0.0–0.5	0.5–1.0	1.0–1.5	1.5–2.0	2.0–2.5	2.5–3.0	3.0–3.5	3.5–4.0	4.0–4.5	4.5–5.0	5.0–5.5
1981	484	190	90	43	36	35	23	10	4	5	2
1971	445	188	75	40	29	24	5	3	2	1	—
1961	378	181	70	34	25	20	3	1	—	—	—

स्रोतः लेखक द्वारा आंकलित

सारणी 5.8

घनत्व पार्श्विक हेतु आंकलित समीकरण

समीकरण	आंकलित समीकरण	निश्चितता गुणांक (प्रतिशत में)
प्रथम अशं ऋणात्मक धातीय माडल (क्लार्क एवं व्रश)	$2.6228\text{-}3073_x$	53
द्वितीय अंश ऋणात्मक धातीय माडल	$2.7582\text{-}2854x^2$	45
वर्गमूल घातीय माडल	$3.2015\text{-}2156\sqrt{x}$	30
क्वाड्रेटिक घातीय माडल	$3.4104\text{-}.3302x\text{-}.0823x^2$	25

उपरोक्त सारणी में समीकरणों के सांख्यिकीय विश्लेषण से प्राप्त परिणामों द्वारा विभिन्न माडलों के सार्थकता की व्याख्या की गयी है। सर्वाधिक निश्चितता गुणांक क्लार्क एवं व्रश के प्रथम ऋणात्मक घातीय मॉडल के पक्ष में ही प्राप्त है जिसके अनुसार नगर केन्द्र से दूरी–वृद्धि के संदर्भ में घनत्व परिवर्तन 53 प्रतिशत हो रहा है। इसके विपरीत अन्य मॉडलों–द्वितीय अंश ऋणात्मक घातीय माडल से 45 प्रतिशत वर्गमूल घातीय मॉडल से 30 प्रतिशत एवं सबसे कम क्वाड्रेटिक घातीय माडल से 25 प्रतिशत तक परिवर्तन की व्याख्या होती है (सारणी 5.6)।

इस प्रकार घनत्व पर्श्विका को देखने से स्पष्ट है कि केन्द्रीय घनत्व में क्रमशः वृद्धि हुई हैं। घ्यातव्य है कि यह प्रतिरूप नगर को युवावस्था में होने का सूचक है। इस अवस्था में क्लार्क का मॉडल उपयुक्त है। इसकी सत्यता का परीक्षण चित्र 1.1 एवं चित्र 5.3 के तुलनात्मक अध्ययन द्वारा किया जाता है क्योंकि दोनों के घनत्व पार्श्विका में समता दृष्टिगत है।

REFERENCES

1. Allahabad Master Plan, 1967-1991: Proposal and Development Control, Vol. 1, Allahabad Survey Division, Town and Country Planning Department, Uttar Pradesh, pp. 3-10.
2. Steel, C.D. (1884): *Statistical Discriptive and Historical Account of N.W. Provinces of India,* Vol. VIII, p. 163.
3. District Gazetteer of Allahabad, p. 174.
4. Singh, U. (1966): *Allahabad: A Study in Urban Geography,* p.66.

नोटः आंकडे – (Census of India) के 1971 तक छपे रिपोर्टों पर आधारित हैं। 1981 के लिए आंकडे लखनऊ जनगणना निदेशालय द्वारा स्वतः प्राप्त किये गये हैं।

अध्याय 6

तृतीय वर्ग के नगरों में जनसंख्या घनत्व प्रवणता—वृहद नगर (5 लाख से कम)

गत दो अध्यायों में घनत्व प्रवणता के विभिन्न पक्षों का अध्ययन किया गया है, परन्तु घनत्व प्रवणता का एक समान स्वरूप दृष्टिगत नहीं है। प्रस्तुत अध्याय के अन्तर्गत तृतीय वर्ग के कुल 17 नगरों में से तीन नगरों—बरेली, अलीगढ़ एवं गाज़ियाबाद का विशेष अध्ययन है। इनकी जनसंख्या वृद्धि, जनघनत्व का सांख्यिकीय विश्लेशण, प्रस्तुत किया गया है। इन नगरों की अपनी कुछ अलग—अलग विशेषतायें है। यथा बरेली नगर औद्योगिक केन्द्र—प्रशासनिक केन्द्र है, जब कि अलीगढ़ एक औद्योगिक तथा सेवा केन्द्र एवं गाज़ियाबाद एक औद्योगिक केन्द्र है। आर्थिक विकास तथा परिवहन के साधनों की विकासगत अवस्था एवं उपलब्धता आदि भी नगर के क्रिया—कलाप तथा रहन—सहन के स्तर को प्रभावित करते हैं।

बरेली नगर

बरेली नगर रामगंगा नदी के पूर्वी किनारे, 28^{0} 22′ उत्तरी अक्षांश तथा 79^{0} 24′ पूर्वी देशान्तर पर स्थित है। यह नगर रूहेलखण्ड कमिश्नरी का मुख्यालय तथा जिला मुख्यालय है। नगर में अब भी कुछ परम्परागत उद्योग अपनी स्थित सुदृढ़ बनाये हुए हैं। बरेली मुगल शासकों के प्रतिस्थापित होने के पूर्व महत्वपूर्ण अधिवास हो चुका था। 1537 ई0 में राजा जगत सिंह कोटिया ने जगतपुर स्थापित किया था जिसके समीप उनके पुत्रों—बंशदेव एवं बरेलदेव द्वारा बांसबरेली नाम का कस्बा स्थापित किया गया। बाद में उन्हीं के नाम के आधार पर बरेली नगर के रूप में जाना जाने लगा।[1] यह 1657—1774 तक की सुदीर्ध अवधि तक

रूहेलखण्ड की राजधानी बनी रही। नगर पर मुगल शासकों के पश्चात् ब्रिटिश शासकों ने आधिपत्य स्थापित किया परिणामस्वरूप सैनिक छावनी तथा सिविल लाइन्स का प्रादुर्भाव हुआ। स्वतंत्रता पश्चात् कुछ वृहद उद्योग स्थापित हुए जिससे आधुनिक विकास प्रारम्भ हुआ। (चित्र 6.1)

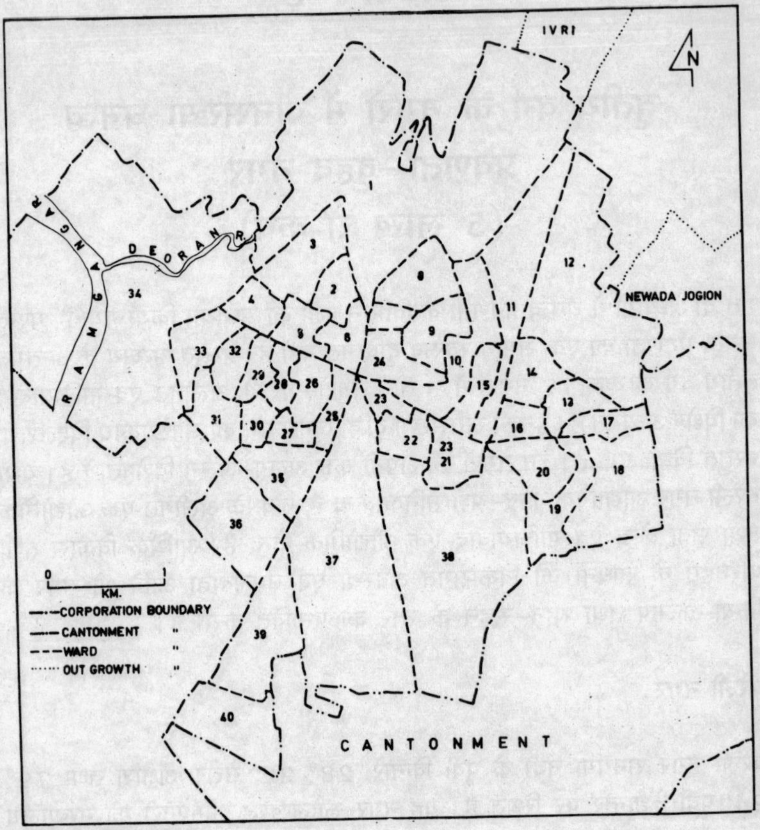

FIG. 6.1: Bareilly: Reference Map : Wards, 1981

अलीगढ़ नगर

अलीगढ़ नगर 27° 41′ उत्तरी अक्षांश एवं 78° 5′ पूर्वी देशान्तर के बीच उत्तर

रेल मार्ग (दिल्ली–कानपुर) पर स्थित है। मुस्लिम शासन के पूर्व यह नगर बस्ती के रूप में जन्म ले चुका था। प्राचीन अधिवास "ऊपरी कोट" (Balai Qila) के समीप विकसित हुआ था जो उस समय नगर क्रोड भी था।[2] उन्नीसवीं सदी के प्रारम्भ में नगर पर ब्रिटिश शासकों ने अधिकार स्थापित कर लिया। इनके द्वारा विकसित क्षेत्र–मेरिस रोड, विश्वविद्यालय मार्ग, अनूपशहर मार्ग एवं रसालगंज हैं। स्वतंत्रता के पश्चात् नगर का विकास उपान्तीय क्षेत्र में हुआ। अनेक ग्रामीण नगर क्षेत्र में सम्मिलित हो गये तथा इन्हीं क्षेत्रों में इण्डस्ट्रियल कालोनी, टूयूबवेल कालोनी, मेडिकल कालोनी, वेगपुर, कैलानगर, दोधपुर एवं जनकपुर कालोनी उत्तर में एवं दक्षिण में ज्वालापुरी महेन्द्रनगर, साहेब सिंह नगर, एवं नंगला मसानी कालोनियों का विकास हुआ।

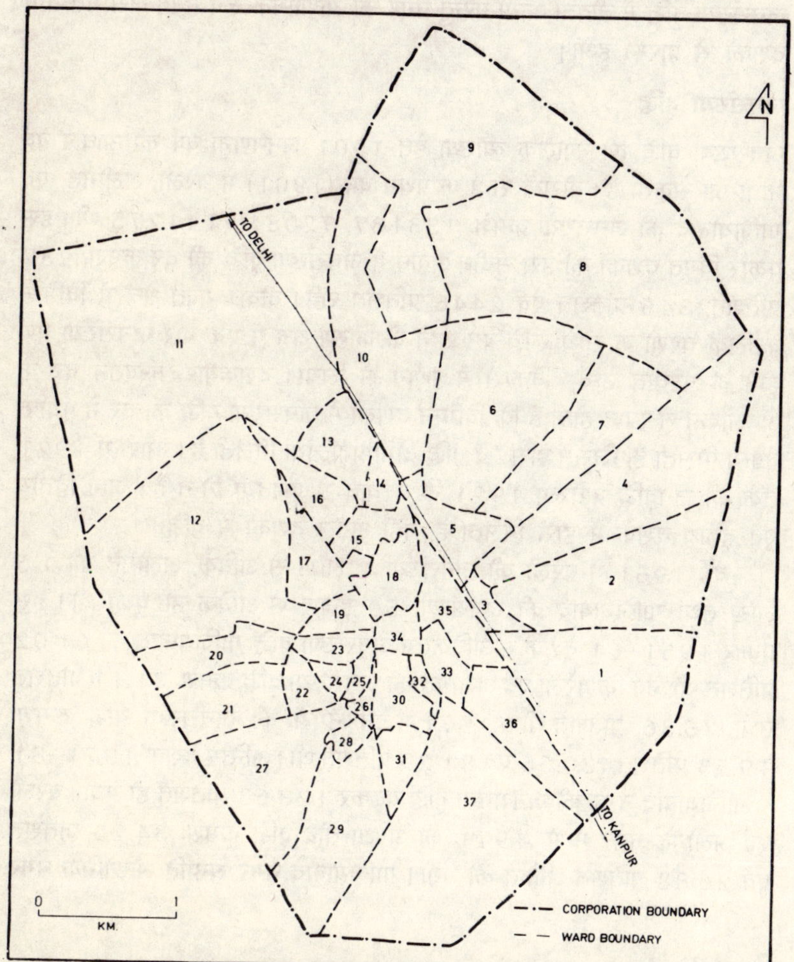

FIG. 6.2: Aligarh : Reference Map : Wards, 1981.

गाज़ियाबाद नगर

गाज़ियाबाद नगर दिल्ली से 18 किमी0 पूरब हिण्डन नदी के दोनों और 28^0 41' उत्तरी अक्षांश एवं 77^0 26' पूर्वी देशान्तर पर स्थित है। इस नगर का इतिहास 247 वर्ष से प्रारम्भ होता है। इसकी स्थापना आसफजंग के पुत्र मुगल वज़ीर गाज़ीउद्दीन द्वारा सन् 1740 में की गयी। 1859 में तहसील मुख्यालय बनने के पश्चात् इसका महत्व बढ़ गया। परन्तु नगर का वास्तविक विकास 1865 में पूर्वी रेल पथ के निर्माण के साथ प्रारम्भ हुआ। 1940 में यह मध्यम श्रेणी का नगर हो चुका था।[3] स्वतंत्रता पश्चात् पाकिस्तानी शरणार्थियों के आव्रजन के कारण जनसंख्या वृद्धि में तीव्रता आयी परन्तु नगर का औद्योगिक रूप में विकास गत तीन दशकों से प्रारम्भ हुआ।

जनसंख्या वृद्धि

जनसंख्या वृद्धि क्री कालिक व्याख्या हेतु 1901 जनगणना वर्ष को आधार वर्ष माना जा सकता है। बीसवीं सदी के प्रथम वर्ष (1901) में बरेली, अलीगढ़, एवं गाज़ियाबाद की जनसंख्या क्रमशः 133167, 72084 एवं 11275 थी। इस प्रकार विगत दशकों की इस सुदीर्ध अवधि में जनसंख्या वृद्धि की दर क्रमशः 237 प्रतिशत, 345 प्रतिशत एवं 2446 प्रतिशत रही। दीवार युक्त क्षेत्र में विभिन्न कालिक चरणों के साथ रूचि बने रहने के कारण क्षेत्र में एक बार जनसंख्या पूर्ण होने के पश्चात् उर्ध्व विकास ने स्थान ले लिया। दशकवार परिवर्तन दर के अवलोकन से स्पष्ट होता है कि विभिन्न दशकों में जनसंख्या वृद्धि की दर में पर्याप्त वैषम्य मिलता है, जिसमें ह्रास एवं वृद्धि दोनों प्रवृत्तियां मिलती है। नगरों में 1921 तक की जनवृद्धि प्रतिरूप 1921 के पश्चात् से पूर्णतया भिन्न है। जहां द्वितीय एवं तृतीय दशक में ह्रास मिलता है, वहीं अगले दशकों में वृद्धि।

वर्ष 1961 में बरेली की जनसंख्या 2 लाख से अधिक, अलीगढ़ की 1.5 लाख तथा गाज़ियाबाद की जनसंख्या 50 हजार से अधिक हो चुकी थी। इस प्रकार 1951–61 दशक में अधिकतम जनसंख्या वृद्धि गाज़ियाबाद का 61.02 प्रतिशत थी जब कि बरेली एवं अलीगढ़ की जनसंख्या वृद्धि क्रमशः 31.11 प्रतिशत तथा 36.36 प्रतिशत थी। 1971 में इन नगरों की जनसंख्या वृद्धि क्रमशः 19.53 प्रतिशत, 30.65 एवं 81.29 प्रतिशत थी। अन्तिम दशक 1971–81 में गाजियाबाद नगर की जनसंख्या वृद्धि बढ़कर 128.63 प्रतिशत हो गयी। बरेली एवं अलीगढ़ नगर में भी 1971 की अपेक्षा तीव्र वृद्धि क्रमशः 34.25 प्रतिशत एवं 26.83 प्रतिशत अंकित की गयी। गाज़ियाबाद नगर सम्प्रति औद्योगिक नगर

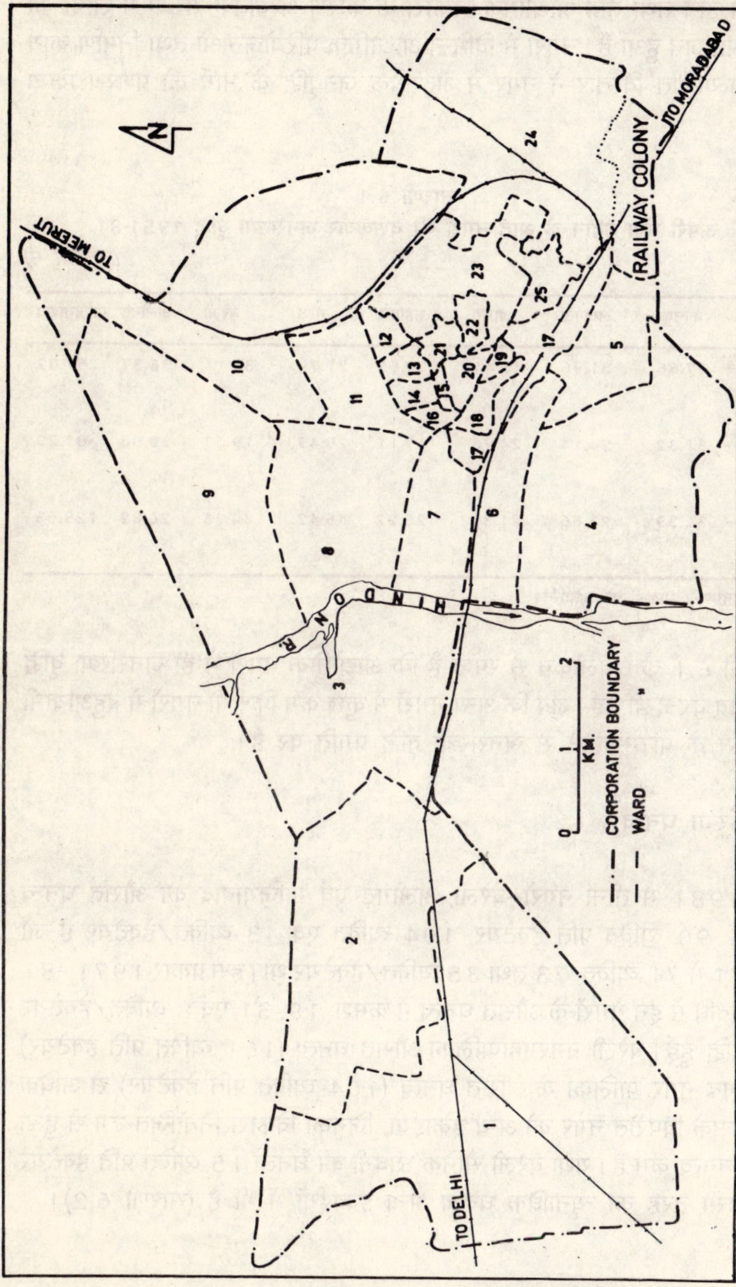

FIG. 6.3: Ghaziabad : Reference Map : Wards, 1981

घोषित होने तथा तीव्र औद्योगिक विकास के कारण अत्यधिक संख्या में लोगों का यहां आव्रजन हुआ है। नगरों में विभिन्न औद्योगिक परियोजनाओं तथा निर्माण कार्य में अप्रत्याशित विस्तार ने नगर में अत्यधिक जनवृद्धि के मार्ग को प्रशस्थ किया है।

सारणी 6.1

ऊपरी गंगा मैदान के आठ नगरों की दशकवार जनसंख्या वृद्धि 1951-81

(प्रतिशत में)

दशक	कानपुर	लखनऊ	आगरा	इलाहाबाद	मेरठ	बरेली	अलीगढ़	गाज़ियाबाद
1951–61	37.66	31.96	35.41	29.62	21.79	31.11	36.37	61.02
1961–71	31.32	24.14	24.76	19.11	29.49	19.53	30.65	81.29
1971–81	32.39	23.66	21.39	25.22	46.42	34.25	26.82	128.63

स्रोतः जनगणना आकड़ों पर आधारित।

सारणी 6.1 के अवलोकन से स्पष्ट है कि औद्योगिक नगरों में ही जनसंख्या वृद्धि की तीव्र दर देखी गई। जब कि अन्य नगरों में कुछ कम फिर भी नगरों में बहुआयामी विकास के प्रारम्भ होने से जनसंख्या वृद्धि प्रगति पर है।

जनसंख्या घनत्व

वर्ष 1981 में तीनों नगरों–बरेली, अलीगढ़ एवं गाज़ियाबाद का औसत घनत्व क्रमशः 90 व्यक्ति प्रति हेक्टेयर, 104 व्यक्ति एवं 43 व्यक्ति/हेक्टेयर है जो 1971 में 71 व्यक्ति, 73 तथा 35 व्यक्ति/हेक्टेयर था। इस प्रकार 1971–81 की अवधि में इन नगरों के औसत घनत्व में क्रमशः 19, 31 एवं 8 व्यक्ति/हेक्टेयर की वृद्धि हुई। बरेली नगरमहापालिका औसत घनत्व (161 व्यक्ति प्रति हेक्टेयर) अलीगढ़ नगर पालिका के औसत घनत्व (104 व्यक्ति प्रति हेक्टेयर) से अधिक है। इसके विपरीत नगर की अन्य इकाईयों, जिनका विकास नियोजित ढंग से हुआ है में घनत्व कम है। यथा बरेली सैनिक छावनी का घनत्व 15 व्यक्ति प्रति हेक्टेयर है। इसी तरह का न्यूनाधिक घनत्व अन्य इकाईयों में भी है (सारणी 6.2)।

नगरीय क्षेत्र के विस्तार एवं जनसंख्या वृद्धि के फलस्वरूप विभिन्न दशकों में नगरों का औसत घनत्व भी परिवर्तित होता रहा है। सारणी 6.3 के अवलोकन से स्पष्ट है कि 1921 तक नगरों का औसत घनत्व स्थिर रहा परन्तु इसके बाद के दशकों में जनसंख्या वृद्धि एवं क्षेत्रीय विस्तार के कारण वृद्धि ह्रास दोनों प्रवृत्तियां देखी गई।

सारणी 6.2

नगरों के विभिन्न इकाइयों में औसत जनसंख्या घनत्व 1981

नगरीय इकाई	क्षेत्रफल/हे0	जनसंख्या	घनत्व/हेक्टेयर
(अ)–बरेली नगरीय समूह	4978	449425	90.11
(1) बरेली नगरीय क्षेत्र	2734	394938	144.45
(i) बरेली नगर महापालिका	2398	386734	161.27
(ii) उत्तर रेलवे कालोनी	100	3498	34.98
(iii) नेवादा जोगियान (बाह्य विकास)	60	2458	40.96
(iv) आई0बी0आर0आई0	200	1780	8.90
(2) छावनी क्षेत्र	1712	25957	15.16
(3) सी0बी0 गंज	240	14772	61.55
(4) आइजतनगर रेलवे कालोनी	301	13758	45.7
(ब)–अलीगढ़–म्यू0 बोर्ड	3065	320861	10.4
(स)–गाजियाबाद नगर समूह	6577	287177	43.67

सारणी 6.3

नगरों के क्षेत्र एवं घनत्व में परिवर्तन 1901-81

वर्ष	बरेली नगर समूह		अलीगढ़ म्यू0 बोर्ड		गाजियाबाद नगर समूह	
	क्षेत्रफल/हे0	घनत्व	क्षेत्रफल/हे0	घनत्व	क्षेत्रफल/हे0	घनत्व
1901	1943	68	1106	65	—	—
1911	1943	66	1106	60	—	—
1921	1943	66	1106	60	—	—
1931	3655	39	1106	75	433	28
1941	3655	52	1106	101	433	43
1951	3655	56	1106	128	433	55
1961	3991	68	3186	58	1005	23
1971	4548	71	3445	73	3576	35
1981	4987	90	3406	104	6577	43

वार्ड के अनुसार जनसंख्या घनत्व में पर्याप्त वैषम्य मिलता है। तीनों नगरों में अधिकतम घनत्व क्रमशः 799 व्यक्ति प्रति हेक्टेयर (वार्ड 23) 796 (31) एवं 828 व्यक्ति प्रति हेक्टेयर (वार्ड 16) है, जबकि न्यूनतम घनत्व में यह क्रम परिवर्तित है। गाज़ियाबाद नगर में न्यूनतम घनत्व 7 व्यक्ति प्रति हेक्टेयर (वार्ड 4) अलीगढ़ में 22 व्यक्ति (11) एवं बरेली में 30 व्यक्ति प्रति हेक्टेयर (वार्ड 34) है।

बरेली नगर के प्राचीन अधिवासी क्षेत्र के 5 वार्डों 27, 28, 29, 32 एवं 33 में जनसंख्या घनत्व 500 व्यक्ति प्रति हेक्टेयर से अधिक है जब कि पश्चिमी–मध्यवर्ती क्षेत्र के 2, 28, 29 एवं 31 वार्डों तथा पूर्वी क्षेत्र के दो वार्डों (2 एवं 14) का घनत्व 400–500 व्यक्ति/हेक्टेयर के बीच है। तृतीय समूह 300–400 व्यक्ति/हेक्टेयर के अन्तर्गत केन्द्रीय क्षेत्र के 3 वार्ड (24, 25, 26) एवं मध्यवर्ती पेटी के चतुर्दिक क्षेत्र के 9 वार्ड हैं। 200–300 तथा 100–200 व्यक्ति/हेक्टेयर श्रेणी में क्रमशः 4 वार्ड एवं 7 वार्ड हैं। इनकी स्थिति उपनगरीय एवं पारिधिस्थ क्षेत्र हैं। 100 व्यक्ति/हेक्टेयर से कम अर्थात घनत्व औसत घनत्व (90 व्यक्ति) से भी कम घनत्व बाह्यवर्ती क्षेत्र के 6 वार्डों में है। चित्र 6.4 एवं सारणी 6.4)।

सारणी 6.4
नगरों के वार्ड एवं उनके घनत्वः 1981

घनत्व समूह प्रति हेक्टेयर	बरेली–वार्डो की संख्या	अलीगढ़–वार्डों की संख्या	गाजियाबाद वार्डों की संख्या
500 से अधिक	5	6	3
400–500	6	3	2
300–400	12	1	2
200–300	4	3	2
100–200	7	6	3
100 से कम	6	18	13
योग	40	37	25
औसत घनत्व से कम घनत्व के वार्ड	6	16	7

बरेली नगर में जनसंख्या वितरण की सघनता का समुचित प्रदर्शन घनत्व की सममान रेखाएं कर रही है। चित्र 6.5 के अवलोकन से स्पष्ट है कि सर्वाधिक सघन क्षेत्र 700 व्यक्ति/हेक्टेयर की सममान रेखा द्वारा आवृत्त उत्तर–पूरब एवं दक्षिण–पश्चिम में स्थित है, तथा एक दूसरा पुंज भी मध्य क्षेत्र में है। 600 से 200 व्यक्ति प्रति हेक्टेयर की सममान रेखाएं पूरब–पश्चिम में नगर विस्तार क्रमानुसार स्थित है। नगर सीमान्तर्गत सम्मिलित अद्यतन क्षेत्र 100 एवं 50 व्यक्ति प्रति हेक्टेयर की समान रेखा द्वारा घिरे हुए हैं।

अलीगढ़ नगर के मध्यवर्ती क्षेत्र में जनसंख्या घनत्व बरेली नगर के ही समान है परन्तु उपनगरीय क्षेत्र में इससे भिन्न देखी गई। इस नगर के 18 वार्डों का घनत्व 100 व्यक्ति से कम, (बरेली 6 वार्ड) जिनमें 16 वार्डों का घनत्व नगर के औसत घनत्व (104 व्यक्ति/हेक्टेयर) से भी कम है। 500 व्यक्ति प्रति हेक्टेयर घनत्व के अन्तर्गत रेलमार्ग के पश्चिम, केन्द्र के समीपस्थ 6 वार्ड 22, 24, 25, 26, 28 एवं 31 है। 400–500 व्यक्ति/हेक्टेयर घनत्व श्रेणी में 3 वार्ड हैं जब कि इसके निचले श्रेणी में मात्र एक वार्ड 23 है। 3 वार्डों (15, 16 एवं 30) का घनत्व 200–300 व्यक्ति/हेक्टेयर एवं 6 वार्डों का घनत्व 100–200 व्यक्ति हेक्टेयर है (चित्र 6.6)।

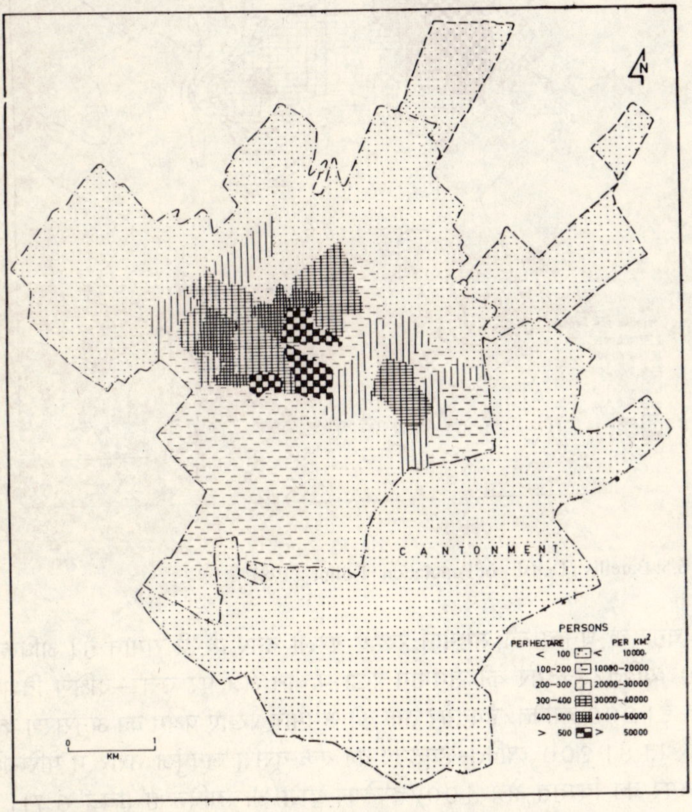

FIG. 6.4: Bareilly : Density of Population 1981

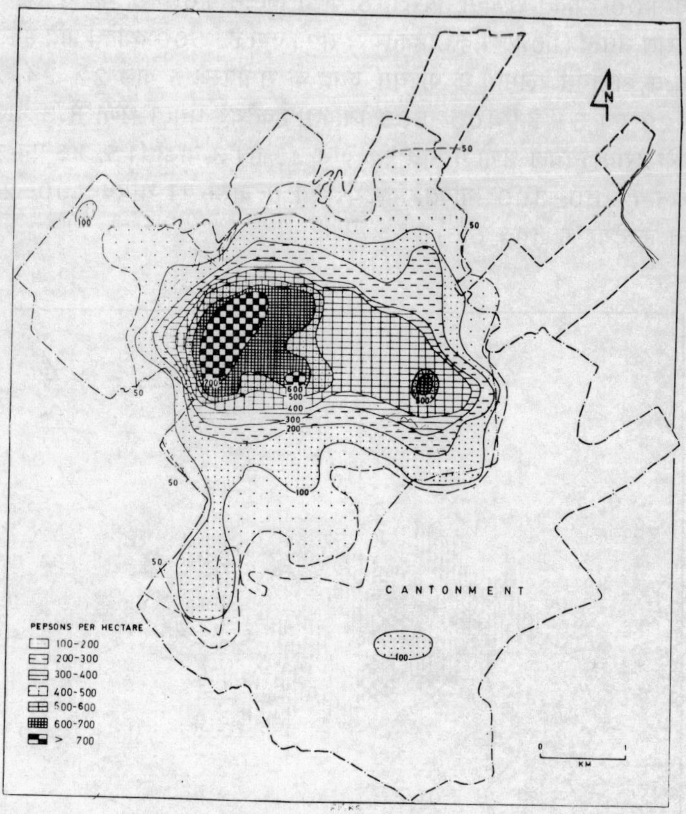

FIG. 6.5: Bareilly : Density of Population : Isolines, 1981

नगर के घनत्व की सममान रेखाएं बरेली नगर के ही समान हैं। अधिकतम 700 व्यक्ति/हेक्टेयर की सममान रेखा प्राचीन क्षेत्र पर उत्तर–दक्षिण दिशा में स्थित है। 200 व्यक्ति/हेक्टेयर तक की सममान रेखाएं प्रथम का अनुसरण करते हुए स्थित है। 200 व्यक्ति–हेक्टेयर का एक दूसरा जनपुंज उत्तर में परिलक्षित है। नगर का विस्तृत क्षेत्र 100/हेक्टेयर द्वारा आच्छादित है (चित्र 6.7)।

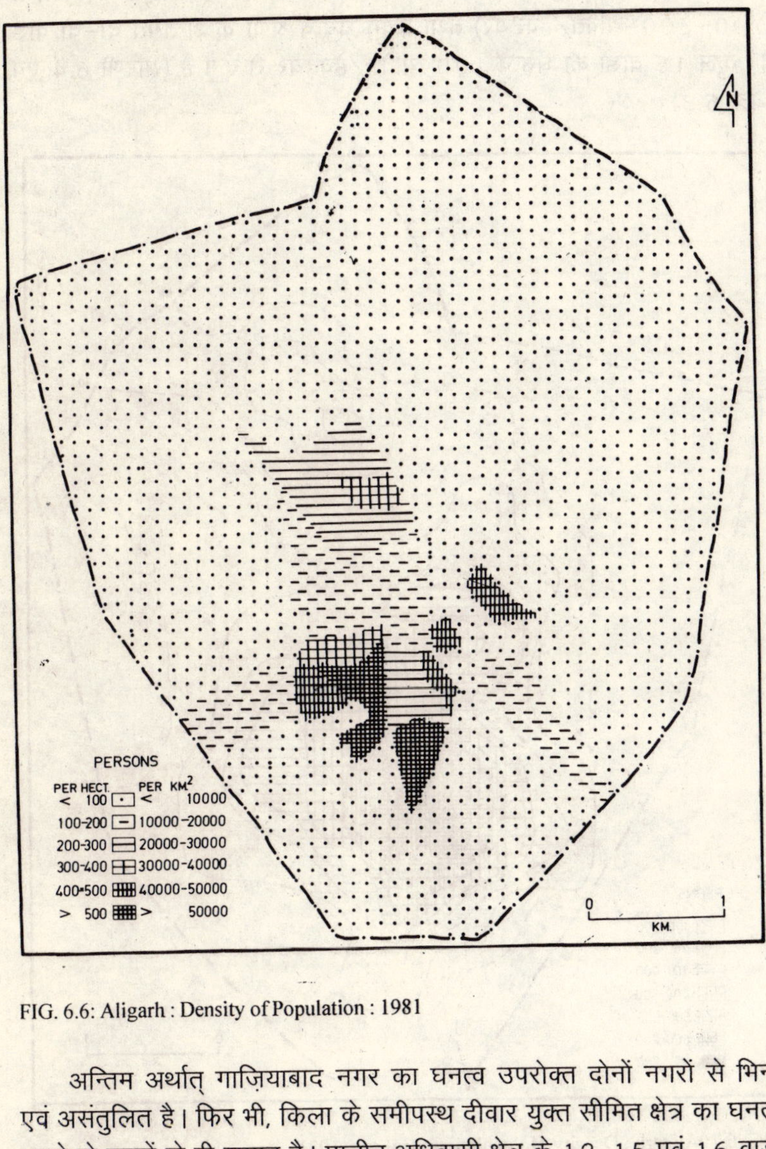

FIG. 6.6: Aligarh : Density of Population : 1981

अन्तिम अर्थात् गाज़ियाबाद नगर का घनत्व उपरोक्त दोनों नगरों से भिन्न एवं असंतुलित है। फिर भी, किला के समीपस्थ दीवार युक्त सीमित क्षेत्र का घनत्व पहले के नगरों के ही समान है। प्राचीन अधिवासी क्षेत्र के 12, 15 एवं 16 वार्डों में 500 व्यक्ति/हेक्टेयर से अधिक, वार्ड 17 एवं 18 में 400—500 तथा 13 और 12 वार्ड में 300—400 व्यक्ति/हेक्टेयर घनत्व है। नगर के बाह्यवर्ती वार्डों 4, 9, 10, 12, 13 एवं 24 जिनमें खुले भूमि की अधिकता या औद्योगिक इकाइयां

हैं का घनत्व नगर के औसत घनत्व 43 व्यक्ति से भी कम है। चतुर्थ घनत्व श्रेणी (200–300 व्यक्ति/हेक्टेयर) तथा पंचम् घनत्व श्रेणी के अन्तर्गत दो–दो वार्ड हैं। कुल 15 वार्डों का घनत्व 100 व्यक्ति/हेक्टेयर से कम है (सारणी 6.4 एवं चित्र 6.8)।

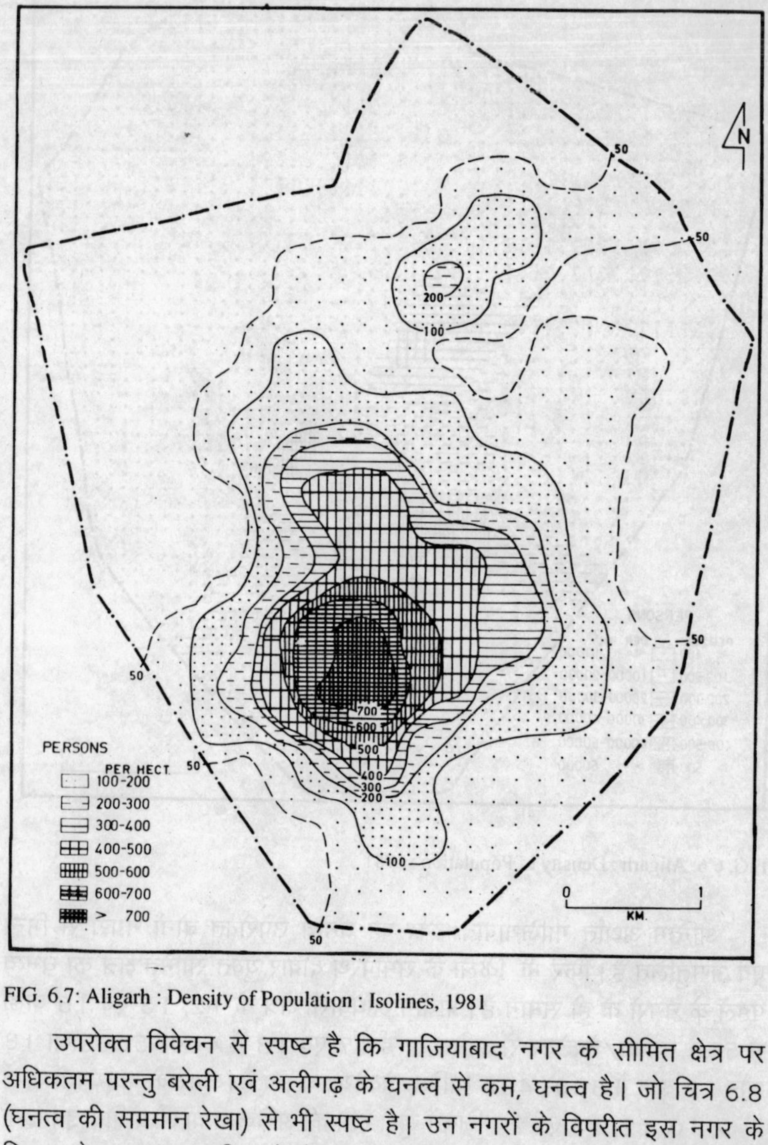

FIG. 6.7: Aligarh : Density of Population : Isolines, 1981

उपरोक्त विवेचन से स्पष्ट है कि गाजियाबाद नगर के सीमित क्षेत्र पर अधिकतम परन्तु बरेली एवं अलीगढ़ के घनत्व से कम, घनत्व है। जो चित्र 6.8 (घनत्व की सममान रेखा) से भी स्पष्ट है। उन नगरों के विपरीत इस नगर के विस्तृत क्षेत्र पर 50 व्यक्ति/हेक्टेयर की रेखा फैली हुई है जबकि सर्वाधिक 500

व्यक्ति से अधिक की सममान रेखा न्यून क्षेत्र पर। अन्य मान (200–300) की रेखाएं भी सीमित क्षेत्र पर हैं।

पहले के दो अध्यायों (4 एवं 5) के अध्ययन से घ्यातव्य एवं उपरोक्त व्याख्या तथा सारणी से भी स्पष्ट है कि नगर क्रोड के समीपस्थ क्षेत्र सर्वाधिक सघन, उसके बाहर के क्षेत्र में कम सघन जनसंख्या वितरण है। इन वार्डों की सामान्य विशेषताएं आक्रमणकारियों के भय से किला के आस पास सघन बसाव, वनों का उर्ध्व विस्तार, खुले भूमि का अभाव, एवं अन्य भू–उपयोगों का अभाव आदि है। वे वार्ड जो गत दशकों में नगर क्षेत्र के अन्तर्गत सम्मिलित हुए, जिनकी सामान्य विशेषताएं नियोजित कालोनियां, धनसम्पन्न लोगों के बंगले, सैनिक छावनी, खुले क्षेत्रों की अधिकता, औद्योगिक इकाइयों की स्थित, पार्क एवं क्रीड़ास्थल है, में घनत्व विरल है।

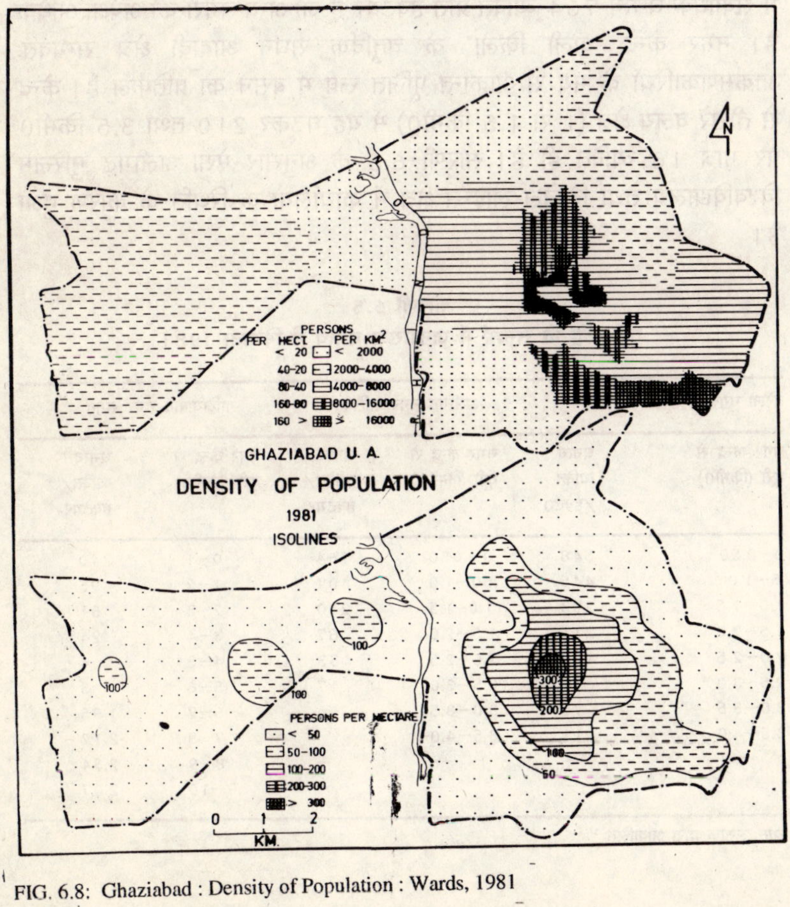

FIG. 6.8: Ghaziabad : Density of Population : Wards, 1981

घनत्व प्रवणता

बरेली नगर में सर्वाधिक जनसंख्या घनत्व 548 व्यक्ति प्रति हैक्टेयर नगर केन्द्र के चतुर्दिक आधे किमी0 की दूरी के क्षेत्र में जाया जाता है। नगर केन्द्र कुतुबखाना से दूरी–वृद्धि के साथ ही घनत्व में ह्रास प्रारम्भ हो जाता है। केन्द्र से 1.5 किमी0 बाद ही यह घनत्व घटकर 293 व्यक्ति हो गया तथा 4 किमी0 दूरी वलय पर घनत्व न्यूनतम 11 व्यक्ति तक पहुँच गया है। इस प्रकार 2 किमी0 से 3.5 किमी0 वलय क्षेत्र तक घनत्व में ह्रास मन्द है जो छावनी क्षेत्र के बाद आवासीय क्षेत्र की प्रधानता का प्रतिफल है। परिधिस्थ क्षेत्र में खाली भूमि की अधिकता तथा अन्य भू–उपयोगों की प्रमुखता के कारण घनत्व बहुत तीव्र गति से घटा है।

उपरोक्त नगर के विपरीत अलीगढ़ नगर के प्रथम वलय क्षेत्र (.5 किमी०) में सर्वाधिक घनत्व 764 व्यक्ति प्रति हेक्टेयर है जो अन्य नगरों की अपेक्षा अधिक हैं। नगर केन्द्र "वाली किला" के चतुर्दिक सघन आबादी क्षेत्र सम्भवतः आक्रमणकारियों के भय से आक्रान्त पूंजित रूप में बसने का प्रतिफल है। केन्द्र से तीसरे वलय क्षेत्र (1 से 1.5 किमी0) में यह घटकर 210 तथा 3.5 किमी0 पर मात्र 16 व्यक्ति ही है। सारणी 6.5 के अनुसार ऐसा अलीगढ़ मुस्लिम विश्वविद्यालय तथा सिविल लाइन्स क्षेत्र में कार्यालयों के स्थिति के कारण हुआ है।

सारणी 6.5

दूरी-वृद्धि के सन्दर्भ में जनसंख्या घनत्व में भिन्नता 1981

बरेली नगर समूह		अलीगढ़ नगर पालिका		गाजियाबाद नगर समूह	
नगर केन्द्र से दूरी (किमी0)	घनत्व व्यक्ति /हेक्टे0	नगर केन्द्र से दूरी (किमी0)	घनत्व व्यक्ति/ हेक्टेयर	नगर केन्द्र से दूरी (किमी0)	घनत्व व्यक्ति/ हेक्टेयर
0–0.50	548	0–.050	764	0–1	240
.5–1.0	445	.50–1.0	407	1–2	95
1.0–1.5	293	1.0–1.5	210	2–3	61
1.5–2.0	211	1.5–2.0	67	3–4	24
2.0–2.5	120	2.0–2.5	33	4–5	4
2.5–3.0	74	2.5–3.0	17	5–6	3
3.0–3.5	76	3.0–3.5	16	6–7	1.95
3.5–4.0	11	3.5–4.0–		7–8	2.12
	–	––	–	8–9	2.54
	–	–	–	9–10	2.07

स्रोतः लेखक द्वारा आंकलित

गाज़ियाबाद नगर के घनत्व प्रवणता में ह्रास दोनों नगरों से भिन्न है। किला प्रभाव क्षेत्र से बाहर घनत्व ह्रास दर कम है। नगर केन्द्र अर्थात् प्रथम वलय क्षेत्र में अधिकतम घनत्व 240 व्यक्ति/हेक्टेयर है जो तीव्र दर से घटते हुए 3 किमी० पर मात्र चौथाई ही रह जाता है। इसके बाद के वलय क्षेत्रों में 4 किमी० पर 24 व्यक्ति, 6 किमी0 पर 3 तथा 8 किमी0 पर 2 व्यक्ति/हेक्टेयर है। यह प्रवृत्ति नगराकार, औद्योगिक भू—उपयोग की प्रधानता एवं नियोजित कालोनियों के कारण परिलक्षित है।

गाजियाबाद नगर में भी तीव्र ह्रास का क्रम नयागंज (नगर केन्द्र) से 3 किमी० तक है। इस दूरी में 184 व्यक्ति का ह्रास हुआ है अर्थात् नगर केन्द्र में 240 व्यक्ति तथा 3 किमी० पर 76 व्यक्ति/हेक्टेयर घनत्व है। यह घनत्व मन्द दर से घटते हुए नगर के मध्य क्षेत्र के 6 किमी० पर 22 तथा परिधिस्थ क्षेत्र के 10 किमी0 पर 3 व्यक्ति/हैक्टेयर हो जाता है।

प्राचीन तथा नवीन नगरीय क्षेत्र अथवा केन्द्रीय एवं उपनगरीय क्षेत्र में विद्यमान भिन्नता द्विखण्डीय समाश्रयण द्वारा और भी अधिक स्पष्ट हो जाती है। बरेली तथा अलीगढ़ के समाश्रयण रेखा के प्रथम खण्ड के केन्द्र में क्रमशः 850 तथा 800 व्यक्ति/हेक्टेयर एवं 2 किमी0 पर 70 और 50 व्यक्ति/हेक्टेयर है जब कि द्वितीय खण्ड के शीर्ष अर्थात् 201 किमी0 80 व्यक्ति, 40 तथा परिधिस्थ क्षेत्र में 4 किमी0 पर 22 व्यक्ति एवं 9 व्यक्ति/हेक्टेयर है। यह प्रवृत्ति बरेली नगर के बड़े भाग (34%) पर सैनिक छावनी का विस्तार एवं केन्द्रीय भाग सघन बसाव के कारण खुले भूमि के अभाव एवं अलीगढ़ में भी समान विशेषताओं के फलस्वरूप प्रकट हुई है। फिर भी बरेली नगर की अपेक्षा अलीगढ़ नगर में यह भिन्नता कम है (चित्र 6.9 एवं 6.10)।

उपरोक्त दोनों नगरों की प्रवृत्ति से भिन्न गाजियाबाद के प्रथम खण्ड में तीव्र ह्रास तथा द्वितीय खण्ड में अति मन्द ह्रास परिलक्षित है। क्योंकि दोनों क्षेत्र (केन्द्र एवं उपनगरीय क्षेत्र) कार्यात्मक एवं संरचनात्मक दृष्टि से पूर्णत भिन्न है। फलतः समाश्रयण रेखा के प्रथम खण्ड के केन्द्र में 600 व्यक्ति तथा 5 किमी0 पर 10 व्यक्ति/हेक्टेयर है जब कि द्वितीय खण्ड के केन्द्र में (5,01 किमी0 पर) 10 व्यक्ति एवं 10 किमी0 पर मात्र 2 व्यक्ति/हेक्टेयर है (चित्र 6.11)।

प्रकीर्ण चित्र 6.9, 6.10 एंव 6.11 से स्पष्ट है कि केन्द्रीय वार्डों के न्यून क्षेत्रफल पर अधिक जनसंख्या की तुलना में उपनगरीय क्षेत्र के बार्डों में कम वर्ग विशेष में पायी जाने वाली सामान्य विशेषतायें लगभग समान है, परन्तु कुछ स्थानीय कारकों—कार्यात्मक एवं आर्थिक स्तर में कुछ भिन्नता है। यही कारण है कि तीनों

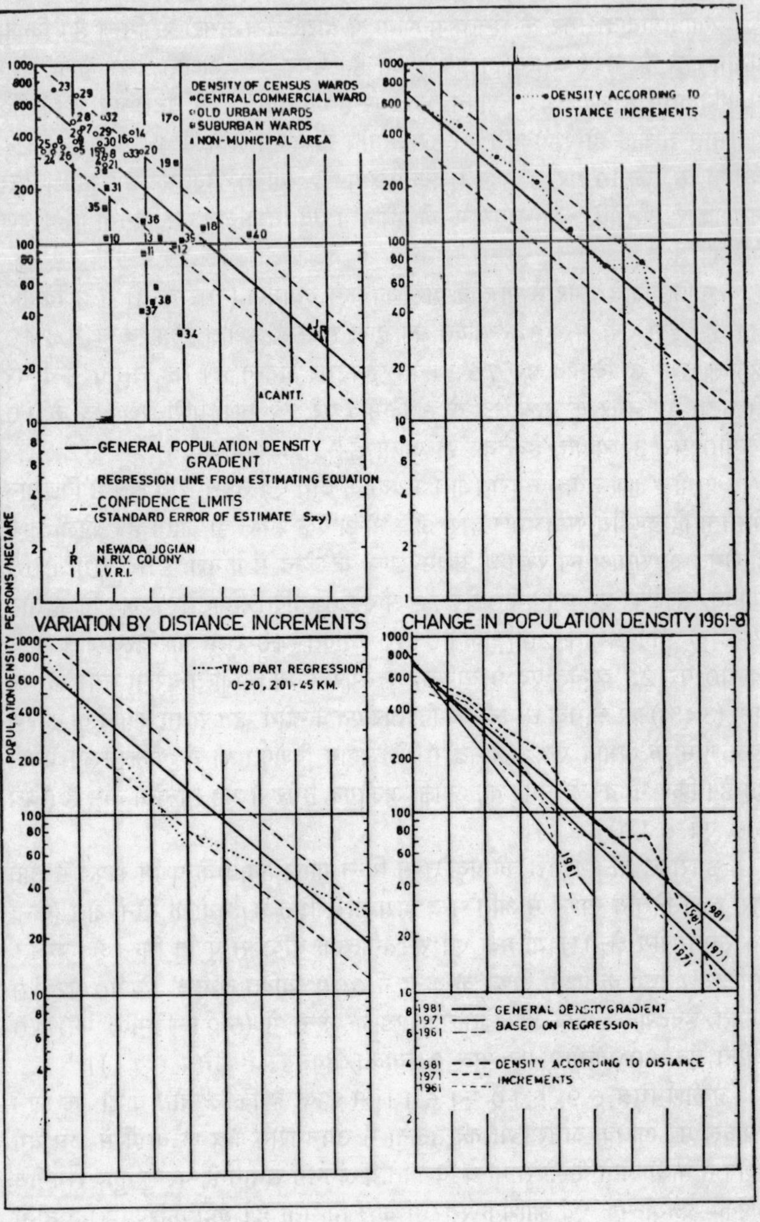

FIG. 6.9 : Bareilly : Population Density Persons/Hectare

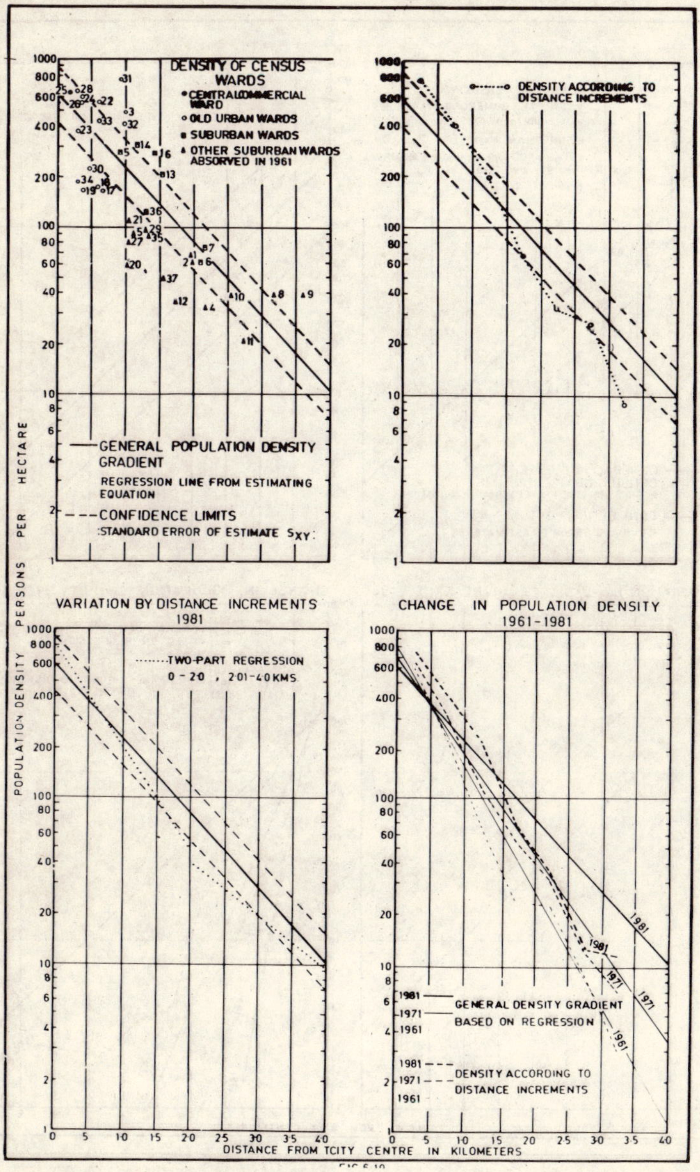

FIG. 6.10 : Aligarh : Population Density Persons/Hectare

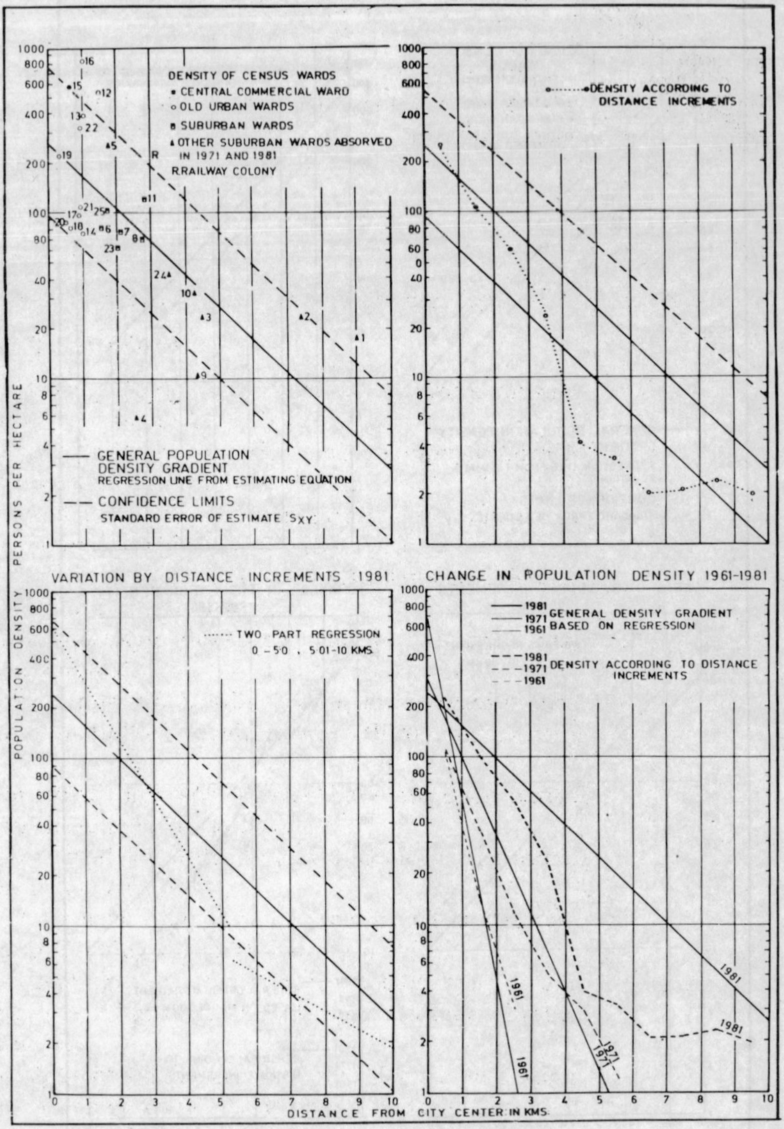

FIG. 6.11 : Ghaziabad : Population Density Persons/Hectare

नगरों की अधिकतम न्यूनतम घनत्व का अनुपात क्रमशः 41: 1, 47: 1 एवं 120: है।

समाश्रयण विश्लेषण

समाश्रयण विश्लेषण से यह स्पष्ट हो रहा है कि घनत्व दूरी संबंध सांख्यिकीय दृष्टिकोण से सार्थक है। बरेली नगर के आंकड़ों के सांख्यिकीय विश्लेषण से प्राप्त सहसम्बन्ध गुणांक (r) –.85, निश्चितता गुणांक .72 है। अलीगढ़ नगर में यह परिणाम क्रमश : –0.87, 0.76 तथा गाजियाबाद में कुछ कम –0.72 तथा 0.52 है। तीनों नगरों में एफ अनुपात एक प्रतिशत है।

सारणी 6.6 नगर केन्द्र से दूरी वृद्धि के अनुसार जनसंख्या घनत्व समाश्रयण प्रस्तुत करती है। समाश्रयण समीकरण में मान स्थापित करने पर बरेली नगर केन्द्र में 700 एवं एक किमी0 दूरी पर 290 व्यक्ति प्रति हेक्टेयर घनत्व प्राप्त है। इस तीव्र ह्रास के बाद मन्द ह्रास की प्रवृत्ति परिलक्षित है। यथा उपनगरीय क्षेत्र के 2.50 किमी0 पर 85 व्यक्ति तथा परिधिस्थ क्षेत्र के 4 किमी0 पर 25 व्यक्ति/हेक्टेयर है।

उपरोक्त प्रवृत्ति के समान अलीगढ़ नगर में भी जनसंख्या घनत्व समाश्रयण प्राप्त है। नगर केन्द्र अर्थात् शून्य दूरी पर 600 व्यक्ति/हेक्टेयर एवं 1.5 किमी0 पर घटकर 145 व्यक्ति ही रह जाता है। इस प्रकार तीव्र ह्रास का क्रम 1.5 किमी0 तक बना हुआ है। तदन्तर 3 किमी0 पर 27 व्यक्ति तथा अन्तिम दूरी 4 किमी0 पर 11 व्यक्ति/हेक्टेयर प्रकट होता है।

नगर केन्द्र के समीपस्थ वार्ड जिनका घनत्व 828 से 60 व्यक्ति/हेक्टेयर है, समाश्रयण रेखा तथा कुछ वार्ड विश्वास सीमा स्तर से भी ऊपर है। गाजियाबाद नगर के वार्ड विखराव प्रवृत्ति प्रकट करते हुए तीन पुजों में स्थित है।

समाश्रयण से विचलन

चित्र 6.9 के अवलोकन से स्पष्ट है कि बरेली नगर के लिए खींची गयी घनत्व वक्र सर्वप्रथम 2 किमी0 तक समाश्रयण रेखा से ऊपर है तदन्तर आधा किमी० (2.5 किमी० तक) के लिए समाश्रयण रेखा से नीचे चली आई है। यह प्रवृत्ति वार्ड 34 राम गंगा नदी से कुप्रभावित जैसी विशेषता के कारण हुई है बार्ड 34 एवं छावनी जैसी बाधा के पश्चात् घनत्व वक्र पुनः समाश्रयण रेखा से धनात्मक हो गई है परन्तु इससे भिन्न विशेषता वाले परिधिस्थ क्षेत्र में ऋणात्मक प्रतिरूप प्रदर्शित है।

सारणी 6.6
नगरों में जनसंख्या घनत्व का समाश्रयण 1981

	बरेली नगर समूह		अलीगढ़ नगर पालिका		गाजियाबाद नगर समूह	
सांख्यिकीय इकाइयां	43		37		26	
आंकलित समीकरण						
Log *a*	2.8411		2.8420		2.4160	
Log *b*	–.3862		–.4072		–.1744	
Log *Sxy*	.1819		.1548		.5126	
	नगर केन्द्र से दूरी (किमी0)	घनत्व व्यक्ति/हेक्टेयर	नगर केन्द्र से दूरी (किमी0)	घनत्व व्यक्ति/हेक्टेयर	नगर केन्द्र से दूरी (किमी0)	घनत्व व्यक्ति/हेक्टेयर
	0	700	0	600	0	260
	.50	450	.50	380	1.0	175
	1.00	290	1.00	220	2.0	102
	1.50	195	1.50	145	3.0	76
	2.00	130	2.00	75	4.0	42
	2.50	85	2.50	45	5.0	25
	3.00	55	3.00	27	6.0	18
	3.50	40	3.50	18	7.0	11
	4.00	25	4.00	11	8.0	7
	4.50	18	—	—	9.0	4.5
	—	—	—	—	10.0	3.0
सहसम्बन्ध गुणांक	.85		–.87		–.72	
निश्चितता गुणांक	.72		.76		.52	
एफ अनुपात	1		1		1	

स्रोतः लेखक द्वारा आंकलित

अलीगढ़ नगर का भी घनत्व वक्र उपरोक्त नगर की तरह परिलक्षित है। नगर केन्द्र से 1.5 किमी0 तक समाश्रयण रेखा से ऊपर तथा इसके बाद नगर सीमा (4 किमी0) तक नीचे है। परन्तु 1 से 1.7 किमी0 तक विश्वास सीमा से भी ऊपर तथा 1.7 से 3 किमी0 तक नीचे की विश्वास सीमा स्तर से नीचे है। उपरोक्त प्रवृत्ति लोगों के निम्न आर्थिक स्तर एवं परिवहन के साधनों के सीमित होने का

प्रतिफल है। साथ ही सांस्कृतिक बाधाएं भी प्रभावित की हैं।

गाजियाबाद नगर का घनत्व वक्र इलाहाबाद नगर के घनत्व वक्र का अनुकरण कर रही है। नगर केन्द्र से मात्र आधा किमी0 तक यह समाश्रयण रेखा से ऊपर है तदन्तर परिधिस्थ क्षेत्र के 10 किमी0 तक नीचे है। नगर आकार, वार्ड 9 एवं 10 में औद्योगिक क्षेत्र की अधिकता के कारण 5 से 9 किमी0 तक घनत्व वक्र विश्वास सीमा स्तर से भी नीचे आ गई है।

समाश्रयण से अवशिष्ट

चित्र 6.12 एवं परिशिष्ट 7 से स्पष्ट है कि बरेली नगर में घनात्मक अवशिष्ट के क्षेत्र नगर केन्द्र से उत्तर—पश्चिम एवं दक्षिण—पूरब के प्राचीन भाग है। पूरब में स्थित 6 वार्ड विश्वास सीमा स्तर से भी ऊपर है जब कि पश्चिम क्षेत्र के अधिकांश वार्ड यथा 8, 9, 15, 22, 27, 28, 30 एवं 32 तथा रेलवे कालोनी धनात्मक अवशिष्ट को प्रदर्शित करते हुए समाश्रयण रेखा से ऊपर है।

ऋणात्मक अवशिष्ट का मुख्य क्षेत्र उपनगरीय एवं परिधिस्थ क्षेत्र के 14 वार्ड हैं। इनमें से छावनी, तथा वार्ड संख्या 1, 10, 11, 34, 35, 37—38 विश्वास सीमा स्तर से भी नीचे स्थित होकर विरलता को प्रदर्शित कर रहे हैं। वार्ड 12, 13, 36 के अतिरिक्त कुछ केन्द्रीय वार्ड 5, 6, 24 एवं 26 ऋणात्मक अवशिष्ट के रूप में समाश्रयण रेखा से नीचे हैं।

अलीगढ़ नगर के दोनों मानचित्रों (घनत्व एवं अवशिष्ट मानचित्र) के तुलनात्मक अध्ययन से स्पष्ट है कि जनसंख्या का अत्यधिक जमाव नगर के मध्य पश्चिम भाग में है। नगर के 8 वार्ड 3, 8, 9, 14, 16, 22, 28, एवं 31 विश्वास सीमा स्तर ऊपर है तथा इतने ही वार्ड समाश्रयण रेखा से ऊपर है। अर्थात् नगर के 16 वार्ड घनात्मक अवशिष्ट प्रदर्शित कर रहे हैं। यह प्रवृत्ति सम्भवतः परम्परागत उद्योगों की स्थित के कारण परिलक्षित हुई है।

ऋणात्मक अवशिष्ट का मुख्य क्षेत्र दिल्ली—कानपुर रेल मार्ग के पूरब का सम्पूर्ण क्षेत्र (वार्ड 8 एवं 9 के अतिरिक्त) दक्षिण तथा पश्चिम के बाह्यवर्ती क्षेत्र हैं। तीव्र घनत्व प्रवणता तथा अन्य भू—उपयोगों की प्रधानता के कारण केन्द्रीय वार्ड 17—19, 23, 30 एवं 34 भी ऋणात्मक अवशिष्ट को प्रदर्शित कर रहे हैं। अधिक अवशिष्ट अथवा विश्वास सीमा स्तर के नीचे वाले वार्ड 4, 12, 17—19, 21, 27, 29, 34 एवं 37 है जबकि वार्ड 1, 2, 6, 10 एवं 36 समाश्रयण से नीचे है (चित्र 6.13)।

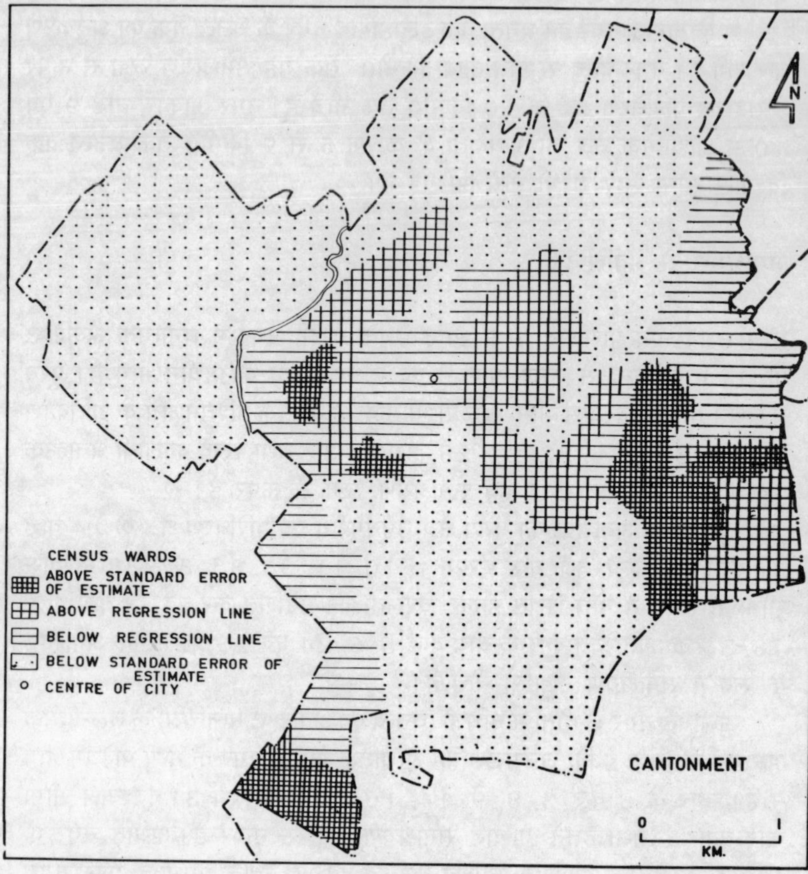

FIG. 6.12: Bareilly : Residuals from Regression of Population Density 1981

गाजियाबाद नगर में उपरोक्त दोनों नगरों के समान मध्यवर्ती नगर क्षेत्र के प्राचीन वार्ड सीमित क्षेत्र पर अधिकतम जनसंख्या के साथ घनात्मक अवशिष्ट को प्रदर्शित कर रहे हैं। नगर के 25 वार्डों में 9 वार्ड घनात्मक अवशिष्ट तथा शेष ऋणात्मक अवशिष्ट के रूप में स्थित है। इनमें से 12 एवं 16 विश्वास सीमास्तर से ऊपर तथा वार्ड संख्या 1, 2, 5, 11, 13, 15, एवं 22 समाश्रयण रेखा से ऊपर हैं।

ऋणात्मक अवशिष्ट के क्षेत्र सम्पूर्ण बाहयवर्ती वार्डों (वार्ड 1 एवं 2 के अतिरिक्त) सहित केन्द्र के दो वार्ड 14 एवं 19 भी हैं। मात्र दो वार्ड मिर्जापुर

एवं सिंहानी विश्वास सीमा स्तर से नीचे प्रदर्शित हैं। वार्ड संख्या 3, 6, 7, 10, 18–19, 24–25 भी ऋणात्मक अवशिष्ट वर्ग में ही आते हैं (परिशिष्ट 9)।

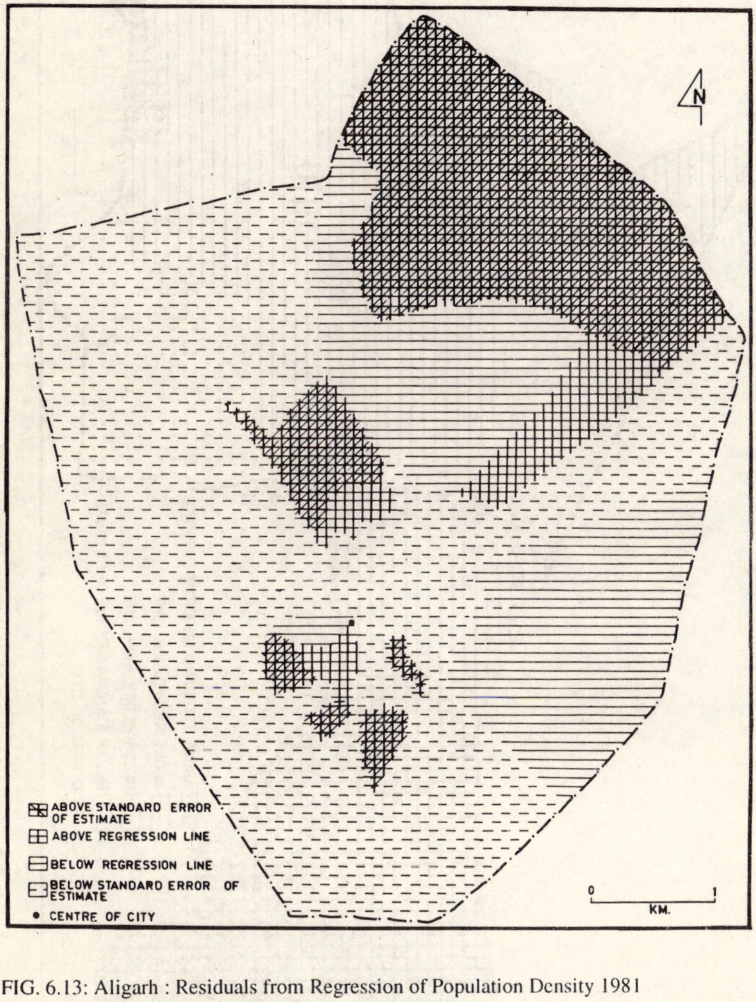

FIG. 6.13: Aligarh : Residuals from Regression of Population Density 1981

तीनों नगरों के अवशिष्ट मानचित्रों के तुलनात्मक अध्ययन से स्पष्ट है कि केन्द्रीय वार्ड अधिक घनत्व युक्त होने के कारण धनात्मक अवशिष्ट को प्रदर्शित

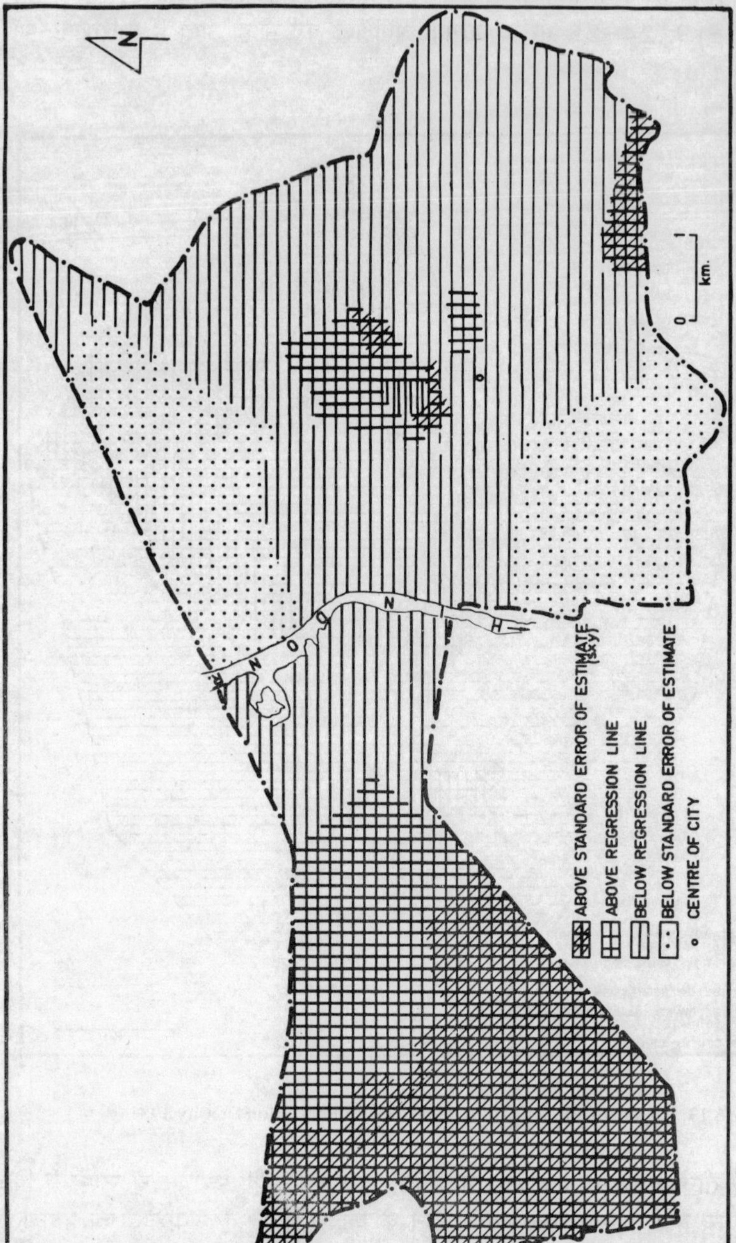

FIG. 6.14: Ghaziabad : Residuals from Regression of Population Density 1981

करते हुए विश्वास सीमा स्तर या समाश्रयण रेखा से ऊपर है। अपवाद स्वरूप कुछ वार्ड वस्तुतः जिनमें घनत्व अधिक है ऋणात्मक अवशिष्ट को प्रदर्शित कर रहे हैं। इसके विपरीत विस्तुत भू–उपयोग वाले सम्पूर्ण बाह्यवर्ती वार्ड जिनमें अवासीय क्षेत्र अधिक हैं, ऋणात्मक अवशिष्ट का प्रदर्शन कर रहे हैं।

घनत्व प्रवणता परिवर्तन

नगरान्तरिक वृद्धि प्रतिरूप में परिवर्तन का सामान्यीकरण करने के लिए तृतीय समूह के नगरों की 1961–81 तक की वृद्धि को आधार माना गया है। घनत्व वक्र घनत्व प्रवणता में परिवर्तन के साथ-साथ कुल जनसंख्या में वृद्धि को भी प्रदर्शित करता है।

कालिक संदर्भ में घनत्व परिवर्तन को विश्लेषित करने के लिए बरेली नगर की घनत्व रेखाओं (1961, 1971 एवं 1981) की व्याख्या की गयी है। नगर केन्द्र कुतुबखाना से आधे किमी0 क्षेत्र में तीनों जनगणना वर्षों के बीच घनत्व 460 से बढ़कर 548 व्यक्ति/हेक्टेयर हो गया है, अर्थात् कुल 88 का अन्तर है। उदाहरणार्थ केन्द्र में स्थित वार्ड संख्या 27 का घनत्व 1971 में 568 से बढ़कर 1981 में 693 व्यक्ति/हेक्टेयर हो गया। इस प्रकार केन्द्रीय वलय के घनत्व में सतत् वृद्धि होते हुए भी संदर्भित अवधि में कुतुबखाना से एक किमी0 तक घनत्व प्रवणता में चपटापन विद्यमान है। तदन्तर 2 से 3 किमी0 क्षेत्र में छावनी की स्थिति के कारण, जहां स्वतः इसकी जनसंख्या में धीमी वृद्धि देखी गई, घनत्व 7 व्यक्ति से बढ़कर 15 व्यक्ति ही पहुँच पाया। इसके बाद 3 किमी0 से आगे की दूरी वलय में क्रमागत बसाव में वृद्धि के कारण घनत्व वक्र अप्रत्याक्षित रूप से ऊपर चली गयी है। अनियोजित आवासीय निर्माण तथा जनोपयोगी सुविधाओं की उपलब्धता के कारण जनसंख्या इस क्षेत्र में बसने लगी। अस्तु 3 किमी0 से अधिक उपनगरीय वलय में जनघनत्व 1961 के 27 व्यक्ति से बढ़कर 120 व्यक्ति/हेक्टेयर हो गयी है (सारणी 6.7)।

अलीगढ़ नगर के भी घनत्व वक्र के परिवर्तन पर कुल जनसंख्या वृद्धि का प्रभाव पड़ा है। घनत्व प्रवणता में परिवर्तन को प्रदर्शित करने वाली तीनों रेखाओं को देखने से स्पष्ट है कि केन्द्र एवं उपनगरीय दोनों क्षेत्रों की जनसंख्या में वृद्धि हुई है। नगर केन्द्र से .5 किमी0 वलय क्षेत्र में 1961 के 612 व्यक्ति से बढ़कर 1981 में 764 व्यक्ति/हेक्टेयर हो गया है। इस क्षेत्र में बसने वालों की आर्थिक स्तर निम्न होने के कारण बाह्य क्षेत्र में निर्गमित न हो सके। इस दूरी के बाद

के क्षेत्र में पूर्वी भाग के सेवाकर्मियों के बसाव के कारण जनसंख्या घनत्व में तीव्र वृद्धि देखी गयी। फलतः 1.5 किमी0 तक की घनत्व प्रवणता में चपटापन प्रदर्शित है। 1.5 से 2 किमी0 के बीच अनेक कालोनियों के निर्माण से घनत्व वक्र में विद्यमान नतोदर स्वरूप परिवर्तित हो चुका है। अतः दो किमी0 पर घनत्व 25 व्यक्ति (1961) से बढ़कर 67 व्यक्ति/हेक्टेयर (1981) तथा 4 किमी0 पर 3 से बढ़कर 16 व्यक्ति/हेक्टेयर परिलक्षित है (सारणी 6.7)।

सारणी 6.7
नगरों में दूरी-वृद्धि के अनुसार घनत्व में परिवर्तन 1961-1981

नगर	जनगणना वर्ष	व्यक्ति प्रति हेक्टेयर (नगर केन्द्र से दूरी किमी0 में)									
		0.0–.50	.50–1.00	1.00–1.50	1.50–2.00	2.00–2.50	2.50–3.00	3.00–3.50	3.50–4.00	4.00–4.50	
बरेली	1961	460	385	183	109	27	—	—	—	—	
	1971	504	410	279	120	80	63	33	10	—	
	1981	548	445	293	211	120	74	76	11	—	
अलीगढ़	1961	612	238	66	25	22	9	3			
	1971	674	302	119	54	31	17	7			
	1981	764	407	210	67	33	17	16			
		0.0–1.00	1.00–2.00	2.00–3.00	3.00–4.00	4.00–5.00	5.00–6.00	6.00–7.00	7.00–8.00	8.00–9.00	9.00–10.00
गाजिया–बाद	1961	110	15	3							
	1971	116	37	12	5	3	1				
	1981	240	108	60	24	4	3	2.12	2.54	2.07	

स्रोतः लेखक द्वारा आंकलित

उपरोक्त दोनों नगरों की तुलना में गाजियाबाद नगर का क्षेत्रीय विस्तार एवं जनसंख्या वृद्धि अधिक तीव्र दर से हुई है (सारणी 6.1 एवं 6.2)। फलतः घनत्व परिवर्तन भी अपेक्षाकृत अधिक परिलक्षित है। इस परिवर्तन की व्याख्या तीन घनत्व रेखाओं (1961, 1971, 1981) द्वारा किया गया है। नगर का क्षेत्रीय विस्तार होने पर भी केन्द्र की जनसंख्या घनत्व 1961 के 110 व्यक्ति से बढ़कर 240 व्यक्ति (1981) हो चुका है। दूसरे शब्दों में 5 किमी0 वलय क्षेत्र में संदर्भित अवधि में 130 व्यक्ति/हेक्टेयर की वृद्धि अंकित की गई है। 1981 में 2 से 4.0 किमी0

के बीच घनत्व में तीव्र वृद्धि के कारण घनत्व वक्र उन्नतोदर रूप धारण कर लिया है। यह वृद्धि 2 किमी0 पर क्रमशः 3 व्यक्ति (1961) में 61 व्यक्ति (1981) 4 किमी0 पर संदर्भित अवधि में 5 से 24 व्यक्ति/हेक्टेयर है। यह प्रवृत्ति आवासीय भू–उपयोग की प्रधानता के कारण आई है। इसके विपरीत 4 से 5 किमी0 वलय के बीच अपेक्षाकृत कम वृद्धि प्रदर्शित है। यह प्रवृत्ति औद्योगिक क्षेत्रों की अधिकता, बाढ़ प्रभावित क्षेत्र तथा झीलों की स्थिति के कारण है।

उपरोक्त विश्लेषण एवं चित्र 6.9, 9.10 एवं 9.11 से स्पष्ट है कि समान आकार वाले नगरों–बरेली एवं अलीगढ़ में घनत्व परिवर्तन लगभग समान है। इन नगरों मे नगर केन्द्र से दो किमी0 तक घनत्व रेखा में चपटापन तदन्तर तीव्र जनसंख्या वृद्धि के कारण घनत्व वक्र का ऊपर उठ जाना समान विशेषताएं हैं। इसके विपरीत गाज़ियाबाद नगर में 5 किमी0 तक घनत्व प्रवणता का तीव्र दर और तत्पश्चात् मन्द दर आदि सामान्य विशेषता है।

उपयुक्त मॉडल

नगर क्षेत्र में घनत्व के असमान वितरण के कारण नगर केन्द्र से दूरी वृद्धि के अनुसार घनत्व परिवर्तन का आंकलन किसी एक मॉडल के संदर्भ में समीचीन नहीं है। परिवर्तन की तीव्र प्रतियोगिता में नगरीय संरचना भी तीव्र गति से परिवर्तित हो रही है। फलतः अलग–अलग ह्रास दर को व्यक्त करने वाले मॉडलों का सांख्यिकीय विश्लेषण आवश्यक है।

बरेली, अलीगढ़ एवं गाज़ियाबाद की जनसंख्या वितरण प्रतिरूप के आंकलन हेतु सारणी 6.8 में प्रस्तुत माडलों का मूल्यांकन किया गया है। प्रत्येक मॉडल द्वारा प्राप्त निश्चितता गुणांक घनत्व ह्रास दर को निश्चित करती है। इस प्रकार बरेली नगर के लिए प्रथम अंश ऋणात्मक घातीय मॉडल के अनुसार 72 प्रतिशत घनत्व परिवर्तन की व्याख्या कर रहा है। जब कि अन्य मॉडल क्रमशः 45, 48 एवं 25 प्रतिशत ही व्याख्या कर रहे हैं। इसी तरह का परिणाम अलीगढ़ नगर के लिए भी प्राप्त है। अर्थात् 73 प्रतिशत व्याख्या करने वाला प्रथम अंश ऋणात्मक घातीय मॉडल अधिक उपयुक्त है। अन्य मॉडल इससे कम व्याख्या कर रहे है (सारणी 6.8)।

उपरोक्त दोनों नगरों के विपरीत गाजियाबाद नगर के लिए द्वितीय अंश ऋणात्मक घातीय मॉडल सर्वाधिक उपयुक्त है। यह मॉडल 80 प्रतिशत घनत्व परिवर्तन की व्याख्या कर रहा है जब कि अन्य मॉडल क्रमशः 77 प्रतिशत 32

प्रतिशत एवं 23 प्रतिशत। इसका मुख्य कारण अद्यतन विस्तार के कारण खुले क्षेत्र की अधिकता, औद्योगिक इकाइयों, निर्माण के लिए छोड़े गये भूखण्ड, बाह्यवर्ती क्षेत्रों में नियोजित कालोनियां है।

नगरीय जनसंख्या घनत्व के मॉडल नगर विकास के किसी न किसी "अवस्था" का भी चित्रण करते हैं। नगर की प्रथमावरथा "युवावस्था" में क्लार्क का प्रथम अंश ऋणात्मक घातीय मॉडल उपयुक्त होता है क्योंकि उस समय अधिकाधिक लोग नगर केन्द्र के समीप रहना चाहते हैं। अतः बरेली एंव अलीगढ़ नगर विकास के प्रथमावस्था में ही है। इन नगरों का विस्तार हुआ है परन्तु जनसंख्या स्थानान्तरण न्यून है। पूर्व प्रौढ़ावस्था के समय नगरीय विस्तार होता है। नगर केन्द्र के आसपास घनत्व बढ़ जाता है तथा कुछ दूरी के पश्चात् ह्रास दर कम हो जाती है। यह अवस्था द्वितीय अंश ऋणात्मक घातीय मॉडल का प्रतीक है। इसके अनुसार गाजियाबाद नगर पूर्व प्रौढ़ावस्था में पहुँच चुका है।

सारणी 6.8

घनत्व पार्श्विक हेतु आंकलित समीकरण

नगर	मॉडल (समीकरण)	आंकलित समीकरण	निश्चितता गुणांक (प्रतिशत में)
	प्रथम अंश ऋणात्मक मॉडल	2.8411–ऋ.3862 x	72
	द्वितीय अंश ऋणात्मक घाती मॉडल	$2.9220-.1032\ x^2$	45
बरेली	वर्ग–मूल घातीय मॉडल	$3.025-.1232\ \sqrt{x}$	48
	क्वाड्रेटिक घातीय मॉडल	$3.6792-.2334_x$ $-.024\ x^2$	25
	प्रथम अंश ऋणात्मक घातीय मॉडल	$2.8420-.4072_x$	73
	द्वितीय अंश ऋणात्मक घातीय मॉडल	$2.3210-.3746\ x^2$	49
अलीगढ़	वर्गमूल घातीय मॉडल	$2.8834-.01892\ \sqrt{x}$	35
	क्वाड्रेटिक घातीय मॉडल	$1.7442-.4052_x$ $-.7170\ x^2$	30
	प्रथम अंशऋणात्मक घातीय मॉडल	$2.4160-.1744_x$	52
	द्वितीय अंश ऋणात्मक घातीय मॉडल	$2.5706-.1821\ x^2$	58
गाजियाबाद	वर्ग मूल घातीय मॉडल	$2.8253-.0921\ \sqrt{x}$	32
	क्वाड्रेटिक घातीय मॉडल	$3.1050-.0189\ x$ $-.0980_x{}^2$	23

REFERENCES

1. Lal, H. (1984): *Bareilly and Its Urban Fringe : An Urban Analysis*, Publ. Thesis, Gorakhpur University, p.6.

2. Siddiqui, J.M. (1981): *Aligarh District : A Historical Survey*, pp. 21-22.
3. Raizad, Km. K., "Class II Town of the Ganga Yamuna Doab: A case study in Urban Location, Historical Growth and Demography", Unpubl. Thesis, St. Jhon's College, Agra, p.80.
4. Newling, Bruce E. (1969): "The Spatial Variation of Urban Population Densities," *Geographical Review,* Vol. 59, No.2, pp.242-252.

नोटः आंकडे – (Census of India) के 1971 तक छपे रिपोर्टों पर आधारित हैं। 1981 के लिए आंकडे लखनऊ जनगणना निदेशालय द्वारा स्वतः प्राप्त किये गये हैं।

अध्याय 7

नगरों में आवासीय एवं घनत्व परिवर्तन की प्रवृत्ति

किसी समाज का आधुनिकीकरण मनुष्य की गतिशीलता, उनकी संख्या एवं विशेषताओं में क्षेत्रीय भिन्नता को बढ़ाने में सहायक होती है। मानव विकास की प्रत्येक अवस्था में गतिशीलता, जनसंख्या की एक आधारभूत विशेषता रही है। तथापि आर्थिक एवं तकनीकी उन्नति से निःसन्देह गतिशीलता वृद्धि का मार्ग प्रसस्थ किया, इनके कारण ही परिवहन–संचार साधनों की कार्यकुशलता में विस्तार हुआ और परिणामतः वृद्धिमान गतिशीलता से आवासीय परिवर्तन एवं घनत्व परिवर्तन संभव हुआ। फिर भी, सामान्य नियमानुसार नगर के निवासी स्थिर प्रकार का जीवन व्यतीत करते है, वृहत् संख्या में लोग प्रायः निवास स्थान बदलते रहते हैं जब कि अनेकानेक लोग निश्चित–अनिश्चित यात्रा में संलग्न रहते हैं।[1]

आवासीय परिवर्तन नगरीय कार्यात्मकता एवं स्वरूप में महत्वपूर्ण परिवर्तन लाता है। नगराकारिकी एवं कार्यिक संरचना से सम्बन्धित नगरीय परिवर्तनों की व्याख्या हेतु पारिवारिक गमनागमन का प्रगतिशील आर्थिक तंत्र एवं परिवर्तनशील वातावरण के संदर्भ में विश्लेषण महत्वपूर्ण है। विभिन्न भू–भागों पर स्थित संकेन्द्रणों में गतिशीलता नगरीय क्रियाकलापों की स्थिति एवं क्रियाशीलता में परिवर्तन होना स्वाभाविक है। इस परिवर्तन का प्रभाव नगराकारिकी एवं विशेषताओं पर भी पड़ता है।

दूसरी तरफ गतिशीलता या आवासीय गत्यात्मकता नगरीय विस्तार का एक मूलभूत तत्व है[2], जो मानवीय संबंधों से प्रभावित होती है। नगरीय वातावरण एवं जन समूह के बीच व्याप्त अन्तर्सम्बन्ध से समाज एवं संस्कृति प्रभावित होती है। नागरिकों की भूमि मूल्य प्रदान करने की क्षमता एवं स्थित उनकी क्षेत्रीय गतिशीलता की व्याख्या करती है परिणामस्वरूप नगर के विभिन्न भागों में समान विशेषताओं

एवं सामाजिक समरूपता का प्रादुर्भाव होता है। लोगों की आर्थिक स्थिति एवं स्वभाव प्रायः विश्व के विभिन्न भागों की विशेषताओं में भिन्नता पर प्रभाव डालती है और भिन्न–भिन्न नगरों में विषम परिस्थितिकी उत्पन्न करने में सफल होती है। अमेरिकी परिस्थितिकी सिद्धान्त जो एक नगर की सम्पूर्ण संरचना एवं गतिशीलता को समझने एवं व्याख्या करने के लिए आधार प्रस्तुत करता है, के द्वारा विश्व विभिन्न नगरों, मुख्यतः तृतीय विश्व के नगरों की गतिशीलता की व्याख्या हो सकेगी अथवा नहीं, सन्देहात्मक है। फिर भी, यह मान लिया गया है तथा मेकगी (McGee) के अनुसार तृतीय विश्व के समकालीन नगर पश्चिमी देशों के 19वीं सदी के इतिहास का अनुकरण कर रहे हैं। यह मत विकासशील राष्ट्र अर्थात् तृतीय विश्व के नगरो जो जनांककीय, आर्थिक एवं सामाजिक दृष्टि से भिन्न है, के लिए उचित माना जा सकता है।[3]

नगरान्तरिक आवासीय गत्यात्मकता का अध्ययन तथा तत्सम्बन्धी घटनाओं एवं प्रतिरूपों की खोज करना ही मुख्य दृष्टिकोण है। वर्गेस के मतानुसार एक नगर के विस्तार में विरतण का महत्वपूर्ण स्थान होता है जो स्थान परिवर्तन एवं व्यक्तिगत या सामूहिक रूप में आवास तथा व्यवसाय द्वारा पुनर्स्थापना का प्रतिफल माना जा सकता है।[4] नगर केन्द्र में अत्यधिक संकुलता एवं सघनता के कारण निवासी नगर बाह्य, जो नगर विस्तार के परिणास्वरूप सम्मिलित क्षेत्र के रूप में प्रकट होते हैं, में स्थानान्तरित होते हैं। फलतः नगर केन्द्र पर आवासीय परिवर्तन अधिक दृष्टिगत होती है। दूसरे शब्दों में नगरान्तरिक आवासीय परिवर्तन सामान्यतः नगर केन्द्र से उपान्तीय दिशा में ही निर्देशित होती है। पारिवारिक गमनागमन अर्थात्त एक असवास से दूसरे आवास में स्थानान्तरण आर्थिक–सामाजिक स्तर से सीधे सम्बन्धित होता है। उच्च सामाजिक–आर्थिक स्तर के नागरिक पूर्ववर्ती निम्नस्तर से स्थानान्तरिक होकर बाह्य नगरीय संभाग के समान स्तरीय निवास्यता वाले क्षेत्र में विस्थापित होते हैं।[5] आवासीय गत्यात्मकता में परिवार के आर्थिक स्तर का उन्नयन सबसे प्रमुख तत्व होता है। इसे अनेक विद्वानों ने अपने अध्ययन से सिद्ध किया है।[6] कुटुम्ब के आर्थिक स्तर में उन्नयन तथा परिवार के मुखिया की आयु में वृद्धि के मध्य उच्च सहसम्बन्ध विद्यमान हैं यह एक सामान्य धारणा बन चुकी है। फलतः दोनों में वृद्धि घटित होने पर आवास परिवर्तन की अधिक संभावना होती है जबकि इसके विपरीत रोसी[7] (1955) एवं कलिंगवर्थ[8] (1968) का मत है कि पुराने परिवार अपेक्षाकृत कम गतिशील होते हैं।

आर्थिक स्तर में उन्नयन के समान ही परिवार के सदस्यों की संख्या में बृद्धि के साथ आवासीय मांग में भी परिवर्तन होता है। यथा बड़े परिवार के लिए बड़े आवासों की माँग स्वाभाविक है। इसके औचित्य का समर्थन वेयर[9] (1958),

अलोन्सो[10] (1964) एवं कलिंगवर्थ[11] (1965) ने भी किया है। विनीक[12] के मतानुसार यह परिवार के आर्थिक स्तर में उन्नयन पर ही संभव है। उपरोक्त मतों के समान एक दूसरा मत भी प्रस्तुत किया गया है कि लोग अपने समान स्तरीय वाले क्षेत्र में बसना चाहते हैं। इस प्रकार आवासीय गत्यात्मकता की प्रक्रिया लोगों को अपने समानस्तरीय आवासीय क्षेत्र में आवास परिवर्तन योग्य बनाता है।[13] एक अध्ययन में सामाजिक–मनोवैज्ञानिक कारक को आवास परिवर्तन के लिए उत्तरदायी माना गया है।[14]

पारिस्थितिकीय सिद्धान्त

वर्गेस का संकेन्द्रीय पेटी (Concentric Zone) सिद्धान्त (1928). होयट का "खण्डीय (Sector) सिद्धान्त" (1939) तथा हेरिस का "बहुक्रोण (Multi Nuclear) सिद्धान्त" (1945) अमेरिकी नगरों के अध्ययन के लिए प्राचीन है लेकिन आधुनिक औद्योगिक प्रविधि पर आधारित सामाजिक एवं क्षेत्रीय गतिशीलता से युक्त तृतीय विश्व के नगरों के लिए उचित है या नहीं, एक प्रश्न बना हुआ है।

अल्प विकसित राष्ट्रों में जहां आवास कम एवं अल्प सुविधा युक्त तथा आवासीय परियोजनाएं अपूर्ण या क्रियान्वित नहीं हुई है, वहां आधुनिक भवन निर्माण से उत्पन्न परिणामों का जानना अति आवश्यक है। विकासोन्मुख राष्ट्रों में यह अध्ययन अत्यधिक सरलता पूर्वक नहीं किया जा सकता, फिर भी, आवासों के पुनर्निर्माण का पूर्वानुमान लगाया जा सकता हैं। उपरोक्त सिद्धान्तों के अनुसार नगरीय परिवर्तन निम्नवत् होता है:

(1) वर्गेस[15] के सिद्धान्त के अनुसार नगरीय परिवर्तन केन्द्र में जनसंख्या वृद्धि एवं तज्जनित भूमि उपयोग का परिणाम है। इनका विश्वास है कि नगरीय विकास एवं विस्तार का प्रमुख घटक विभिन्न सामाजिक समूहों का आप्रवास है। इन जनसमूहों में नगरीय भूमि के लिए प्रतिस्पर्धा के कारण संकेन्द्रण, विखराव, अलगाव एवं अतिक्रमण जैसे क्रमों के विकास को प्रोत्साहन प्राप्त होता है। इस प्रक्रिया में न्यून आय वाले जनसमूहों द्वारा उच्च आय वर्गीय जनसमूहों को प्रतिकर्षित किया जाता है।

(2) होयट[16] के सिद्धान्त के अनुसार नगरीय परिवर्तन यद्यपि नगरीय जनसंख्या दबाव का परिणाम है तथापि नगरीय स्थलों के उपयोग में परिवर्तन लाभ–अर्जन की आकांक्षा एवं अभिगम्यता के नगरान्तरिक वैभिन्य से सम्बन्धित होता है। होयट ने इसे फिल्टरिंग प्रक्रिया की संज्ञा दी है। इस प्रक्रिया की संकल्पना के संचालन को तीन विभिन्न उपागमों द्वारा समझा जा सकता है।

(1) नवीन आवास के निर्माण से,
(2) पूर्ववर्ती आवासीय इकाइयों को समाप्त या नष्ट करने से,
(3) परिवार के अप्रवास से,

नवीन आवास के निर्मित होने के पश्चात् यह किसी न किसी परिवार द्वारा अधिग्रहण किया जाता है। इस परिवार (अधिग्रहणकर्ता) के द्वारा छोड़ा गया आवास सामान्यतः आर्थिक स्तर में सुधार होने वाले परिवार द्वारा अधिग्रहण किया जाता है। इस प्रकार न्यून आय से उच्च आय की दिशा में संचलन प्रारम्भ होता है।

निष्कर्षतः उपरोक्त दोनों सिद्धान्त आवासीय परिवर्तन के पहलुओं संरचनात्मक या सामाजिक–वैज्ञानिक तत्वों से सम्बन्धित है। जोन्स्टन[17] ने पारिस्थितिकी सिद्धान्तों की आलोचना करते हुए लिखा है कि:

(1) नगर क्रोड में भू–उपयोग द्वारा अत्यधिक दबाव के कारण ही नगरीय परिवर्तन नहीं होता है क्योंकि प्रत्येक नगरवासी किराये के आवास में नहीं रहते अपितु स्वगृह निर्माण के पूर्व तक ही अस्थायी निवास करते है। अनेक उच्च आय वर्गीय परिवार अर्न्तनगरीय प्रवास में सीधे अपने ही आवास में स्थानान्तरित होते हैं। इन परिस्थितियों में वे नगरक्रोड या निकटवर्ती क्षेत्रों की अपेक्षा उपनगरीय क्षेत्र के खुले भाग को चुनते हैं।

(2) प्रत्यक्ष दिखलायी पड़ने वाले समूहों के आधार पर ही निष्कर्ष निकाले गये हैं।

मार्गन[18] के अनुसार रोसी ने फिलाडेल्फिया के अध्ययन में मात्र चार क्षेत्रों को चयनित कर विश्लेषण एवं निष्कर्ष प्रस्तुत किया है, जिसके आधार पर सम्पूर्ण नगर में घटित परिवर्तन प्रतिरूप को व्यक्त नहीं किया जा सकता।

पारिवारिक जीवन चक्र (Family Life Cycle)

आवासीय चयन एवं आवासीय स्थिति से सम्बन्धित साहित्य में परिवार एवं उसके आय के बीच व्याप्त सम्बन्ध का महत्वपूर्ण स्थान है। लासिंग[19] (1964) के अनुसार इसका सामंजस्यपूर्ण स्वरूप नवविवाहित युग्मों के बीच देखा जा सकता है। इन युग्मों द्वारा सर्वप्रथम नगर केन्द्र के उच्च घनत्व क्षेत्र में छोटे आवास की मांग देखी जाती है तत्पश्चात् आय एवं परिवार के सदस्यों की संख्या में वृद्धि के फलस्वरूप नगर के मध्य पेटी या नगर बाह्य के विस्तृत भाग पर बसते हुए पाये गये। सामान्यतः जब बच्चे युवा–श्रेणी में प्रवेश कर विवाहित होते हैं तब अपने पैतृक आवास को छोडकर प्रायः केन्द्र के आस–पास वाले क्षेत्रों में वापस आ जाते हैं।

डालिंग[20] ने इसका निकटतम् सम्बध कुटुम्ब के आर्थिक स्तर में सुदृढ़ता से जोड़ते हुए बताया कि पारिवारिक जीवन चक्र आर्थिक दृष्टि से सक्षम होने पर ही क्रियान्वित होगा। तथापि नये परिवारों (नवयुवक का परिवार) में इस प्रकार की प्रतिक्रिया देखी जा सकती है लेकिन आर्थिक एवं सामाजिक दृष्टि से पिछड़े तृतीय विश्व के नगरों में जो ग्रामीण जनसंख्या के आप्रवास से हाल में वृद्धि को प्राप्त हुए हैं, में इस माडल की संभाविता नगण्य है।

प्रश्न यह उठता है कि विकासशील देशों के नगरों, मुख्यतः भारतीय नगरों में किस सिद्धान्त के परिप्रेक्ष्य में नगरान्तरीय गतिशीलता क्रियाशील है? इसकी जानकारी प्राप्त करने के लिए लखनऊ महानगर के बाहरी विकास वाले इन्दिरा नगर सी ब्लाक के परिवारों को प्रतिदर्श रूप में चयनित कर निष्कर्ष निकाला गया है (चित्र 7.3)।

गतिशीलता प्रतिरूप

लखनऊ महानगर मध्य काल से ही जनसंख्या बसाव के आकर्षण का केन्द्र रहा है। 1930 में प्रदेश की राजधानी के यहां स्थानान्तरण से इसके महत्व में वृद्धि हुई। इस प्रकार नगर की जनसंख्या नगर के विकास के साथ–साथ दिन प्रतिदिन बढ़ती गयी। फलतः नगर का विकास गोमती नदी के दोनों ओर होने लगा। लखनऊ महानगर के सम्प्रति दसलाखी नगर श्रेणी में आने तथा बहुआयामी विकास के कारण अत्यधिक संख्या में लोगों का आव्रजन हुआ है। विभिन्न परियोजनाओं, निर्माण कार्य में अप्रत्याशित विस्तार ने नगर में जनवृद्धि के मार्ग को प्रसस्थ किया है। पहले के अधिवासी क्षेत्रों में अत्यधिक दबाव, लोगों के आर्थिक स्तर में उन्नयन एवं जनोपयोगी सुविधाओं की उपलब्धता के कारण नगर बाह्य में बसाव प्रारम्भ हुआ। सम्प्रति गतिशीलता प्रतिरूप के विश्लेषण में सर्वप्रथम परिवारों की आवृत्ति को विश्लेषित किया गया है।

आवृत्ति

क्षेत्र में परिवारों की उच्च गतिशीलता पायी गयी है। 1976–86 के बीच इस चयनित सी ब्लाक में कुल 522 परिवारों का आगमन हुआ है। इनमें से 411 परिवार नगर के विभिन्न वार्डों तथा 111 परिवार विभिन्न जनपदों से स्थानान्तरिक होकर आये थे। ये परिवार भी नगर के भीतर स्थानाभाव या अधिक किराया न दे सकने के कारण बाध्य होकर मुख्य नगर क्षेत्र से दूर बसे। कुल परिवारों की गतिशीलता प्रतिरूप नीचे की सारणी 7.1 से स्पष्ट है।

सारणी 7.1

सम्पूर्ण पारिवारिक गतिशीलता प्रतिरूप (1976–86)

गतिशील परिवारों का स्वरूप	उच्च आय वर्ग		मध्यम आय वर्ग		अल्प आय वर्ग	
	परिवार	कुल परिवारों का %	परिवार	कुल परिवारों का %	परिवार	कुल परिवारों का %
नगर से गतिशील	142	75.94	152	77.16	94	68.12
ग्रामीण क्षेत्र से गतिशील	—	—	—	—	13	9.42
स्थानान्तरण	35	18.72	45	22.82	31	22.42
कार्यालय	10	5.34	—	—	—	—
योग	187	100.00	197	100	138	100

स्रोत: 1986 के प्रश्नावली सर्वेक्षण पर आधारित

उच्च आय वर्ग

आर्थिक आधार उच्च आय वर्ग, मध्यम आय वर्ग एवं अल्प आय वर्ग पर निर्मित आवासीय कालोनियों में परिवारों के आगमन पर दृष्टि डालने से नगर क्षेत्र में बढ़ती जनसंख्याः का दबाव स्पष्ट हो रहा है।

उच्च आय वर्ग से कुल 187 परिवारों को प्रतीक रूप में चयनित किया गया है। 1976–86 के बीच कुल परिवारों के 75.94 प्रतिशत नगर क्षेत्र के विभिन्न वार्डों से आये। नगर क्षेत्र से आने वाले मात्र 10 परिवार तथा स्थानान्तरित होकर आए 35 परिवार किराये के आवास में रहते थे। इस प्रकार कुल परिवारों का 20.06 प्रतिशत किरायेदार के रूप में तथा शेष 79.94 स्वआवास में रहते थे। आये हुए परिवारों में 10 परिवार अपने भवन का प्रयोग स्कूल एवं आवास दोनों रूप में तथा नगर में स्थानाभाव के कारण 12 कार्यालय (8 नये 4 पुराने) भी स्थानापन्न हुए। चिकित्सक वर्ग (10 परिवार) भी अपने भवन का प्रयोग संयुक्त रूप से कर रहे हैं। इस प्रकार नगर से लाभार्जन हेतु कुल 20 परिवार आये।

किराये पर दिये गये भवनों की कुछ सामान्य प्रवृत्तियांः

(1) भवन स्वामी भवन निर्माण से पूर्व नगर में रहते थे, परन्तु स्थानान्तरित होकर अन्यत्र जा चुके हैं।

(2) कुछ भवन स्वामीरनगर के सरकारी या दूसरे कालोनियों में निवास कर रहे हैं।

(3) कुछ भवन स्वामी भवन के एक भाग में रहकर दूसरे भाग को किराये

पर भी दिये है।

(4) सेवानिवृत्त होने के पश्चात् अनेक अधिकारियों का गृह नगर होने के कारण दूसरे नगरों से आगमन हुआ है।

(5) प्रदेश सरकार ने भवनों को पट्टा पर लेकर अपने राजपत्रित अधिकारियों में वितरित किया है। ये परिवार नगर से ही आये हुए हैं।

(6) नगर क्षेत्र से निर्गमित कुल परिवार सघन क्षेत्रों से ही नहीं अपितु उच्च आवासीय क्षेत्रों यथा–हजरतगंज, सदर एवं महानगर से भी आये हैं।

इस प्रकार अभिजात्य वर्गीय परिवार भीड़ से बचने के लिए नहीं अपितु प्रतिष्ठा युग आकर्षक क्षेत्र तथा आर्थिक लाभ के लिए आवास परिवर्तित किए हैं। ऐसी प्रवृत्ति ढांका से संदर्भ में भी बतलाया गया है।

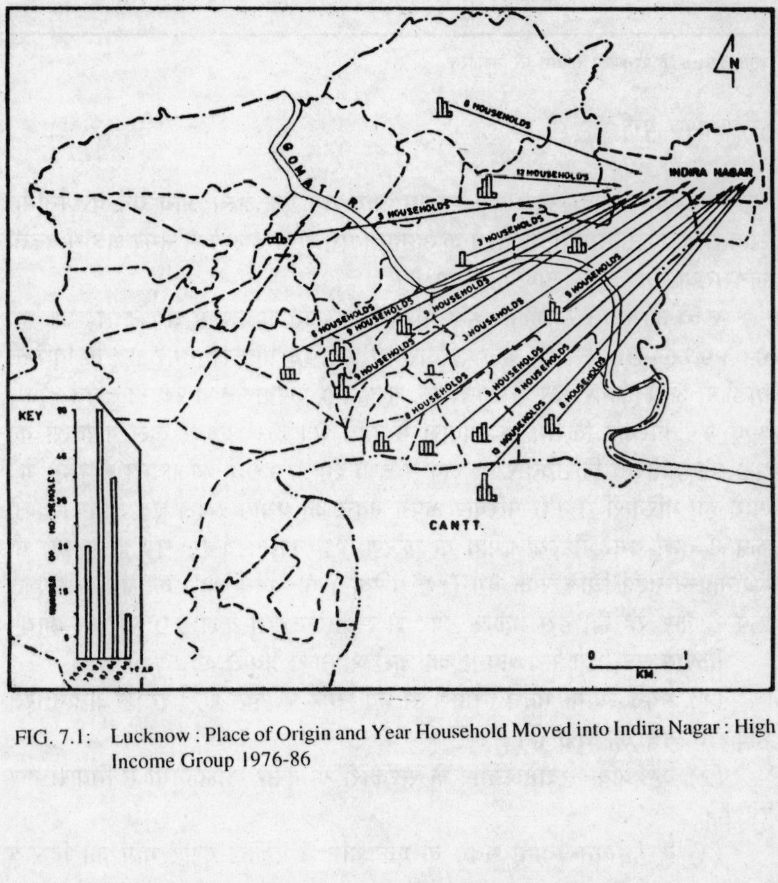

FIG. 7.1: Lucknow : Place of Origin and Year Household Moved into Indira Nagar : High Income Group 1976-86

सारणी 7.2

समय के सन्दर्भ में उच्च आय वर्गीय पारिवारिक गतिशीलता का उद्भव स्थल 1976-86

नगरीय वार्ड	गतिशीलता की अवधि				
	1976–78	1979–81	1982–84	1985–86	योग
अमीनाबाद	2	1	2	–	5
नरही	–	3	1	1	5
ख्यालीगंज	3	4	2	–	9
मकबूलगंज	–	1	–	–	1
अलीगंज	–	4	3	1	8
हुसेनगंज	3	3	3	–	9
न्यू–हैदराबाद	–	3	–	–	3
लालकूँआ	2	2	1	–	5
मौलवीगंज	2	4	3	–	9
चारबाग	2	3	4	–	9
महानगर	2	4	5	1	12
आलमबाग	–	2	2	–	4
चौक	1	3	4	1	9
कैण्ट	3	6	3	1	13
हजरतगंज	2	4	2	–	8
निशातगंज	1	3	1	2	7
राजेन्द्रनगर	2	2	1	1	6
गणेशगंज	–	2	–	2	4
पानदरीबा	–	1	1	–	2
वसीरतगंज	–	–	2	–	2
योग	25	55	40	10	130
कुल का प्रतिशत	19.29	42.31	30.77	7.69	100

स्रोत 1986 के प्रश्नावली सर्वेक्षण पर आधारित

मध्यम आय वर्ग

इस वर्ग में कुल 197 परिवारों को प्रतीक रूप में चयनित किया गया जिसमें 77. 16 प्रतिशत परिवारों का आगमन नगर से हुआ है। मात्र 22.8 प्रतिशत परिवार (45) स्थानान्तरित होकर विभिन्न जनपदों से आये हुए हैं। इनमें बैंक में कार्यरत परिवारों की अधिकता है। चूंकि इनके किराये का भुगतान बैंक करता है अतः अधिक

किराये का भुगतान करना समस्या नहीं होती। विभिन्न राजकीय विभागों द्वारा आवास विकास के माध्यम से भवनों का निर्माण करवा कर अपने कर्मचारियों में वितरित करने की भी प्रवृत्ति देखी गई, यथा विद्युत विभाग ने अपने कर्मचारियों में 35 फ्लैट वितरित किए है।

सारणी 7.3
नगर के सन्दर्भ में मध्यम आय वर्गीय पारिवारिक गतिशीलता का उद्भव स्थल 1976-86

नगरीय वार्ड	गतिशीलता की अवधि				
	1976—78	1979—81	1982—84	1985—86	योग
अमीनाबाद	1	6	3	2	12
डालीगंज	—	3	—	—	3
मकबूलगंज	1	—	2	1	4
एच0एल0 कालोनी	—	2	1	—	3
अलीगंज	—	2	3	2	7
हुसैनगंज	1	2	2	—	5
नरही	2	3	3	—	8
रकाबगंज	1	—	6	—	7
मशकगंज	—	2	5	—	7
मौलवीगंज	1	1	4	1	7
गणेशगंज	1	1	6	—	8
महानगर	1	2	4	3	10
चारबाग	—	—	2	2	4
आलमबाग	2	2	3	—	7
हजरतगंज	—	1	1	—	1
चौक	—	—	1	—	1
कैण्ट	—	1	3	—	4
राजेन्द्रनगर	1	1	2	1	5
न्यूहैदराबाद	—	1	2	—	3
निशातगंज	1	4	1	—	6
नजरबाग	—	—	2	—	2
याहियागंज	—	—	2	—	2
योग	13	34	57	12	116
कुल का प्रतिशत	11.21	29.31	49.14	10.34	100

स्रोतः 1986 के प्रश्नावली सर्वेक्षण पर आधारित

निम्न आय वर्ग

निम्न आय वर्ग के, जिसे "जनता कालोनी" के नाम रो जाना जाता है, 138 परिवारों को अध्ययन का आधार बनाया गया है। सम्पूर्ण परिवारों में 68.12 प्रतिशत परिवार नगरीय क्षेत्र के विभिन्न वार्डों से आये हैं, जब कि मात्र 24.46 प्रतिशत परिवार अन्य जनपदों से स्थानान्तरित होकर आये हैं (सारणी 7.1)। इस श्रेणी में एक नवीन प्रवृत्ति पायी गयी जो गत दो आय वर्गो के लोगों में नहीं है। इस श्रेणी में आये हुए कुल परिवारों में से 9.42 प्रतिशत परिवारों का आगमन समीपस्थ ग्रामीण अधिवासों से हुआ है। अतः यह प्रवृत्ति गांव से नगर की ओर पलायन तथा शिक्षा के प्रति जागरूकता का द्योतक है।

"जनता कालोनी" मात्र एक सफेद हाथी बनकर रह गया है, क्योंकि इस क्षेत्र में किराये पर रहने वाले परिवारों को 400—500 रूपये प्रतिमाह किराये का भुगतान करना पड़ता है। साथ ही कुछ भवनों को छोड़कर अनेक भवन सुसज्जित दो मंजिले हैं।

परिवारों का उद्‌भव स्थल

नगरान्तरिक गतिशीलता हेतु स्थल की उपयोगिता महत्वपूर्ण कारक होती है। दूसरे क्षेत्र की तुलना में किसी क्षेत्र का आकर्षण या अपकर्षण होना गतिशीलता के निर्णय को प्रभावित करता है। सम्प्रति आवासीय भूखण्डों की उपलब्धता प्राचीन नगरीय क्षेत्र से दूर नगर बाह्य क्षेत्रों में ही है, जिसके कारण बाह्योन्मुखी प्रवाह एक प्राकृतिक प्रवृत्ति हो गयी है। परिवहन सुविधाओं की उपलब्धता, वृहद औद्योगिक इकाईयां एवं व्यावसायिक क्षेत्रों के विकेन्द्रीकरण ने आवासों के विखराव को अधिक प्रोत्साहित किया है। नागरिकों में आवासों के प्रति तीव्र इच्छा, गन्तव्य स्थल का आकर्षण एवं जनोपयोगी सुविधाएं आदि स्थानान्तरण हेतु प्रभावकारी कारक है।

नगर की बढ़ती हुई जनसंख्या के लिए निरन्तर भूमि का अभाव होता रहा है। नगरीय सुविधाओं को समुचित बनाये रखने के लिए निकटवर्ती क्षेत्र के ग्रामीण अधिवासों का नगर सीमा द्वारा अधिग्रहण होता जा रहा है। सम्प्रति नगर का विस्तार चतुर्दिक हो रहा है, लेकिन उत्तरी, उत्तरी—पूर्वी तथा दक्षिण—पश्चिमी भाग में इसकी अधिक संभावना है। नगरवासी अपनी सुविधानुसार क्षेत्रो में बस रहे है। इस प्रकार इन्दिरा नगर में, नगर के मध्यवर्ती एवं उत्तर पूर्वी क्षेत्रों से आकर अधिक परिवार बसे है। आवासीय क्षेत्रों के चयन में मुख्यतः तीन कारक प्रभावी रहे है: (1) नगर के अन्य क्षेत्रों से भिन्न जनोपयोगी सुविधाएं एवं क्षेत्रीय विशेषताओं का प्रभाव, (2)

भवन की विशेषताएं–अपेक्षाकृत अल्प किराया एवं भवन लागत तथा (3) निवास करने वाले की पसन्द एवं क्षमता। यथा कुछ लोग अपने कार्य स्थल के आस–पास, कुछ लोग केन्द्रीय वाणिज्य क्षेत्र की सुविधाओं से प्रभावित होकर निकटवर्ती क्षेत्रों में बसना चाहते हैं। कुछ लोग नगर की भीड़ से दूर शान्त व खुले क्षेत्र में निवास करना अधिक पसन्द करते हैं। सामान्यतः प्रत्येक व्यक्ति अपनी आय और आवश्यकता को दृष्टिगत कर अच्छे आवास में ही निवास करना चाहते हैं।

सारणी 7.4

समय के सन्दर्भ में न्यून आय वर्गीय पारिवारिक गतिशीलता का उद्भव स्थलः 1976–86

नगरीय वार्ड	गतिशीलता की अवधि				योग
	1976–78	1979–81	1982–84	1985–86	1976–87
अमीनाबाद	2	4	2	2	10
नरही	2	4	3	—	9
ख्यालीगंज	1	2	—	1	4
अलीगंज	2	3	2	—	7
हुसेनगंज	—	1	2	—	3
न्यूहैदराबाद	2	2	2	1	7
मौलवीगंज	1	3	3	2	9
टिकतगंज	2	2	4	2	10
गणेशगंज	3	2	5	—	10
चौक	1	2	1	—	4
निशातगंज	2	2	1	—	5
हजरतगंज	1	2	1	—	4
बरफखाना	—	3	—	1	4
डालीगंज	1	2	4	—	7
योग	20	34	30	10	94
कुल गतिशील परिवारों का प्रतिशत	21.28	36.17	31.93	10.63	100.00

स्रोतः 1986 के प्रश्नावली सर्वेक्षण पर आधारित

उच्च आय वर्गीय 142 परिवारों के संचलन में सर्वाधिक 13 परिवार सैनिक छावनी से और 12 परिवार महानगर वार्ड से आये हैं, जबकि ख्यालीगंज, हुसेनगंज, मौलवीगंज, चारबाग एवं चौक से क्रमशः चार–चार परिवार गतिशील हुए। हजरतगंज, अलीगंज से 8–8 परिवार, निशातगंज से 7, राजेन्द्र नगर से 6, अमीनाबाद, नरही एवं लालकूँआं से 5–5 परिवार निर्गमित हुए। शेष वार्डों से 4 से 1 परिवारों का स्थानान्तरण हुआ (सारणी 7.2 एवं चित्र 7.1)।

मध्यम आय वर्ग में 12 परिवारों का निर्गमन अमीनाबाद से हुआ है जब कि महानगर वार्ड से 10 परिवार, नरही एवं गणेशगंज से क्रमशः 8 परिवार, अलीगंज, रकाबगंज, मशकगंज, मौलवीगंज, एवं आलमबाग वार्ड से क्रमशः 7 परिवार तथा निशान्तगंज से 6 परिवार स्थानान्तरित होकर इन्दिरा नगर में बसे। शेष वार्डों से 5 से कम परिवार निर्गमित हुए (चित्र 7.2, सारणी 7.3)।

निम्न आय वर्ग अर्थात् तृतीय अन्तिम समूह "जनता कालोनी" में अमीनाबाद, टिकतगंज एवं गणेशगंज से क्रमशः 10 परिवार, नरही एवं मौलवीगंज से क्रमशः 9 परिवार बसे। डालीगंज, अलीगंज, न्यूहैदराबाद, निशातगंज तथा हजरतगंज से 5 से 7 परिवार निर्गमित हुए। शेष वार्डों चौक, हुसेनगंज, ख्यालीगंज, बरफखाना से चार परिवारों से कम लोगों ने ही आवास परिवर्तन किया (चित्र 7.3, सारणी 7.4)।

उपरोक्त वर्णित परिवारों की गतिशीलता प्रवृत्ति के उद्भव स्थल के विवेचन से स्पष्ट है कि अधिकतम् परिवार नगर के मध्य पूर्वी क्षेत्र से स्थानान्तरित हुए हैं। इसमें उच्च आय वर्ग के परिवार महानगर, छावनी, हजरतगंज एवं ख्यालीगंज के स्वच्छ एवं सम्पन्न क्षेत्रों से आये हुए हैं जब कि द्वितीय एवं तृतीय समूह के परिवार नगर के मलिन या सघन बस्तियों से गतिशील हुए।

समय के सन्दर्भ में पारिवारिक गतिशीलता

प्रत्येक व्यक्ति अपनी आय एवं आवश्यकतानुसार बेहतर आवास में निवास करना चाहता है। फलतः नये पुराने अधिवासों में नये लोग आते रहते हैं। मलिन बस्तियों की संख्या में कमी आवास परिवर्तन से होता हैं न कि नव निर्माण से। यहां पारिवारिक गतिशीलता की व्याख्या 1976–1986 के बीच समय के संदर्भ में की गयी है।

विगत 10 वर्षों में (1976–86) कुल 340 परिवार नगर के विभिन्न वार्डों से स्थानान्तरित होकर इन्दिरा नगर के सी ब्लाक में अपने या किराये के आवास में बसे। इन सम्पूर्ण परिवारों में 1976–78 के बीच कुल परिवारों का 17.06 प्रतिशत, 1979 से 1981 के मध्य 36.18 प्रतिशत (123 परिवार),

1982–84 के मध्य 37.35 प्रतिशत (127 परिवार) तथा 1985–86 के मध्य मात्र 9.41 प्रतिशत (32) परिवारों का स्थानान्तरण हुआ।

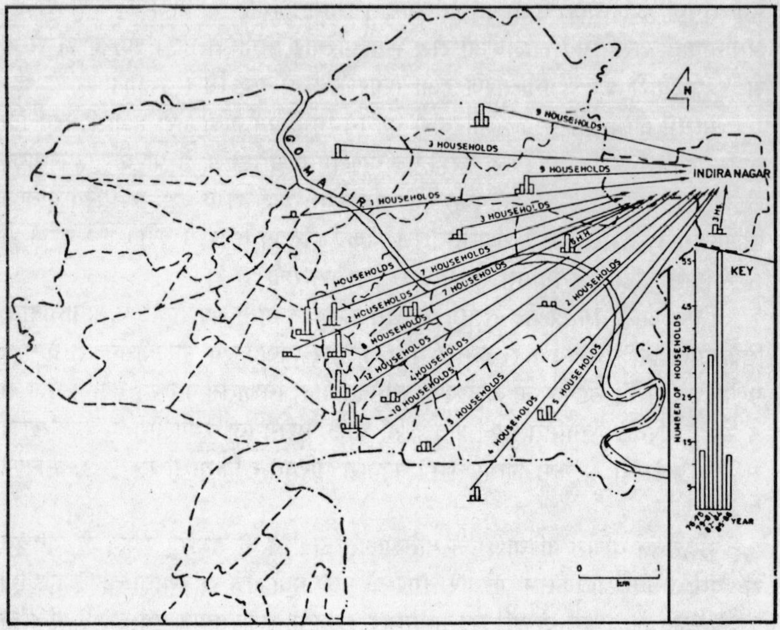

FIG. 7.2: Lucknow : Place of Origin and Year Household Moved into Indira Nagar 1976-86 : Medium Income Group

सारणी 7.5
समय के सन्दर्भ में नगरीय वार्डों से पारिवारिक गतिशीलता प्रतिरूप 1976-86

गतिशील पारिवारिक समूह	वर्ष					कुल गतिशील परिवार का प्रतिशत
	1976–78	1979–81	1982–84	1985–86	1976–86	
उच्च आय वर्ग	25	34	57	12	128	37.65
मध्यम आय वर्ग	13	55	40	10	118	34.70
अल्प आय वर्ग	20	34	30	10	94	26.65
सम्पूर्ण का योग	58	123	127	32	340	100.00
सम्पूर्ण परिवारों का प्रतिशत	17.06	36.18	37.35	9.41		100.00

स्रोत : 1986 के प्रश्नावली सर्वेक्षण पर आधारित।

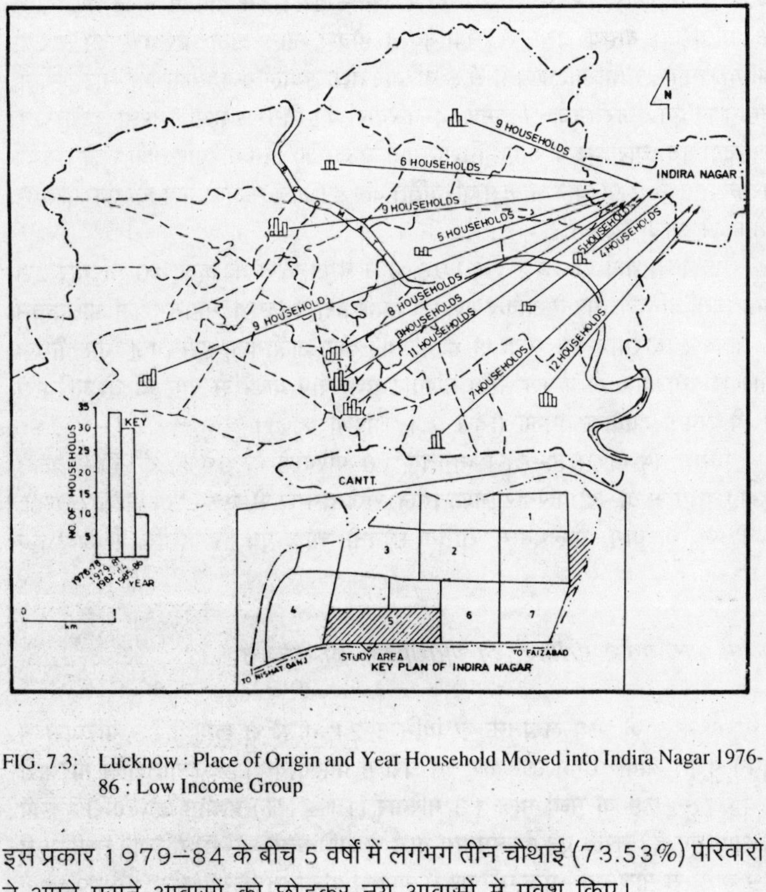

FIG. 7.3: Lucknow : Place of Origin and Year Household Moved into Indira Nagar 1976-86 : Low Income Group

इस प्रकार 1979–84 के बीच 5 वर्षों में लगभग तीन चौथाई (73.53%) परिवारों ने अपने पुराने आवासों को छोड़कर नये आवासों में प्रवेश किए।

उच्च आय वर्ग में पारिवारिक गतिशीलता की आवृत्ति

1976–78 के बीच दो वर्षों में नगर के विभिन्न वार्डों से 25 परिवार स्थानान्तरित हुए जिसमें ख्यालीगंज, छावनी एवं हुसेनगंज से क्रमशः 3 परिवारों तथा अमीनाबाद, लालकूआं, मौलवीगंज, चारबाग, महानगर, हजरतगंज एवं राजेन्द्रनगर से क्रमशः 2 परिवारों का योगदान था। निशातगंज एवं चौक से यहां मात्र एक–एक परिवारों ने अपना निवास स्थल बनाया।

1979–81 के मध्य नगर के विभिन्न क्षेत्रों से सबसे अधिक 55 अर्थात् 42.31 प्रतिशत परिवार सी ब्लाक में आकर बसे। इन वर्षों में नगर क्रोड क्षेत्र के अतिरिक्त बाह्य क्षेत्रों से सेवानिवृत्त होकर आने वाले परिवारों की संख्या अधिकतम है। सर्वाधिक छावनी से 6 परिवार तथा ख्यालीगंज, अलीगंज, मौलवीगंज, महानगर एवं हजरतगंज से क्रमशः 4 परिवारों का निर्गमन हुआ। नरही, हुसेनगंज, न्यूहैदराबाद, चारबाग चौक एवं निशातगंज से क्रमशः तीन परिवार तथा राजेन्द्रनगर बरफखाना से 2 परिवार आवास परिवर्तित कर इस क्षेत्र में आये जब कि एक परिवार चौक से आया हुआ है।

पहले दो वर्षों (1982 एवं 1984) में नगर केन्द्र के कुल 40 परिवार इस बाह्यवर्ती इन्दिरानगर में आकर बसे। इन परिवारों में क्रमशः महानगर से अधिकतम 5 परिवार, चारबाग एवं चौक से 4 परिवार तथा अलीगंज, हुसेनगंज, मौलवीगंज और छावनी वार्ड से क्रमशः तीन परिवार तथा शेष वार्डों से एक या दो परिवारों ने ही अपना आवास बदला (चित्र 7.1 सारणी 7.2)।

विगत वर्ष (1985–86) न्यूनतम 10 परिवारों (7.69%) का ही संचलन हुआ। इनमें से दो–दो परिवार निशातगंज, राजेन्द्रनगर से, एक–एक परिवार नरही, अलीगंज, चारबाग, आलमबाग, सैनिक छावनी, चौक एवं निशातगंज से आए हुए हैं।

मध्यम आय वर्गीय परिवारों की गतिशीलता की आवृत्ति

1976–86 के बीच लखनऊ के विभिन्न 21 वार्डों से कुल 116 परिवारों ने अपने पुराने आवासों को छोड़कर नये घरों में प्रवेश किया। इन गतिशील परिवारों में 1976–78 के मध्य मात्र 13 परिवार (11.21%) प्राचीन अधिवासित क्षेत्रों से आए हुए हैं। नरही एवं आलमबाग वार्ड से अधिकतम दो–दो परिवार तथा अन्य 19 वार्डों से मात्र एक–एक परिवार ने आवास परिवर्तन किया। पुनः 1979–81 के बीच पूर्व की अपेक्षा दो गुने से अधिक 34 परिवारों का स्थानान्तरण हुआ, जिसमें अमीनाबाद से अधिकतम 6 परिवार है। निशातगंज से 4 परिवार, डालीगंज, नरही से क्रमशः 3 परिवार तथा एच0ए0एल0 कालोनी, अलीगंज, हुसेनगंज तथा महानगर से दो–दो परिवार अपने पुराने घरों को छोड़कर नए घरों में बसे। शेष वार्डों से मात्र 1–1 परिवार ही है (सारणी 7.3 एवं चित्र 7.2)।

इस श्रेणी के गतिशील कुल परिवारों के 49 प्रतिशत परिवार 1982–84 के मध्य इन्दिरानगर में स्थानान्तरित हुए। इन दो वर्षों में रकाबगंज तथा गणेशगंज वार्डों से क्रमशः 6, मशकगंज से 5, मौलवीगंज, महानगर से 4–4 परिवार गतिशील

हुए हैं, जब कि शेष 16 वार्डों से दो या एक परिवार निर्गमित होकर इन्दिरानगर में आये (सारणी 7.3 एवं चित्र 7.2)।

अन्तिम चरण (1985–86) में कुल 12 परिवार यहां आए। महानगर से 3, अमीनाबाद, अलीगंज एवं चारबाग से दो–दो मौलवीगंज, राजेन्द्रनगर एवं मकबूलगंज से 1–1 परिवार इस मध्यम आय वर्गीय क्षेत्र में आकर बसे (सारणी 7.3 एवं चित्र 7.2)।

अल्प आय वर्गीय परिवारों की गतिशीलता की आवृत्ति

1976–86 के बीच 10 वर्ष की अवधि में नगर के 14 वार्डों से कुल 94 परिवार स्थानान्तरित हुए। 1976–78 के मध्य कुल 21.28 प्रतिशत परिवारों ने अपना आवास बदला। इनमें से गणेशगंज से 3 परिवार, अमीनाबाद, नरही तथा निशातगंज से 2–2 परिवार हैं। शेष 10 वार्डों से मात्र एक–एक परिवार ही आए।

1979–81 की अवधि में सर्वाधिक 34 परिवारों में से अमीनाबाद, नरही से चार–चार परिवार, अलीगंज, मौलवीगंज एवं वरफखाना से 3–3 परिवारों का इन्दिरानगर क्षेत्र में आगमन हुआ। शेष वार्डों से 2 या 1 परिवार गतिशील हुए। इसके बाद के दो वर्षों (1982–84) में कुल 30 परिवार ही गतिशील हुए। इस प्रकार यह अवधि आवासीय परिवर्तन में द्वितीय स्थान पर हैं। इनमें से गणेशगंज से 5 परिवार, डालीगंज, टिकतगंज से चार–चार परिवार तथा मौलवीगंज एवं नरही से क्रमशः 3 परिवार नये आवासों में बसे। अमीनाबाद एवं न्यूहैदराबाद से 2–2 परिवार तथा शेष 8 वार्डों से क्रमशः 1 परिवार निर्गमित हुए।

अन्तिम अवधि (1985–86) में विभिन्न वार्डों से स्थानान्तरित होने वाले परिवारों की संख्या मात्र 10 है जो अमीनाबाद, मौलवीगंज (दो–दो) न्यूहैदराबाद, हजरतगंज, ख्यालीगंज तथा बरफखाना (1–1 परिवार) से निर्गमित हुए हैं।

पारिस्थितिकी मॉडल एवं पारिवारिक गतिशीलता

वर्गेस के अनुसार नगरीय परिवर्तन, केन्द्र में जनसंख्या वृद्धि एवं तज्जनित भू–उपयोग दबाव का परिणाम है, जब कि होयट के अनुसार नगरीय परिवर्तन यद्यपि जनसंख्या दबाव का परिणाम है तथापि नगरीय स्थलों के उपयोग में परिवर्तन, लाभ अर्जन की आकांक्षा एवं अभिगम्यता के नगरान्तरिक वैभिन्य से सम्बन्धित होता है। पारिवारिक जीवन चक्र के अनुसार लध्वाकार परिवार (नवविवाहित) अथवा न्यून आय के कारण नगर केन्द्र के सघन क्षेत्र में बसता है। भविष्य में दोनों कारकों

में घनात्मक परिवर्तन होने पर नगर बाह्य के विस्तृत क्षेत्र पर बसने की प्रवृत्ति रो राम्बन्धित है।

उपरोक्त पारिवारिक गतिशीलता अथवा आवासीय परिवर्तन की व्याख्या 522 परिवारों के प्रतिदर्श सर्वेक्षण पर आधारित है।

उपरोक्त विश्लेषण से मुख्यतः तीन तथ्य स्पष्ट हुए हैं।

(1) नगर केन्द्र में जनसंख्या दबाव एवं रिक्त भूमि की अनुपलब्धता।
(2) परिवहन साधनों का विस्तार एवं उपलब्धता तथा जनोपयोगी सुविधाओं का विकेन्द्रीकरण एवं
(3) गतिशील परिवारों के आर्थिक उन्नयन से समान स्तरीय वातावरण में भवन–निर्मित करवाने या बसने की तीव्र इच्छा।

प्रस्तुत अध्ययन का मुख्य उद्देश्य नगर के आन्तरिक भागों से बाह्य क्षेत्रों में आवासीय परिवर्तन के स्वरूप तथा इसके घनत्व प्रवणता परिवर्तन पर प्रभाव को समझाना ही है। तथापि गतिशीलता की प्रवृत्ति के आधार पर कुछ सिद्धान्तों से इसे सम्बद्ध किया गया है।

नगर से आए 388 परिवार तथा स्थानान्तरित होकर आने वाले 111 परिवारों का उपरोक्त तीनों विशेषताओं के परिणामस्वरूप ही बाह्य क्षेत्र में बसाव हुआ है। इनमें से 22 परिवारों का (12 स्कूल हेतु 10 चिकित्सा हेतु) लाभार्जन की दृष्टि से ही नगरान्तरिक भाग से बाह्योन्मुख प्रसार हुआ है जबकि 60 भवनस्वामियों ने अपने गृह के एक भाग को किराये पर उठा रखा है। 40 भवन पूर्णरूपेण किराये के लोगों को ही प्रदान किए गये हैं। इनमें से 10 कार्यालय, 5 लघु–औद्योगिक इकाईयों, तथा 25 बैंक को पट्टे पर हस्तगत किए गये हैं। इस प्रकार लाभार्जन करने वाले कुल 122 परिवार है। इस प्रकार क्षेत्र में दोनों ही सिद्धान्तों का न्यूनाधिक प्रभाव है। फिर भी, वर्गेस का सिद्धान्त अधिक प्रभावी है, क्योंकि नगर क्षेत्र से आने वाले अथवा स्थानान्तरित होकर आने वाले परिवार नगर में स्थानाभाव के कारण ही इस क्षेत्र का चयन किए हैं।

गतिशीलता का कारण

प्रत्येक व्यक्ति अपने आय के अनुसार समान स्तरीय लोगों के बीच रहना चाहता है। यही इच्छा लोगों में गतिशीलता उत्पन्न करती है परन्तु यह गतिशीलता एक निश्चित कारक का प्रतिफल न होकर अनेक कारकों का योग होती है। अतएव

किसी समय विशेष में गतिशीलता के कारणों का निर्धारण करना कठिन है। साथ में बहुत से परिवारों के आवास परिवर्तन (गतिशीलता) के कारणों की व्याख्या अलग–अलग करना संभव नहीं हैं। इसलिए यहां सामन्यीकरण करके कुछ प्रमुख कारकों को प्रस्तुत किया जा रहा है।

(1) परिवहन सुविधा–परिवहन साधनों का विकास तथा उपलब्धता के परिणाम स्वरूप नगरीय जनसंख्या की विकेन्द्रीकरण की प्रवृत्ति प्रकट हुई है। इन्दिरानगर को इस कारक ने अत्यधिक प्रभावित किया है।
(2) विपणन केन्द्र की सुविधा भी नगर नियोजकों द्वारा प्रदत्त की गयी है। फलतः वहां के लोगों को वस्तुक्रय करने के लिए दूर नहीं जाना पड़ता। इसके अतिरिक्त दैनिक उपयोग की वस्तुएं भी सरलता से उपलब्ध हो जाती हैं।
(3) जनोपयोगी सुविधाओं–जलापूर्ति, विद्युत आपूर्ति की व्यवस्था।
(4) मनोरंजन स्थलों–क्रीड़ास्थल पार्क की व्यवस्था।
(5) भीड़, गन्दगी, शोर जैसी प्रदूषण तत्वों का अभाव।
(6) विभिन्न आय वर्गों हेतु शिक्षण संस्थाओं (कक्षा 8 तक) की व्यवस्था।
(7) चिकित्सा सुविधा–निजी चिकित्सा केन्द्र, नर्सिंग होम एवं राजकीय चिकित्सा केन्द्र की व्यवस्था।
(8) आवासीय लागत की किस्तों में भुगतान करने की सुविधा से निजी भवन निर्माण के प्रति लोगों में प्रबल इच्छा का जागृत होना।
(9) कार्य स्थल की समीपता, उपयुक्त आवास आदि तत्वों का अल्प प्रभाव है।

घनत्व प्रवणता परिवर्तन

आवासीय परिवर्तन के विश्लेषणोपरान्त घनत्व एवं घनत्व प्रवणता परिवर्तन की व्याख्या की गयी है। साथ ही यह भी देखा गया है कि घनत्व परिवर्तन का आवासीय परिवर्तन पर क्या और कितना प्रभाव पड़ा है। नगर के बहुमुखी विकास के कारण जनसंख्या निरन्तर बढ़ती रही है। इस प्रकार नगरीकरण अधिक नगरीकरण का स्वयं एक कारक है,[21] सिद्ध हुआ। निरन्तर बढ़ती हुई जनसंख्या के अनुसार लोगों का आर्थिक विकास एवं नगरों के निर्मित क्षेत्र का विस्तार न हो सका। फलतः पहले से बसी आबादी क्षेत्र दिन प्रतिदिन सघन से सघनतम होती गयी।

पीछे के तीन अध्यायों (4, 5 एवं 6) में नगरों की जनसंख्या वृद्धि औसत

जनसंख्या घनत्व, एवं दूरी–वृद्धि के सन्दर्भ में जनसंख्या घनत्व परिवर्तन की व्याख्या की जा चुकी है। ध्यातव्य है कि 1921 के पश्चात् नगरों की जनसंख्या में क्रमागत वृद्धि हुयी है, परन्तु क्षेत्रीय विस्तार के कारण औसत घनत्व परिवर्तित होता रहा है। यथा लखनऊ महानगर का 1951 में औसत घनत्व 75 व्यक्ति प्रति हेक्टेयर था जो 1961 में घटकर 42 व्यक्ति /हेक्टेयर हो गया। पुनः अगले दो दशकों 1971 एवं 1981 में यह घनत्व बढ़कर 63 एवं 69 व्यक्ति/हेक्टेयर हो चुका है जब कि 1951–81 की अवधि में 102 प्रतिशत जनसंख्या वृद्धि अंकित की गयी।

अध्याय 3 "नगरों में जनसंख्या वितरण प्रतिरूप" में लखनऊ महानगर के वार्डों का 1961–81 तक की जनसंख्या वितरण में परिवर्तन प्रदर्शित है। प्रस्तुत सारणी एवं व्याख्या से स्पष्ट है कि 1971 में 6 वार्डों तथा 1981 में मात्र 3 वार्डों में घनत्व परिवर्तन हुआ है। यह घनत्व परिवर्तन भी .29 व्यक्ति/हेक्टेयर से 37 व्यक्ति प्रति हेक्टेयर (1971) तथा एक व्यक्ति/हेक्टेयर से 38 व्यक्ति/हेक्टेयर (1981) के बीच है।

नगरीय वार्डों की सीमा परिवर्तन के कारण घनत्व परिवर्तन की विस्तृत व्याख्या संभव नहीं है। अतएव केन्द्रीय वलयों (Rings) के आधार पर जनसंख्या घनत्व परिवर्तन को आधार मानकर गत अध्यायों में व्याख्या की जा चुकी है। यहां संक्षिप्त रूप में लखनऊ महानगर के घनत्व वृद्धि को प्रस्तुत किया जा रहा है। महानगर केन्द्र के प्रथम वलय (.5 किमी0) क्षेत्र में 1961 में 365 व्यक्ति/हेक्टेयर घनत्व था जो 1971 एवं 1981 में बढ़कर क्रमशः 507 एवं 523 व्यक्ति/हेक्टेयर हो गया। इस प्रकार इस क्षेत्र में 158 व्यक्ति/हेक्टेयर (43 प्रतिशत) घनत्व की वृद्धि हुई। इस तरह परिधिस्थ क्षेत्र 4.5 किमी0 पर संदर्भित अवधि में क्रमशः 2 व्यक्ति/हेक्टेयर (1961) से बढ़कर 15 व्यक्ति/हेक्टेयर (1981) हो गया। फलतः यहां 13.38 प्रतिशत जनसंख्या घनत्व वृद्धि अंकित की गयी। इस प्रकार दोनों क्षेत्रों के जनसंख्या घनत्व में 42.28 प्रतिशत तथा 13.38 प्रतिशत की वृद्धि हुई। अन्य नगरों में भी समान वृद्धि देखी गई है (अध्याय 4, 5 एवं 6)। नगर के परिधिस्थ क्षेत्र में जनघनत्व के कम वृद्धि का कारण सैनिक क्षेत्र जैसे निषिद्ध क्षेत्र गोल्फ मैदान, एवं अन्य सांस्कृतिक बाधाओं सहित नियोजित कालोनियों, धनसम्पन्न लोगों के बंगले, एक आवास में एक परिवार के रहने की प्रवृत्ति एवं खुले क्षेत्र हैं। इसके विपरीत नगर के प्राचीन अधिवासी क्षेत्र में स्थानाभाव के कारण उर्ध्व विस्तार, एक आवास में अनेक परिवारों के रहने की वाध्यता, अधिक भूमूल्य के कारण लघु भूखण्ड पर भवन का निर्माण, अधिक किराये के कारण छोटे भवनों का प्रयोग खुले क्षेत्र का अभाव अनियोजित सघन आवास अन्य भू–उपयोगों की

न्यूनता आदि विशेषताएं हैं।

घनत्व प्रवणता में परिवर्तन (1961–81)

नगर की सीमाओं के भीतर न केवल जनसंख्या घनत्व का वितरण असमान है अपितु समय के साथ परिवर्तनशील भी है। इसके पहले इस सामन्यीकरण की व्याख्या की जा चुकी है कि "नगर केन्द्र से दूरी वृद्धि के साथ जनसंख्या घनत्व में ह्रास होता है"। यहां इस सामन्यीकरण की व्याख्या की जायेगी कि समयावधि में जनसंख्या घनत्व प्रवणता में ह्रास होता है अथवा नहीं। न्यूलिंग, बेरी, विन्सवर्घ ने पश्चिमी देशों के नगरों के अध्ययनों परान्त घनत्व प्रवणता में ह्रास की पुष्टि की है जब कि भारतीय (एशियायी) नगरों के सन्दर्भ में इनका निष्कर्ष विपरीत है। भारतीय नगरों की घनत्व प्रवणता में ह्रास न होकर यह स्थिर रहकर उच्चमान युक्त हो जाती है। जब कि भारतीय भूगोलवेत्ता प्रकाशा राव[22] वेंगलूर नगर के अध्ययन द्वारा घनत्व प्रवणता में ह्रास की पुष्टि की है।

जनसंख्या वृद्धि की व्याख्या से स्पष्ट है कि जनवृद्धि केन्द्रीय एवं बाह्यवर्ती दोनों भागों में हो रही है। नगरों के केन्द्रीय भाग के अभिजात्य वर्गीय परिवारों द्वारा गृह खाली करने के पश्चात् उसे मध्यम आय वर्गीय परिवारों द्वारा अधिकृत किया जा रहा है। फलतः एक आवास में परिवारों की संख्या बढ़ती जा रही है। ये उच्च आय वर्गीय परिवार पहले से बेहतर आबादी क्षेत्रों में बस रहे हैं। अतः उपनगरीय क्षेत्र में जनसंख्या का बसाव होने पर भी घनत्व न्यून है।

लखनऊ महानगर की जनसंख्या घनत्व की तीन समाश्रयण रेखाएं (1961, 1971 एवं 1981) अल्प प्रवणता ह्रास के साथ उत्तरोत्तर स्थानान्तरित होती गयी हैं। 1961 में समाश्रयण रेखा के शीर्ष पर (केन्द्र में) घनत्व 300 व्यक्ति प्रति हेक्टेयर था जो 1971 में बढ़कर 500 एवं 1981 में 600 हो गया है (चित्र 4.3 एवं सारणी 7.6)। इस प्रकार दो दशकों (1961–71 एवं 1971–81) में घनत्व में 210 की वृद्धि हुई। इसके विपरीत, परिधिस्थ क्षेत्र के 5 किमी0 पर संदर्भित अवधि में क्रमशः 1.75 व्यक्ति, 4 एवं 14 व्यक्ति प्रति हेक्टेयर घनत्व है अर्थात् मात्र 12.25 की घनत्व वृद्धि देखी गयी। यह प्रवृत्ति उच्च आय वर्गीय परिवारों के बसाव तथा नियोजित आवासी कालोनियों के निर्माण के फलस्वरूप प्रकट हुई है। प्रशासनिक एवं व्यावसायिक क्रियाकलापों के फलस्वरूप इस वृद्धि ने सुन्दरता के प्रतीक लखनऊ नगर को भीड़युक्त बना दिया है। केन्द्रीय घनत्व में वृद्धि संभवतः तीन मंजिले भवनों तथा मलिन बस्ती के क्षेत्रों में निम्न आय वर्गीय लोगों के बसाव के कारण हुआ है।

उपरोक्त नगर के विपरीत इलाहाबाद नगर के केन्द्रीय घनत्व एवं घनत्व प्रवणता में ह्रास परिलक्षित होता है। यह सारणी 7.6 में प्रस्तुत घनत्व का समाश्रयण तथा घनत्व दूरी सहसम्बन्ध गुणांक में ह्रास एवं चित्र 5.3 से स्पष्ट है। इस नगर की घनत्व प्रवणता पर नगराकारिकी एवं सीमा के भीतर स्थित तीन सैनिक छावनियों का विशेष प्रभाव है। अतः इन बाधाओं से परे जनसंख्या का अधिकाधिक बसाव हुआ है। 1961 में नगर केन्द्र में घनत्व 450 व्यक्ति प्रति हेक्टेयर था जो 1981 में 400 व्यक्ति ही रह गया जबकि उपनगरीय क्षेत्र के 4.5 किमी0 पर यह घनत्व बढ़कर 1 व्यक्ति से 20 व्यक्ति प्रति हेक्टेयर हो गया है। इस प्रकार केन्द्र में 50 व्यक्ति प्रति हेक्टेयर का ह्रास तथा बाह्य क्षेत्र में 19 की वृद्धि परिलक्षित होती है। 1961 की घनत्व प्रवणता रेखा के बाद की दो रेखाएं (1971 एवं 1981) अल्प ह्रास के साथ ऊपर उठ गयी हैं। घनत्व प्रवणता के ह्रास में गाजियाबाद के पश्चात् इसी नगर का स्थान है। ये दोनों नगर आकार की दृष्टि से समान हैं फलतः घनत्व जन्य समरूप प्रवृत्ति भी प्रकट होता है।

बरेली नगर की तन समाश्रयण रेखाओं (चित्र 6.9 तथा सारणी 7.6) को देखने से स्पष्ट है कि 1961 की अपेक्षा 1981 की घनत्व प्रवणता में ह्रास हुआ है। दूरी–घनत्व के बीच सहसम्बन्ध गुणांक 1961 में –.95 था जो 1991 में घटकर –.85 हो गया है। चूंकि 1961 में बरेली नगर का विस्तार सीमित क्षेत्र पर था फलतः प्रवणता में तीव्रता देखी गयी यथा नगर केन्द्र पर घनत्व 725 तथा 3 किमी0 पर 35 व्यक्ति/हेक्टेयर है, जबकि 1971 एवं 1981 में संदर्भित दूरियों पर यह क्रमशः 680 एवं 700 व्यक्ति और 70 एवं 76 व्यक्ति/हेक्टेयर हो गया है। इस प्रकार 1961–81 के बीच केन्द्र में घनत्व ह्रास का अन्तर मात्र 25 व्यक्ति तथा उपनगरीय क्षेत्र के 3 किमी0 पर 41 व्यक्ति प्रति हेक्टेयर का अन्तर है। यह नगरीय क्षेत्र के विस्तार एवं इन क्षेत्रों में जनसंख्या, बसाव तथा पूर्ववर्ती ग्रामीण अधिवासों की तीव्र जनसंख्या वृद्धि के कारण संभव हुआ है। यथा नगर विस्तार 3 किमी0 से बढ़कर 4.5 किमी0 तक हो गया और इस दूरी पर घनत्व 1971 में 18 व्यक्ति प्रति हेक्टेयर से बढ़कर 1981 में 20 व्यक्ति प्रति हेक्टेयर हो गया है। फलतः 1961 की अपेक्षा 1981 की घनत्व प्रवणता में ह्रास घटित हुआ।

बरेली नगर की भांति अलीगढ़ नगर की जनसंख्या घनत्व प्रवणता में भी ह्रास परिलक्षित होता है। तीन जनगणना वर्षों (1961, 1971 एवं 1981) के बीच दूरी घनत्व के सहसम्बन्ध गुणांक में .09 का अन्तर है जो सारणी 7.6 के अवलोकन से स्पष्ट है। केन्द्रीय भाग में जनसंख्या घनत्व ह्रास के विपरीत उपनगरीय क्षेत्र के जनसंख्या घनत्व में वृद्धि देखी गई, यथा 1961 में जनसंख्या घनत्व

सारणी 7.6

नगरों में जनसंख्या घनत्व-समाश्रयण में परिवर्तन 1961–81

नगर/नगरीय समूह	जन–गणना वर्ष	सांख्यि–कीय इकाईयों की संख्या	व्यक्ति प्रति हेक्टेयर (नगर केन्द्र से दूरी किमी0 में)											सहसंबंध गुणांक	निश्चि–तता गुणांक	एफ अनुपात–
			0.0–0.5	0.50–1.0	1.00–1.5	1.50–2.0	2.0–2.5	2.5–3.0	3.0–3.5	3.5–4.0	4.0–4.5	4.5–5.0	5.0–5.5			
	1961	32	390	220	125	70	40	25	15	8	5	2.80	1.90	–.59	.33	*
लखनऊ	1971	32	500	410	185	120	72	45	27	18	10	6.5	4	–.71	.50	*
नगर समूह	1981	43	680	445	300	200	140	95	64	43	28	21	16	–.75	.56	*
	1961	27	325	200	120	60	32	18	8	4	2	1	—	–.68	.46	*
इलाहाबाद	1971	27	460	220	150	85	55	34	22	14	8	5	3	–.74	.54	*
नगर समूह	1981	42	400	290	200	150	110	77	52	38	26	20	15	–.73	.53	
	1961	16	725	400	200	110	60	35	—	—	—	—	—	–.95	.90	*
बरेली	1971	16	680	440	260	180	110	70	45	28	18	—	—	–.92	.85	*
नगर समूह	1981	42	700	450	290	195	130	85	55	40	25	18	—	–.85	.72	*
	1961	15	800	395	180	60	28	12	5.5	3	1.2	—		–.96	.92	*
अलीगढ़	1971	19	700	390	200	85	50	25	14	6.5	3.5	—		–.90	.81	*
म्यू0बो0	1981	37	600	380	220	145	80	45	27	18	11	—		–.87	.76	*
			0.0–1.0	1.0–2.0	2.0–3.0	3.0–4.0	4.0–5.0	5.0–6.0	6.0–7.0	7.0 8.0	8.0 9.0	9.0–10.0	10+			
	1961	9	680	50	40	—	—	—	—	—	—	—		–.97	–.94	*
गाजियाबाद	1971	12	290	100	30	12	4	1.5	—	—	—	—		–.82	–.67	*
नगर समूह	1981	25	260	180	102	80	42	25	18	11	7	4.5		–.77	–.59	*

* एफ अनुपात एक प्रतिशत।

समाश्रयण रेखा के शीर्ष पर 800 था जो 1981 में घटकर 600 व्यक्ति ही रह गया। इस प्रकार केन्द्र के घनत्व में 200 का ह्रास तथा उपनगरीय क्षेत्र में 13 की वृद्धि अंकित हुई। इसके विपरीत केन्द्रीय भाग के घनत्व में वृद्धि हुई परन्तु उपनगरीय क्षेत्र में तीव्र जनसंख्या वृद्धि के कारण घनत्व प्रवणता में ह्रास परिलक्षित है।

उपरोक्त वर्णित नगरों के घनत्व में परिवर्तन की तुलना में गाजियाबाद नगर की घनत्व प्रवणता में सर्वाधिक ह्रास देखी गयी। यह प्रवृत्ति नगरीय क्षेत्र में तीव्र विस्तार, नगर का नियोजित विकास एवं नगराकारिकी का प्रतिफल है। घ्यातव्य है कि गत दो दशकों में गाजियाबाद की जनसंख्या तथा उसका क्षेत्रीय विस्तार अन्य नगरों की अपेक्षा अधिक तीव्र पाया गया है। 1961 में नगर का विस्तार किला के चतुर्दिक मात्र 2.5 किमी0 तक था जो 1981 में बढ़कर 10 किमी0 तक हो गया। यही कारण है कि वर्ष 1961 की समाश्रयण रेखा लगभग उर्ध्व है तथा इसके शीर्ष पर 700 व्यक्ति तथा 2 किमी0 पर 4 का घनत्व प्रदर्शित था, जब कि 1981 में यह शीर्ष में घटकर 240 व्यक्ति तथा 2.0 किमी0 पर बढ़कर 100 व्यक्ति हो गया। अतः केन्द्र पर 400 की कमी एवं दो किमी0 पर 96 की बढ़ोत्तरी अंकित की गई। 1971 में संदर्भित दूरी पर यह घनत्व 290 तथा 5 किमी0 पर एक व्यक्ति प्रति हेक्टेयर था परन्तु 1981 के नगर विस्तार के कारण परिधिस्थ क्षेत्र के 10 किमी0 पर भी यह 1.90 हो गया (चित्र 6.11 तथा सारणी 7.6)। इसे सहसम्बन्ध मान द्वारा भी यथावत पाया गया है। 1961 में घनत्व दूरी सहसम्बन्ध –0.97 था जो 1981 में घटकर –0.77 ही रह गया।

उपरोक्त व्याख्या एवं चित्रों (6.8, 6.9 एवं 6.10) से स्पष्ट है कि घनत्व प्रवणता में सर्वाधिक ह्रास गाजियाबाद नगर में परिलक्षित होता है। नगरों का तीव्र क्षेत्रीय विस्तार होने पर पश्चिमी देशों के नगरों की तरह घनत्व प्रवणता में तीव्र ह्रास घटित न होकर न्यून ह्रास के साथ स्थिर है। इसका मुख्य कारण इन नगरों के केन्द्रीय भाग महत्वपूर्ण आवासीय क्षेत्र बने रहने के साथ–साथ विभिन्न रोजगार अवसरों को भी प्रदान करते रहे हैं। इनके नगर बाह्य विस्तृत, सघन गृह विहीन अधिवासों, तथा अल्प घनत्वयुक्त उच्च वर्गीय लोगों के भवनों की स्थिति के कारण पाश्चात्य नगरों की तुलना में न्यून घनत्व धारण किए हुए हैं। साथ ही नगरीय परिवहन का अपेक्षाकृत अल्प विकास आवासों के बाह्यवर्ती प्रसार को सीमित किए हुए है।[23]

भविष्य में घनत्व प्रवणता के भावी निर्धारक तत्व

उत्तर स्वतंत्रता काल में नगरीय विकास तथा नियोजनों के उद्देश्य से निर्मित

प्रशासकीय संस्थाओं, विकास बोर्ड, नगर निगम तथा आवास विकास ने नगरीय विकास को एक नया आयाम प्रदान किया है। अतः आवासीय बस्तियों, औद्योगिक तथा अन्य कार्यात्मक इकाइयों ने भी स्पष्ट एवं अलग रूपों में नगरीय आकारिकी में प्रवेश किया।

यातायात विकास के परिणामस्वरूप नगरों के बहिर्मुखी प्रसार की प्रवृत्ति को प्रश्रय मिला। नगरों का विस्तार सामान्यतः मार्गों के सहारे हो रहा है। सम्प्रति उन नगरों का विकास तीव्रतर है जिन्हें सभ्यता के साथ–साथ वस्तु निर्माण उद्योग का आधार प्राप्त है। उद्योग, नगर का एक प्रमुख कार्य होने के अतिरिक्त व्यापार तथा यातायात जैसे अन्य कार्यों का भी महत्वपूर्ण आधार है। वैज्ञानिक खोजों और यान्त्रिक अनुसंधानों के कारण वृहद मापक वाले कारखाने उद्योगों का विकास हुआ जिसमें एक बड़ी जनशक्ति की आवश्यकता हुई। परिणामस्वरूप इन क्षेत्रों में नगरीय जनसंख्या की वृद्धि प्राकृतिक वृद्धि के साथ ही ग्रामीण क्षेत्रों से स्थानान्तरण द्वारा सर्वाधिक हुई है। इस स्थानान्तरण हेतु ग्रामीण क्षेत्रों की चिन्तनीय अर्थव्यवस्था तथा भूमि पर जनसंख्या के अधिक दबाव उत्तरदायी है जब कि नगरों में बेहतर जिविकोपार्जन तथा सेवाओं की उपलब्धता आकर्षण का कारण है।

नगरीय विकास की वर्तमान व्यवस्था पूर्व की भांति न होकर नियोजित भी होता जा रहा है। प्रत्येक नगर के बाह्यवर्ती विकास हेतु जो मास्टर प्लान पर आधारित है, अब महत्वपूर्ण क्रियाकलापों के लिए भूमि सुनिश्चित कर दी जा रही है, तदनुसार परियोजनाओं को क्रियान्वित कर अधिवास निर्मित किए जा रहे हैं। इन परिस्थितियों को स्पष्ट करने के लिए लखनऊ मेट्रोपोलिस तथा अलीगढ़ महायोजना में निश्चित किए गये आवासीय क्षेत्रों, जो भविष्य के वृद्धिमान जनसंख्या के अनुसार आवंटित है, को प्रदर्शित किया गया है।

अलीगढ़ नगर का 1981 की जनसंख्या 320861 थी जो 2001 तक बढ़कर 6 लाख हो जायेगी, जिसके लिए भावी आवासीय व्यवस्था रामघाट मार्ग, कानपुर को जाने वाली जी0टी0 मार्ग के मध्य तथा दिल्ली जाने वाली जी0टी0 मार्ग एवं खैर रोड के मध्य की गई है। इसके अतिरिक्त वर्तमान आवासीय क्षेत्र के चतुर्दिक वृत्ताकार रूप में आवासीय विकास सीमित रूप में होगा। प्रस्तावित भूमि उपयोग (कुल भूमि 4980 हेक्टेयर) में 2200 हेक्टेयर या 44.2 प्रतिशत क्षेत्र आवासीय भवनों हेतु निर्धारित है।[24] (चित्र 7.4)

लखनऊ महानगर में भी वर्तमान आवासीय क्षेत्र 19.36 प्रतिशत (1961) को बढ़ाकर 40.34 प्रतिशत या 2318.41 हेक्टेयर (1996) कर देने का प्राविधान है। आवासीय क्षेत्रों का आवंटन वर्तमान नगर के चतुर्दिक किया गया है, बीच में यत्र–तत्र औद्योगिक क्षेत्र भी आते हैं।[25] साथ ही नगर महापालिका

द्वारा सीमांकित नगरीय क्षेत्र–अलीगंज, हसनगंज, नवाबगंज, कनौसी, सिंगारनगर, मिलावा के अतिरिक्त इन्दिरानगर भाग एक एवं दो, अलीगंज विस्तार, गोमतीनगर कालोनी, पी0ए0सी0 कालोनी को आवासीय क्षेत्र के रूप में निश्चित कर दिया गया है (चित्र 7.5)।

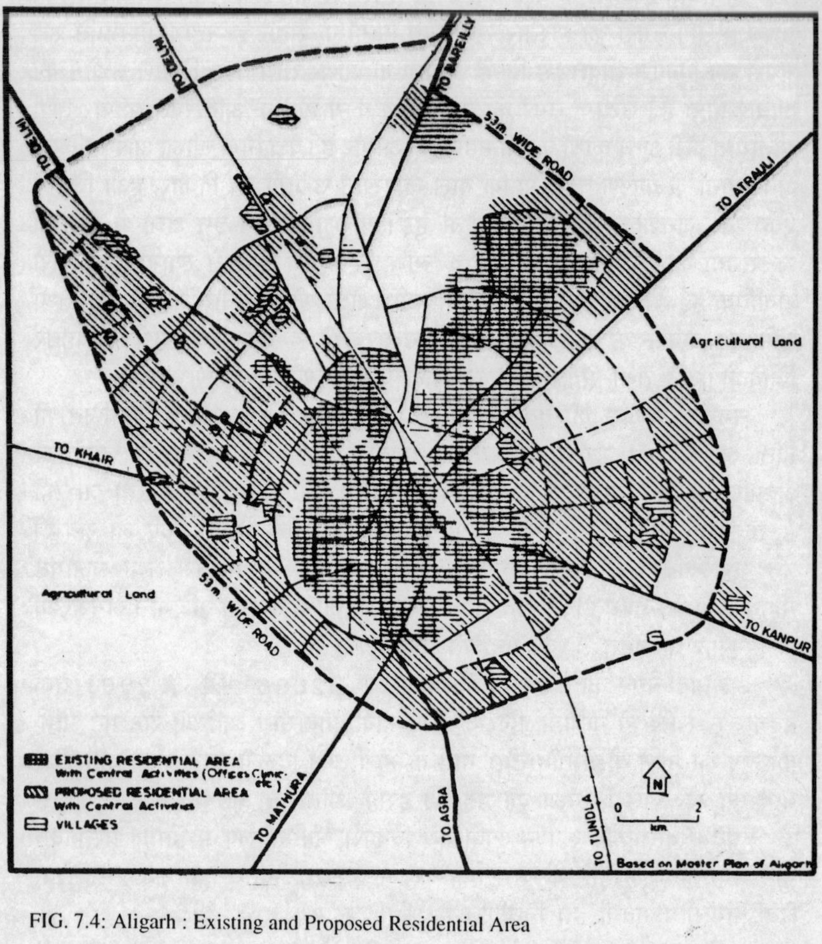

FIG. 7.4: Aligarh : Existing and Proposed Residential Area

अपनी उत्पत्ति की प्राथमिक अवस्था में नगर एक छोटे स्थल पर बसता है, लेकिन कालान्तर में नगरीय वृद्धि के प्रक्रिया के फलस्वरूप इसका भी विस्तार होता है। प्राचीन आवासीय क्षेत्र नदियों, किलों तथा समविशेषताओं के चतुर्दिक संकेन्द्रीय वलयों के रूप में विस्तृत हुए। परिवहन साधनों के विकास के साथ ही नगर का

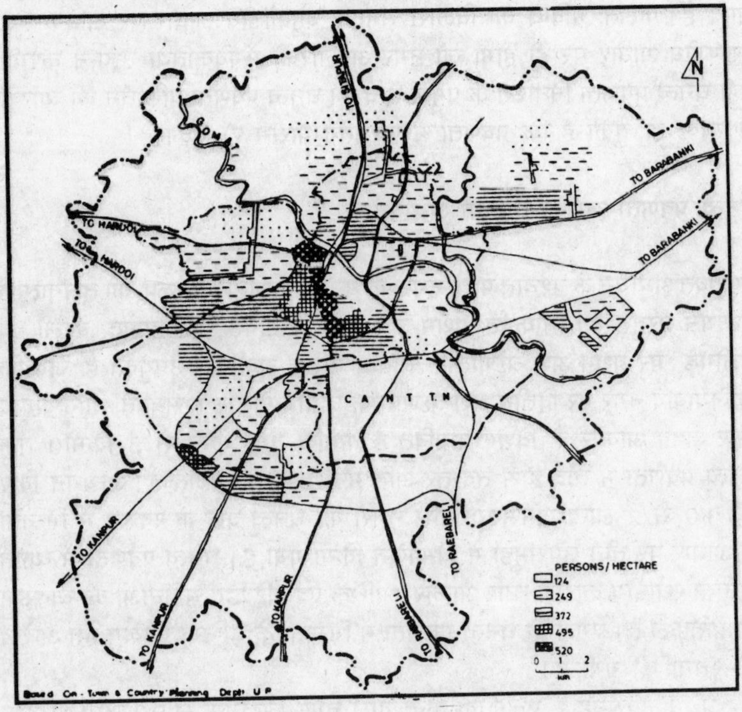

FIG. 7.5: Lucknow : Metropolis Proposed Residential Land-Use

विस्तार प्रमुख मार्गों के सहारे प्रखण्डीय पेटी के रूप में होने लगा जो नगरों के स्वरूप को परिवर्तित करने में महत्वपूर्ण सिद्ध हुआ। लेकिन आधुनिक दशाओं, मोटर गाडियों तथा भारी उद्योगों इत्यादि के विकास के कारण प्रथम दोनों प्रतिरूपों का महत्व पहले से कम हो गया है, जबकि बहुक्रोडीय व्यवस्था को पहले से अधिक तथ्य संगत बना दिया है। इस प्रकार बहुक्रोडीय प्रतिरूप वर्तमान विकास का मुख्य आधार है, जो औद्योगिक इकाईयों, उच्च शिक्षण संस्थाओं या विशेष सुविधाओं की सुलभता के प्रतिफल हैं। यथा इलाहाबाद विश्वविद्यालय की स्थापना के पश्चात् जार्ज टाउन एवं टैगोर टाउन नगर से 6 किमी0 दूर नैनी औद्योगिक क्षेत्र लखनऊ

विश्वविद्यालय से उत्तरी क्षेत्र, ऐसबाग औद्योगिक कालोनी, बरेली में आइजत नगर आदि हैं। फलतः भविष्य का विकास संभवतः बहुक्रोडीय आधार पर अधिक तथा प्रखण्डीय आधार पर ही होगा जो नगर आकारिकी में विकृतियां उत्पन्न करेगी। यही घनत्व प्रवणता निर्धारण के प्रमुख तत्व हैं। घनत्व प्रवणता परिवर्तन की व्याख्या से स्पष्ट हो चुका है कि प्रवणता में परिवर्तन प्रारम्भ हो चुका है।

घनत्व प्रवणता का तुलनात्मक अध्ययन

उपरोक्त अध्ययन के पश्चात् पाँचों नगरों के घनत्व प्रवणता प्रतिरूप का तुलनात्मक अध्ययन प्रस्तुत है। निष्कर्षतः प्रथम चार नगरों लखनऊ, इलाहाबाद, बरेली एवं अलीगढ़ पर प्रथम अंश ऋणात्मक घातीय मॉडल सर्वाधिक उपयुक्त है, जब कि गाजियाबाद नगर पर द्वितीय अंश ऋणात्मक घातीय मॉडल 1 संभवतः गाजियाबाद नगर अपने आकार से विशेष प्रभावित है क्योंकि नगर केन्द्र से 3 किमी0 तक घनत्व प्रवणता में तीव्र ह्रास तदन्तर अति मन्द ह्रास परिलक्षित है। अध्ययन किए गये 10 से 2 लाख जनसंख्या वाले नगरों को घनत्व वक्र के स्वरूप में भिन्नता के आधार पर तीन उपसमूहों में विभाजित किया गया है। घनत्व प्रवणता में व्याप्त भिन्नता स्थानीय कारकों नगर आकार, आर्थिक एवं परिवहन सुविधाओं की व्यवस्था का प्रतिफल है। नगरों के घनत्व प्रवणता में भिन्नता के दृष्टिक प्रदर्शन हेतु आरेख की रचना की गयी है।

प्रथम उपसमूह में एकाधिक केन्द्र वाले नगर–लखनऊ (1007004) तथा इलाहाबाद (650070) है। दोनों नगरों के प्राचीन काल के मुख्य व्यावसायिक केन्द्र ब्रिटिश काल के पश्चात् स्थानान्तरित हो गये जिससे नवीन केन्द्र के निकटवर्ती क्षेत्रों में जनसंख्या बसने लगी। इस प्रकार जनसंख्या एक केन्द्र के चतुर्दिक संकेन्द्रित न होकर विखराव प्रवृत्ति युक्त हो गयी। परन्तु गत दशकों में नगरों के प्रति तीव्र आकर्षण के कारण जनसंख्या में अप्रत्याशित वृद्धि हुई फलतः नगर में जनसंख्या वितरण सघन हो गया है। मुख्यतः यह सघनता 1960 के पहले के क्षेत्रों में अधिक देखी जा सकती है। अतएव घनत्व दूरी के बीच सहसम्बन्ध गुणांक लगभग समान क्रमशः –.75 तथा –.73 प्रदर्शित है, किन्तु स्थानीय विशेषता भवनों के अधिक उर्ध्व विस्तार के कारण लखनऊ महानगर के वार्ड के अनुसार अधिकतम घनत्व 1078 व्यक्ति, इलाहाबाद के अधिकतम घनत्व 884 व्यक्ति/हेक्टेयर से अधिक है। नगर केन्द्र से दूरी वृद्धि के अनुसार घनत्व पर नगर की प्राचीनता का विशेष प्रभाव उल्लेखनीय है। यथा–लखनऊ महानगर पर मध्य काल तथा आधुनिक काल (स्वतंत्रता बाद) एवं इलाहाबाद पर प्राचीनकाल ब्रिटिश काल का विशेष प्रभाव

दृष्टिगत है। यही कारण है कि दोनों नगरों के केन्द्र से प्रथम वलय क्षेत्र अर्थात् .50 किमी0 की दूरी क्षेत्र में जनसंख्या घनत्व क्रमशः 523 तथा 484 व्यक्ति/हेक्टेयर है जब कि 5 किमी0 पर घटकर 15 व्यक्ति एवं 4 व्यक्ति प्रति हेक्टेयर है (चित्र 7.6)। दोनों नगरों के घनत्व प्रवणता में परिवर्तन के अध्ययन से स्पष्ट है कि नगरों के केन्द्रीय भाग में व्यावसायिक भू–उपयोग में वृद्धि होने के कारण घनत्व वृद्धि दर कम होती गयी है।

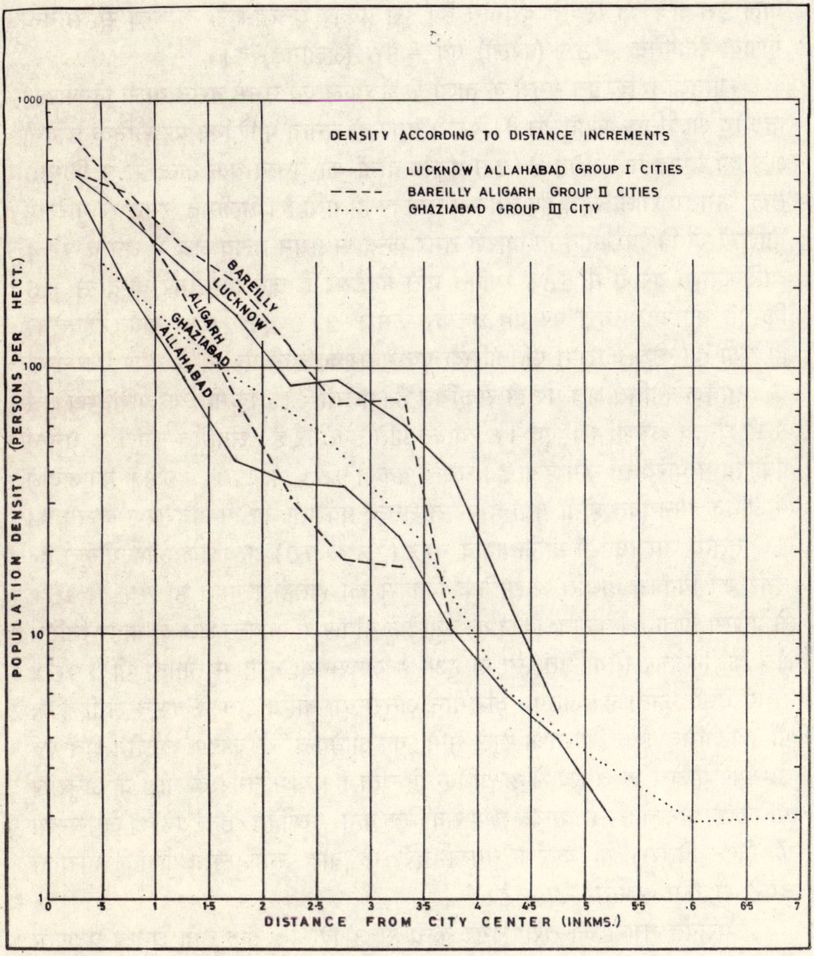

FIG. 7.6: Comparision of Density : 1981 Cities in Groups I, II and III

द्वितीय उपसमूह में छोटे आकार, उच्च सहसम्बन्ध गुणांक तथा तीव्र घनत्व प्रवणता युक्त बरेली एवं अलीगढ़ नगर हैं। दीर्घ अवधि तक नगरीय क्षेत्र का विस्तार न होने, निम्न आर्थिक स्तर तथा अल्प विकसित परिवहन व्यवस्था के कारण जनसंख्या उपनगरीय क्षेत्रों में न बस सकी अपितु बृद्धिमान जनसंख्या भी केन्द्रीय भाग के सघन क्षेत्रों में बसती गयी। भवनों का उर्द्ध विस्तार कम होने के कारण वार्ड के अनुसार जनसख्या घनत्व क्रमशः 693 एवं 696 व्यक्ति प्रति हेक्टेयर है, जो उपरोक्त से कुछ कम है। फिर भी, छोटे आकार एवं पास–पारा निर्मित गृहों वाले इस क्षेत्र की स्थिति दयनीय है। इस प्रकार घनत्व दूरी के बीच सहसम्बन्ध गुणांक सर्वाधिक –.85 (बरेली) एवं –.86 (अलीगढ़) है।

ध्यातव्य है कि इन नगरों के वार्डों के क्षेत्रफल एवं उनमें बसने वाली जनसंख्या के बीच अत्यधिक असंतुलन है। बरेली नगर के घनत्व पार्श्विका पर सैनिक छावनी क्षेत्र का प्रभाव परिलक्षित है। इस प्रकार दोनों का घनत्व वक्र केन्द्र से 3 किमी0 तक लगभग सीधी रहते हुए तदन्तर नतोदर हो गयी है। अलीगढ़ नगर पर मुस्लिम वासियों के विशेष प्रभाव के कारण नगर केन्द्र से प्रथम वलय क्षेत्र में घनत्व 764 व्यक्ति तथा बरेली में 584 व्यक्ति प्रति हेक्टेयर है जब कि नगर केन्द्र से 1.5 किमी0 की थोड़ी दूरी पर यह घटकर क्रमशः 210 एवं 293 व्यक्ति/हेक्टेयर हो गया है। दीर्घ कालीन ऐतिहासिक पृष्ठभूमियुक्त होने पर भी ये नगर एक केन्द्र के चतुर्दिक सीमित क्षेत्र पर ही संकुचित हैं। फलतः 3.5 किमी0 के परिधिस्थ क्षेत्र में भी घनत्व क्रमशः 11 एवं 16 व्यक्ति प्रति हेक्टेयर है। संदर्भित नगरों के घनत्व प्रवणता में परिवर्तन कम हुआ है। घनत्व वक्र 1961, 1971, 1981 की अवधि में अधिक मानयुक्त होती गयी है परन्तु घनत्व प्रवणता का ही अनुसरण करती है।

तृतीय उपसमूह में गाजियाबाद नगर (287170) अत्यधिक औद्योगीकृत है। नगर का विकास अर्थात औद्योगिक विकास का इतिहास बहुत ही नया, 1961 से प्रारम्भ होता है। फलतः किले के चतुर्दिक दीवार से आवृत्त क्षेत्र के बाहर निर्मित क्षेत्र का विस्तार नियोजित ढंग से हुआ हैं जनसंख्या वृद्धि में तीव्रता भी 1961 से ही देखी जाती है। अतएव वृद्धिमान जनसंख्या बाह्य क्षेत्र में बसने लगी, फिर भी, औद्योगिक इकाईयों तथा खुले भूमि की अधिकता के कारण केन्द्रीय क्षेत्र एवं उपनगरीय क्षेत्र के घनत्व में अत्यधिक भिन्नता है। यथा नगर के वार्ड के अनुसार अधिकतम घनत्व 828 व्यक्ति तथा सर्वाधिक कम 7 व्यक्ति/हेक्टेयर है। जनसंख्या के विरल वितरण के कारण घनत्व दूरी के बीच सहसम्बन्ध गुणांक उपरोक्त नगरों से कम अर्थात् –.72 है।

उपरोक्त नगरों की तरह नगर केन्द्र से 3 किमी0 तक तीव्र घनत्व प्रवणता है तदन्तर ह्रास दर क्रम होकर 5 किमी0 के बाद घनत्व वक्र लगभग क्षैतिज हो

गया है। यथा नगर केन्द्र से प्रथम वलय क्षेत्र में 240 व्यक्ति, 5 किमी0 पर 4, 8 किमी0 पर 1.52 एवं 10 किमी0 पर 2 व्यक्ति/हेक्टेयर है। यह घनत्व अन्य नगरों के घनत्व से बहुत ही कम है। यह प्रवृत्ति अन्य नगरों में नहीं देखी गयी जो विशेषतः नगराकारकी का प्रतिफल है। फलतः नगर के घनत्व दूरी सम्बन्ध पर प्रथम अंश ऋणात्मक घातीय मॉडल (निश्चितता गुणांक .52) की अपेक्षा द्वितीय अंश ऋणात्मक घातीय मॉडल (.60) अधिक उपयुक्त है। गाजियाबाद नगर के घनत्व प्रवणता में परिवर्तन अन्य नगरों की अपेक्षा अधिक दृष्टिगत है यथा नगर केन्द्र से 3 किमी0 पर 1961 के घनत्व 3 से बढ़कर 1981 में 60 व्यक्ति प्रति हेक्टेयर हो गया है।

इस प्रकार नगर केन्द्र से 2 किमी0 तक तीव्र तदन्तर मन्द एवं पुनः तीव्र घनत्व प्रवणता परिलक्षित है। छोटे आकार तथा आर्थिक दृष्टि से कम विकसित नगरों में बड़े तथा आर्थिक दृष्टि से विकसित नगरों की अपेक्षा घनत्व प्रवणता तीव्र है। गाजियाबाद नगर के अतिरिक्त अन्य नगरों के घनत्व प्रवणता में उल्लेखनीय परिवर्तन दृष्टिगत नहीं होती है।

REFERENCES

1. लाल, एच0 (1986) जनसंख्या भूगोल, वसुन्धरा प्रकाशन, गोरखपुर, पृ0 134
2. King, L.J. and Colledge, R.G. *City Space and Behaviour.* Prentice-Hall, Inc. Englewood, Cliffs, p. 305.
3. McGee, T.G. (1975): *The Urbanization Process in Third World: Explorations in Search of Theory,* London, Bell and Sons, p. 15.
4. Burgess, E.W. (1970): "Growth of the Cities," *The City* (Ed.) by Robert, E. Park et al., Chicago University Press, Chicago.
5. — (1970): *Op. cit.* p. 54.
6. Foot, N.N., Abu-Lughood, J. Foley, M.M. and Winick, L. (1960): *Housing Choice and Housing Constraints,* New York, McGrow Hill.
   Lazerwitz, B. (1960-61): "Suburbia Voting Trends-1948-56, *Social Forces,* Vol. 39, pp. 29-36.
   Frazier, F.E. (1961): *Negro Harlem : An Ecological Study: Studies in Human Ecology,* Row Peterson and Company, Evanstion, Illinois, New York, pp. 105-174.
   Kosa, Jhon (1961): "Hungarian Immigrants in North America, Their Residential Mobility and Ecology," *Studies in Human Ecology* (Ed.) George. A. Theodorson, Row Reterson and Company, Evanston, Illinois, Elmsford, New York, pp. 284-293.
   Myers, J.K. (1961) : "Assimilation to the Ecological Social System of a Community", *Studies of Human Ecology* (Ed.) George A. Theodorson, Row Peterson and Comp. Evanston, Illinios, Elmsford, pp. 273-279.
   Dinnison, D.V.; Cockburn, C. and Correll, T. (1961): "Housing Since the Rent Act", Occasional Papers on Social Administration No.3. Welwyn Condicote.
   Nationwide Building Society (1970): Why People move? Occasional Bulleting.
7. Rossi Peter, H. (1955): *Why Families Move: A Study in Social Psychology of Urban Residential Mobility,* Free Press, Glencoe, Inc. New York.

8. Cullingworth, J.B. (1968): "A Profile of Glasgow Housing, 1965," University of Glasgow, Social and Economic Studies Occasional Papers No.8, Edinburgh: Oliver & Boyd.
9. Beyer, G.H. (1958): *Housing : A Factual Analysis,* New York, Mackmillan.
10. Alonso, W. (1964): "The Historic and the Structural Theories of Urban Form: Their Implication for Urban Renewal," *Land Economic,* Vol. XI, No.2.
11. Cullingworth, J.B. (1965): "English Housing Trend," Occasional Papers on Social Administration No.13, London, Bell.
12. Winnik, L. (1957): *Housing Choice and Housing Constraints,* New York, p. 89.
13. Ducan, Otis D. and Ducan, B. (1954-55): Residential Distribution and Occupational Startifiçation," *American Journal of Sociology,* Vol. 60, pp. 493-503.
14. Freeman, Howard et. al. (1960): "Residential Mobility Indinations Among the Families of Mental Patients", *Social Forces,* Vol. 38.
15. Burgess, E.W. (1928): "Residential Segregation in American Cities," *Annals of the American Academy of Political and Social Science,* No.2180, pp. 105-115.
16. Hayt, H. (1939): *The Structure and Growth of Residential Neighbourhood in American Cities,* Washingtion D.C., U.S. Government Printing Press Office.
17. Johnston, R.J. (1969): "Some Test of Model of Intra-Urban Population Mobility, Melborn Australia," *Urban Studies,* Vol. 6, pp. 34-57.
18. Morgan, B.S. (1973): Why Families Move: A Rexamination, *Geographer,* Vol.25, No.2, pp. 124-129.
19. Lansing, J.B. and Muller, E. with Barth, N. (1964): "Residential Location and Urban Mobility, Institute for Social Research", The University of Michigan.
20. Dolling, J. (1973): "A Theory of Housing Choice," Unpublished Ph. D. Thesis, University of Birmingham.
21. Hoselitz, Bert. F., "The Role of Urbanization in Economic Development: Some International Comparision," *India's Urban Future,* pp. 157-181.
22. Prakasa Rao, V.L.S. (1983): *Urbanization in India: Spatial Dimensions,* Concept. New Delhi, pp. 195-212.
23. Lal, H. (1987): *City and Urban Fringe,* Concept, New Delhi, pp. 119-120.
24. अलीगढ़ महायोजना, सूक्ष्मीकृत प्रतिवेदन, 1981, पृ0 5
25. Master Plan of Lucknow, Lucknow Survey Division, Town and Country Planning Department, U.P., 1961, p.44.

सारांश

ऊपरी गंगा मैदान 25^0 15′ से 30^0 17′ उत्तर तथा 73^0 31′ से 82^0 21′ पूर्व के बीच उत्तर प्रदेश के लगभग 149029 वर्ग किमी0 पर विस्तृत है। क्षेत्र प्रागैतिहासिक काल से ही ऐतिहासिक, राजनीतिक एवं सांस्कृतिक रूप में प्रमुख केन्द्र रहा है। गंगा–यमुना का विशाल मैदान, जलोढ़ एवं अन्य ऊपजाऊ मिट्टियों, सिंचाई सुविधाओं के कारण यह प्रदेश कृषि प्रधान क्षेत्र रहा है। अतिरेक उत्पादन के कारण यहां प्राचीन काल में ही नगर स्थापित हो चुके थे। फलतः वर्तमान समय में यह क्षेत्र प्रदेश का मुख्य नगरीकृत क्षेत्र है।

ऊपरी गंगा मैदान में 6 करोड़ अस्सी लाख जनसंख्या विषम प्रतिरूप में वितरित है। अत्यधिक जनसंख्या बसाव के कारण (जनसंख्या घनत्व 453 व्यक्ति प्रति वर्ग किमी0) यह भारत के सघन बसे क्षेत्रों में से एक है। क्षेत्र की जनसंख्या वृद्धि के साथ–साथ वृद्धि दर में क्रमशः तीव्रता आती गयी। यथा 1921–31 में वृद्धि दर 5.88 प्रतिशत, 1951–61 में 18.35 प्रतिशत तथा 1971–81 में 25.38 प्रतिशत है। यह प्रदेश का महत्वपूर्ण नगरीकृत क्षेत्र है। इसमें सम्पूर्ण जनसंख्या का 21.56 प्रतिशत जनसंख्या नगरीय है। इसमें वर्ष 1961 तथा 1971 में क्रमशः 164 एवं 180 नगरीय केन्द्र जो 1981 में बढ़कर 418 हो गये। यह वृद्धि नीचे की श्रेणियों में अधिक हुई है यथा पॉचवे श्रेणी में 1971 के एक भी नगरीय केन्द्र न होने की तुलना में 12 तथा छठवें श्रेणी में 48 से बढ़कर 139 नगरीय केन्द्र हो जाना है।

नवीन नगरीय केन्द्रों के सम्मिलित होने तथा पूर्ववर्ती नगरीय केन्द्रों में जनसंख्या वृद्धि के कारण कुल नगरीय जनसंख्या का अनुपात भी बढ़ता गया। यह अनुपात 1961 में 16.5 प्रतिशत था जो 1971 तथा 1981 में बढ़कर क्रमशः 20.05 एवं 21.56 प्रतिशत हो गया है। इस प्रकार नगरीकरण वृद्धि दर 1961–71 में 21.17 प्रतिशत तथा 1971–81 में 58.46 प्रतिशत है। जनपदानुसार नगरीय जनसंख्या में सर्वाधिक वृद्धि लखनऊ जनपद में 465.69 प्रतिशत (1961–81) तथा न्यूनतम रायबरेली जनपद में 28.56 प्रतिशत हुई है। इसके विपरीत 1961 में अनेक जनपदों में ऋणात्मक वृद्धि भी देखी गयी।

उपरोक्त असमानता आकार वर्ग के नगरीय जनसंख्या में भी देखी गयी। इन तीन दशकों (1951–1981) में सर्वाधिक वृद्धि छठवें श्रेणी में 3321.46 प्रतिशत तथा न्यूनतम पॉचवे श्रेणी में –16.09 प्रतिशत हुई। 1981 में प्रथम तथा द्वितीय श्रेणी की नगरीय जनसंख्या वृद्धि 46.66 प्रतिशत तथा 48.68 प्रतिशत अपेक्षाकृत मन्द देखी गयी। जब कि 1961 में यह वृद्धि दर विपरीत था। नगरीय जनसंख्या वृद्धि ने नगरों के क्षेत्रीय विस्तार को भी प्रभावित किया। नगरीय क्षेत्र में दशकगत वृद्धि क्रमशः 16.05 प्रतिशत (1961–71) एवं 62.17 प्रतिशत (1971–81) हुई। इस प्रकार कुल क्षेत्र का प्रतिशत 1961 के 1.02 से बढ़कर 1981 में 1.95 हो गया है। नगरों का विस्तार विभिन्न स्वरूपों में हुआ है। साथ ही निर्मित क्षेत्र भी परिवर्तित हुआ है। नगर का केन्द्रीय भाग मिश्रित भू–उपयोग युक्त अति सघन है। तथा उपनगरीय भाग अधिक खुले क्षेत्र के कारण विरल है। उपनगरीय क्षेत्र में आवासीय कालोनियां, औद्योगिक क्षेत्र बंगलों का निर्माण आदि अभिनव प्रवृत्ति है।

ऊपरी गंगा मैदान का कुल 1.48 करोड़ नगरीय जनसंख्या 418 नगरीय केन्द्रों में मुख्यतः 3 वितरण प्रतिरूपों (1) अतिसघन, (2) सघन एवं (3) विरल, में वितरित है। अतिसघन जनसंख्या वितरण क्षेत्र नगर क्रोड एवं निकटवर्ती क्षेत्र में है जो खुले भूमि के अभाव, छोटे भाग पर भवनों का निर्माण तथा एक आवास में अनेक परिवारों के निवास करने की बाध्यता का प्रतिफल है। नगर विस्तार के कारण सम्मिलित पूर्ववर्ती ग्रामीण अधिवास भी लगभग समान विशेषता युक्त हैं। नगर का मध्यवर्ती भाग, जिसमें चौड़ी सडकों के किनारे खुले भाग के बीच भवन एवं बंगले हैं में जनसंख्या वितरण सघन है। जब कि उपनगरीय एवं परिधिस्थ में जनसंख्या वितरण अतिविरल है जिसका मुख्य कारण उच्च शिक्षण संस्थाएं, खुले भूमि की अधिकता, बंगले, छावनी क्षेत्र, एक बंगले में एक परिवार के निवास करने का प्रचलन, औद्योगिक इकाइयां एवं पार्क आदि हैं।

नगर केन्द्र के आस–पास अधिकतम जनसंख्या घनत्व तथा इससे दूरी–वृद्धि के अनुसार घटती हुई जनसंख्या घनत्व के सांख्यिकीय विश्लेषण हेतु विभिन्न विद्वानों द्वारा प्रस्तुत माडलों–प्रथम अंश ऋणात्मक घातीय मॉडल (क्लांक), द्वितीय अंश ऋणात्मक घातीय मॉडल (टैनर एवं शिरैट), वर्ग–मूल घातीय मॉडल (आजो) एवं क्वाड्रेटिक घातीय मॉडल (न्यूलिंग) द्वारा आंकलन कर घनत्व ह्रास प्रतिरूप ज्ञात किया गया है। इन मॉडलों द्वारा घनत्व ह्रास की व्याख्या करने की क्षमता तथा सार्थकता परीक्षण हेतु निश्चितता गुणांक तथा एफ अनुपात की गणना की गयी है।

घनत्व प्रवणता विश्लेषण हेतु नगरों का चयन इस प्रकार किया गया है कि

प्राचीन काल, मध्यकाल तथा आधुनिक विशेषताओं के साथ ही विभिन्न कार्यात्मक विशिष्टताओं का भी प्रतिनिधित्व हो सके। इस प्रकार चयनित 5 नगरों को तीन उपसमूहों में विभाजित किया गया है। प्रथम समूह में लखनऊ नगर समूह (1007004) है। नगर पर मुगल–शासकों तथा ब्रिटिश शासकों के प्रभाव के कारण दो नगर केन्द्र थे परन्तु वर्तमान समय में अमीनाबाद नगर का मुख्य व्यावसायिक केन्द्र हो चुका है। नगर में सर्वाधिक जनसंख्या घनत्व 1078 व्यक्ति प्रति हेक्टेयर (मौलवीगंज) तथा न्यूनतम 15 व्यक्ति प्रति हेक्टेयर (कनौसी) है।

सांख्यिकीय आंकलन रो प्राप्त घनत्व–दूरी के बीच सहसम्बन्ध गुणांक –.75 तथा निश्चिता गुणांक .56 है। चारों मॉडलों के परीक्षोपरान्त प्रथम अंश ऋणात्मक घातीय माडल के परीप्रेक्ष्य में सर्वाधिक सार्थकता प्राप्त है। नगर केन्द्र अर्थात् प्रथम वलय क्षेत्र में जनसंख्या घनत्व 523 व्यक्ति है जब कि 2.5 किमी0 90 तथा 4.5 किमी0 पर 5 व्यक्ति/हेक्टेयर है। प्राचीन नगरीय क्षेत्र एवं उपनगरीय क्षेत्र में विद्यमान भिन्नता को द्विखण्डीय समाश्रयण द्वारा प्रदर्शित की गयी है। इस प्रकार नगर केन्द्र से 2.5 किमी0 तक तीव्र ह्रास तदन्तर मन्द ह्रास परिलक्षित है।

वृद्धिमान जनसंख्या को बसाने के लिए नगर सीमा का विस्तार कर परिवहन तथा जनोपयोगी सुविधाएं उपलब्ध करायी गयी। नगर केन्द्र में व्यावसायिक भू–उपयोग के बढ़ते दबाव के कारण लोग इन क्षेत्रों में बसने लगे। 1961, 1971 तथा 1981 की घनत्व रेखाओं द्वारा नगर केन्द्र से 2 किमी0 तक चपटापन तथा उपनगरीय क्षेत्र में वृद्धि प्रदर्शित है। यथा 4 किमी0 पर 1961 में 2 व्यक्ति/हेक्टेयर घनत्व था जो 1981 में बढ़कर 15 व्यक्ति/हेक्टेयर हो चुका है परन्तु घनत्व प्रवणता में किसी उल्लेखनीय परिवर्तन का आभास नहीं है।

द्वितीय वर्ग वृहद नगर (5 लाख से अधिक) का प्रतिनिधि नगर इलाहाबाद है। नगर समूह का औसत घनत्व 79 व्यक्ति/हेक्टेयर है जबकि नगर का अधिकतम घनत्व 884 व्यक्ति तथा न्यूनतम 23 व्यक्ति/हेक्टेयर है। नगर केन्द्र चौक से दूरी–घनत्व के बीच सहसम्बन्ध गुणांक –.73 निश्चितता गुणांक .53 है एवं एफ–अनुपात एक प्रतिशत है। इस नगर पर भी प्रथम अंश ऋणात्मक घातीय मॉडल सर्वाधिक उपयुक्त है जिसकी समानता व्रश का मॉडल भी कर रहा है। नगर केन्द्र में 484 व्यक्ति तथा 5.5 किमी0 पर 2 व्यक्ति/हेक्टेयर है। मुख्य नगरीय क्षेत्र एवं उपनगरीय क्षेत्र के बीच की भिन्नता को प्रकट करने के लिए द्विखण्डीय समाश्रयण की व्याख्या की गयी है जिसमें प्रथम खण्ड में तीव्र प्रवणता तथा द्वितीय खण्ड में मन्द प्रवणता प्रदर्शित है। समाश्रयण से अवशिष्ट मानचित्र द्वारा अत्यधिक घनत्व एवं कम घनत्व क्षेत्रों को प्रदर्शित किया गया है। जिसमें सामान्यतः प्राचीन नगरीय क्षेत्र उच्च घनत्व युक्त समाश्रयण रेखा अथवा विश्वास सीमा स्तर से ऊपर

धनात्मक अवशिष्ट के रूप में तथा उपनगरीय वार्ड समाश्रयण रेखा के नीचे रामाश्रयण अवशिष्ट के रूप में स्थित है।

नगर केन्द्र में अत्यधिक दबाव तथा अनेक सांस्कृतिक बाधाओं के कारण जनसंख्या बाह्य क्षेत्रों में बसी है। अतः धनत्व प्रवणता में क्रमशः परन्तु मन्द ह्रास दृष्टिगत है। यथा 1961 में 3.5 किमी0 पर 3 व्यक्ति था जो 1981 में बढ़कर 23 व्यक्ति/हेक्टेयर हो चुका है।

तृतीय समूह के बरेली तथा अलीगढ़ नगर में तीव्र घनत्व प्रवणता तथा गाजियाबाद में कुछ कम घनत्व प्रवणता परिलक्षित है। नगर के केन्द्रीय भाग में भवनों का उर्ध्व विस्तार कम होने से जनसंख्या घनत्व कम परन्तु छोटे आकार के कारण घनत्व प्रवणता तीव्र है। नगरों के औसत घनत्व में सर्वाधिक अलीगढ़ का 104 व्यक्ति/हेक्टेयर है जब कि बरेली एवं गाजियाबाद कुछ कम 90 एवं 43 व्यक्ति/हेक्टेयर है। वार्ड के अनुसार अधिकतम घनत्व तीनों नगरों–बरेली, अलीगढ़ तथा गाजियाबाद में क्रमशः 693, 796 एवं 828 व्यक्ति/ हेक्टेयर है जब कि न्यूनतम्न 30, 22 तथा 7 व्यक्ति/हेक्टेयर है।

तीनों नगरों–बरेली, अलीगढ़ एवं गाजियाबाद के घनत्व दूरी के बीच सहसम्बन्ध गुणांक क्रमशः –.85, –.86 एवं –.72 तथा निश्चितता गुणांक .72, .74 एवं .52 है। नगर केन्द्र से .5 किमी0 वलय क्षेत्र में सर्वाधिक घनत्व अलीगढ़ नगर में 764 व्यक्ति/हेक्टेयर है जब कि बरेली तथा गाजियाबाद में 548 एवं 240 व्यक्ति/हेक्टेयर है। उपनगरीय क्षेत्र के 3.5 किमी0 पर यह घनत्व क्रमशः 76, 16 एवं 24 व्यक्ति/हेक्टेयर है। निष्कर्षतः तीनों नगरों में नगर केन्द्र से 2.0 किमी0 तक तीव्र घनत्व प्रवणता तदन्तर मन्द है। गाजियाबाद नगर का क्षेत्रीय विस्तार अधिक होने तथा नगर आकार के कारण उपनगरीय क्षेत्र में घनत्व ह्रास दर अति मन्द है। यथा –.5 किमी0 पर 4 व्यक्ति, 7 किमी0 पर 1.95 तथा 9 किमी0 2.54 घनत्व व्यक्ति/हेक्टेयर है।

तीन घनत्व रेखाओं द्वारा घनत्व परिवर्तन की व्याख्या की गयी है। औद्योगीकरण का प्रभाव गाजियाबाद नगर पर शेष नगरों की अपेक्षा अधिक परिलक्षित है। फलतः घनत्व प्रवणता में परिवर्तन भी अधिक हुआ है। यथा नगर केन्द्र से 3 किमी0 पर 1961 में 3 व्यक्ति था जो 1981 में बढ़कर 64 व्यक्ति/हेक्टेयर हो गया है। इस प्रतिरूप पर नगर क्षेत्र के विस्तार का भी प्रभाव पड़ा है। इसके विपरीत बरेली तथा अलीगढ़ नगरों की घनत्व रेखाएं मन्द ह्रास को प्रदर्शित करते हुए उच्च मानयुक्त होकर ऊपर चली गयी हैं।

आवासीय परिवर्तन का घनत्व पर क्या प्रभाव पड़ रहा है और भविष्य में इसका क्या स्वरूप होगा के आंकलन हेतु इन्दिरा नगर के सी0 ब्लाक (लखनऊ) के 522

परिवारों का अध्ययन किया गया है। गत 13 वर्षों (1976—86) में 411 परिवार नगर के विभिन्न वार्डों से तथा 111 परिवार अन्य जनपदों से स्थानान्तरित होकर इस क्षेत्र में बसे। अन्य जनपदों से आये परिवार भी नगरीय केन्द्र में अधिक दबाव के कारण ही इस क्षेत्र में बसे हैं। नगर से निर्गमित परिवारों में 1982—84 के बीच सर्वाधिक 127 तथा अन्य वर्षों में न्यूनाधिक परिवार इस क्षेत्र में बसे। उच्च आवासीय क्षेत्र में बसने वाले परिवारों में महानगर, एवं छावनी जैसे क्षेत्र से निगर्मित परिवारों की संख्या अधिक है जबकि मध्यम एवं निम्न आय वर्गीय परिवारों में चौक, अमीनाबाद, कश्गीरी मुहल्ला जैसे सघन वार्डों के परिवारों की अधिकता है। इन क्षेत्रों से परिवारों के निर्गमन का मुख्य कारण भीड़, स्वच्छता का अभाव, अत्यधिक किराया है जब कि उपनगरीय क्षेत्र में इन सुविधाओं के उपलब्धता के साथ परिवहन सुविधा भी उपलब्ध है। आवासीय परिवर्तन सभी माडलों का मिश्रित स्वरूप है।

आवासीय परिवर्तन का घनत्व परिवर्तन पर प्रभाव अपेक्षाकृत कम है जिसका मुख्य कारण नगर केन्द्र तथा उपनगरीय दोनों क्षेत्रों में जनसंख्या वृद्धि होना है। फिर भी, बाह्य क्षेत्रों में निर्मित आवासीय कालोनियों तथा उच्च आय वर्गीय लोगो द्वारा निर्मित बंगलों एवं पूर्ववर्ती ग्रामीण अधिवासों की तीव्र जनसंख्या वृद्धि के कारण घनत्व प्रवणता में अल्प परिवर्तन परिलक्षित हुआ है। भविष्य में नगरीय विस्तार न होने पर घनत्व प्रवणता में तीव्र ह्रास संभव है।

भराव प्रक्रिया द्वारा बढ़ती हुई जनसंख्या की आवश्यकताओं की पूर्ति हेतु गृह निर्माण योजनाओं के अन्तर्गत नगरों का अनियत प्रसार हो रहा है। इससे भी नगर निर्मित क्षेत्र के स्वरूप में परिवर्तन आया है। निर्मित क्षेत्र के इस परिवर्तित प्रतिरूप ने नगरीय घनत्व प्रारूप को भी समुचित रूप से प्रभावित किया है।

परिशिष्ट 1
ऊपरी गंगा मैदान के जनपदों में नगरीय जनसंख्या का आनुपातिक वितरण प्रतिशत में (1961–81)

जनपद	वर्ष		
	1961	1971	1981
नैनीताल	20.56	22.13	22.40
सहारनपुर	23.03	23.50	27.07
मुजफ्फरनगर	13.23	13.86	21.63
बिजनौर	16.45	18.10	24.95
मेरठ	21.33	22.64	31.23
गाजियाबाद	—	24.63	33.86
बुलन्दशहर	12.66	13.92	11.62
मुरादाबाद	21.17	23.77	27.00
रामपुर	20.80	19.53	26.68
बदायूँ	8.45	9.35	16.18
बरेली	20.00	22.28	28.75
पीलीभीत	13.69	13.67	16.25
शाहजहांनपुर	13.94	15.24	19.39
अलीगढ़	16.24	17.85	23.05
मथुरा	16.77	16.49	21.26
आगरा	38.87	36.61	38.93
एटा	9.66	9.82	15.72
मैनपुरी	7.38	8.44	11.13
फर्रुखाबाद	11.04	10.91	15.73
इटावा	9.07	9.79	14.75
कानपुर	40.99	42.80	47.03
फतेहपुर	3.99	5.63	9.03
इलाहाबाद	32.72	33.12	38.05
खीरी	5.53	6.21	9.68
सीतापुर	7.63	7.54	10.27
हरदोई	7.26	7.90	11.62
उन्नाव	2.42	2.57	11.83
लखनऊ	49.54	50.90	52.48
रायबरेली	3.03	3.40	7.41
बहराइच	5.31	5.93	7.18
गोण्डा	5.81	5.65	7.28
बाराबंकी	4.92	5.75	8.75
फैजाबाद	—	—	नवीन केन्द्र
सुल्तानपुर	—	—	नवीन केन्द्र
प्रतापगढ़			5.07
उत्तर प्रदेश	12.85	14.02	18.01
ऊपरी गंगा मैदान	16.50	20.05	21.56

स्रोतः भारतीय जनगणना पुस्तिका, 1961, 1981

परिशिष्ट 2

ऊपरी गंगा मैदान के जनपदों में नगरीय जनसंख्या वृद्धि प्रतिरूपः 1951–81

जनपद	दशक		(वृद्धि प्रतिशत में)		
	1951–61	1961–71	1971–81	1961–81	
नैनीताल	51.60	67.30	49.50	116.44	
सहारनपुर	10.20	29.80	49.89	94.48	
मुजफ्फरनगर	−6.90	30.70	98.16	159.00	
बिजनौर	−17.20	37.70	78.11	145.20	
मेरठ	11.80	46.20	73.20	168.03	
गाजियाबाद	—	—	91.43	91.43	
बुलन्दशहर	−5.80	25.70	75.01	109.68	
मुरादाबाद	10.40	31.39	47.39	94.39	
रामपुर	16.30	16.60	78.35	115.07	
बदायूँ	−18.00	29.10	106.05	166.65	
बरेली	16.40	21.50	64.22	99.53	
पीलीभीत	12.20	21.90	59.10	93.94	
शाहजहांपुर	4.80	24.40	63.07	102.83	
अलीगढ़	−1.00	31.50	56.84	106.25	
मथुरा	2.70	18.50	54.24	82.72	
आगरा	34.20	26.50	31.36	66.23	
एटा	9.60	23.30	57.36	82.99	
मैनपुरी	15.80	40.00	57.20	120.08	
फर्रूखाबाद	2.30	18.70	85.41	120.16	
इटावा	6.10	32.10	82.10	140.53	
कानपुर	31.30	35.70	39.02	82.60	
फतेहपुर	−10.30	68.20	97.46	232.08	
इलाहाबाद	22.70	11.80	36.59	64.58	
खीरी	9.90	32.70	105.78	173.03	
सीतापुर	17.70	15.70	69.09	95.71	
हरदोई	−6.80	27.90	82.36	132.97	
उन्नाव	4558.0	54.1	1.19	883.64	883.64
लखनऊ	2528.0	168.0	6.65	18.56	18.56
रायबरेली	4609.0	65.0	1.41	490.90	490.91
बहराइच	6877.0	22.4	.33	40.00	40.00
गोण्डा	3345.0	18.9	.56	21.94	18.86
बाराबंकी	4401.0	43.0	1.00	74.50	108.57
फैजाबाद	1184.3	9.8	.85	—	नवीन क्षेत्र
सुलतानपुर	1976.1	.7	.04	—	नवीन क्षेत्र
प्रतापगढ़	2500.8	37.9	1.54	356.63	356.63
योग	14902.9	2905.7	1.95	63.71	89.99

स्रोत: 1981 के आंकड़ों पर आधारित

परिशिष्ट 3
ऊपरी गंगा मैदान के जनपदों में सम्पूर्ण क्षेत्र के सन्दर्भ में नगरीय क्षेत्र एवं प्रतिशत वृद्धि 1961—71

जनपद	1961			1971			
	सम्पूर्ण क्षेत्रफल (वर्ग किमी0)	नगरीय क्षेत्रफल (वर्ग किमी0)	सम्पूर्ण क्षेत्रफल का %	सम्पूर्ण क्षेत्रफल (वर्ग किमी0)	नगरीय क्षेत्रफल (वर्ग किमी0)	सम्पूर्ण क्षेत्रफल का %	नगरीय क्षेत्र में प्रति0 वृद्धि 1961—71
नैनीताल	अप्राप्त	अप्राप्त	—	अप्राप्त	28.9	—	—
बिजनौर	4936.1	34.3	.69	4852.0	65.1	1.34	89.80
मुरादाबाद	5965.8	60.5	1.01	5946.0	95.4	1.60	57.69
बदायूँ	5272.7	19.9	.38	5158.0	21.3	.41	7.04
रामपुर	2374.2	25.9	1.09	2372.0	299.3	1.24	13.13
बरेली	4083.9	58.0	1.42	4125.0	63.1	1.53	8.79
पीलीभीत	4009.1	9.4	.23	3504.0	9.5	.27	समान
शाहजहांनपुर	4636.3	32.4	.70	4581.0	39.6	.67	.62
सहारनपुर	5506.1	72.7	1.32	5526.0	102.5	1.85	44.99
मुजफ्फरनगर	4310.5	28.9	.67	4255.0	29.4	.69	1.73
मेरठ	6016.3	142.4	2.37	5944.0	169.4	2.85	18.96
बुलन्दशहर	4984.2	27.3	.55	4849.0	40.9	.84	49.82
अलीगढ़	5454.4	42.5	.84	5020.0	46.4	.92	9.18
मथुरा	3769.5	32.3	.86	3797.0	33.1	.87	2.48
आगरा	4836.5	108.4	2.24	4816.0	111.4	2.31	2.77
एटा	4448.1	21.7	.49	4449.0	21.7	.49	पूर्ववत
मैनपुरी	4349.6	20.1	.46	4254.0	20.5	.48	1.99
फर्रूखाबाद	4348.7	37.5	.86	4349.0	37.7	.87	.53
इटावा	4515.2	15.6	.35	4327.0	18.8	.43	20.51
कानपुर	6210.3	297.3	4.79	6121.0	300.9	4.992	1.21
फतेहपुर	4316.5	13.6	.32	4168.0	67.4	1.62	355.58
इलाहाबाद	2796.3	86.6	3.10	2795.0	87.6	3.13	1.15
खीरी	8045.3	30.6	.38	7691.0	33.6	.43	पूर्ववत
सीतापुर	5780.1	54.5	.94	5738.0	54.5	.95	पूर्ववत
हरदोई	6039.3	37.6	.62	6012.0	38.4	.64	2.13
उन्नाव	−47.40	28.30	465.69	625.54			
लखनऊ	27.40	24.10	28.56	59.58			
रायबरेली	−21.00	29.00	172.03	250.93			
बहराइच	11.20	28.80	55.64	100.41			
गोण्डा	24.43	10.14	58.82	78.84			
बाराबंकी	−15.50	30.10	68.89	150.06			
फैजाबाद	—	—	—	—			
सुलतानपुर	—	—	—	—			
प्रतापगढ़	10.36	3.25	28.32	134.55			

स्रोतः भारतीय जनगणना पुस्तिकाः 1961, 1981

परिशिष्ट 4

ऊपरी गंगा मैदान के जनपदों में सम्पूर्ण क्षेत्र के सन्दर्भ में नगरीय क्षेत्र एवं प्रतिशत वृद्धि 1971-81 एवं 1961-81

जनपद	1981			नगरीय क्षेत्र में प्रतिशत वृद्धि			
	सम्पूर्ण क्षेत्रफल (वर्ग किमी0)	नगरीय क्षेत्रफल (वर्ग किमी0)	सम्पूर्ण क्षेत्रफल का %	1971–81	1961–81		
नैनीताल	1623.7	54.4	3.2	–	–		
बिजनौर	4848.0	69.5	1.43	6.76	102.62		
मुरादाबाद	5967.0	116.5	19.5	22.12	92.56		
बदायूँ	5168.0	116.8	2.26	448.36	486.93		
रामपुर	2367.0	63.0	2.66	143.24	143.24		
बरेली	4120.0	114.0	2.77	96.55	96.55		
पीलीभीत	3499.0	20.6	.59	119.15	119.15		
शाहजहांनपुर	4575.0	35.5	.78	9.57	9.56		
सहारनपुर	5595.0	107.9	1.92	48.42	48.41		
मुजफ्फरनगर	4176.0	59.3	1.42	105.19	105.19		
मेरठ	3911.0 }	148.7	3.80	108.49	108.50		
गाजियाबाद	2590.0 }	148.2	5.72	–	–		
बुलन्दशहर	4352.0	122.8	2.82	349.82	349.82		
अलीगढ़	5019.0	179.1	3.57	321.41	321.41		
मथुरा	3811.0	68.2	1.79	111.15	111.15		
आगरा	4805.0	130.6	2.72	20.48	20.48		
एटा	4446.0	46.3	1.04	113.36	113.36		
मैनपुरी	4343.0	56.1	1.29	179.10	179.10		
फर्रुखाबाद	4274.0	61.3	1.43	63.47	63.47		
इटावा	4326.0	47.3	1.09	203.21	203.20		
कानपुर	6176.0	327.2	5.30	10.08	10.06		
फतेहपुर	4152.0	76.6	1.84	463.24	463.24		
इलाहाबाद	2797.2	136.8	4.49	57.98	57.97		
खीरी	7680.0	45.8	.60	49.67	49.67		
सीतापुर	5743.0	73.8	1.29	35.41	35.41		
हरदोई	5986.0	60.8	1.02	61.70	61.70		
उन्नाव	4675.2	5.5	.12	4586.0	5.7	.12	3.63
लखनऊ	2508.7	141.7	5.65	2528.0	113.9	5.30	–5.50
रायबरेली	4547.0	11.0	.24	4603.0	11.0	.24	पूर्ववत
बहराइच	6894.6	16.0	.23	6871.0	16.0	.23	पूर्ववत
गोण्डा	3345.0	15.90	.47	3345.0	15.5	.46	3.33
बाराबंकी	4502.2	21.0	.47	4422.0	25.1	.57	19.52
फैजाबाद	1176.6	–	–	1181.8	–	–	–
सुलतानपुर	1984.4	–	–	1984.4	–	–	–
प्रतापगढ़	2502.3	8.3	.33	2502.3	8.3	.33	पूर्ववत
योग		1529.4	1.02		1774.9	61.19	16.05

स्रोत: 1961, 1971 के आंकड़ों पर आधारित

परिशिष्ट 5

लखनऊ नगर समूह में जनसंख्या घनत्व एवं समाश्रयण से अवशिष्ट 1981

वार्ड सं0	नगर केन्द्र से दूरी (किमी0) मे x	जनसंख्या घनत्व/ हेक्टेयर y	$\log y$	$\hat{y}$	$Z=y-\hat{y}$
1.	2.30	58	1.7634	2.0461	−0.2827
2.	2.20	60	1.7782	2.0796	−.3014
3.	1.50	154	2.1875	2.3139	−.1264
4.	0.90	308	2.4886	2.5157	−.0261
5.	0.68	528	2.7226	2.5883	.1343
6.	0.50	619	2.7917	2.6486	.1431
7.	0.30	482	2.6830	2.7155	−.0325
8.	0	799	2.9025	2.8159	.0866
9.	0.80	155	2.1903	2.5481	−.3578
10.	0.90	177	2.2480	2.5147	−.2667
11.	3.60	54	1.7324	1.6110	.1214
12.	2.0	108	2.0334	2.1456	−.1131
13.	2.50	169	2.2279	1.9792	.2487
14.	3.30	117	2.0682	1.7114	.3568
15.	3.70	28	1.4472	1.5775	−.1303
16.	2.90	162	2.2095	1.8453	−.3642
17.	3.30	26	1.4150	1.7114	−.2664
18.	2.50	84	1.9243	1.9792	−.0549
19.	2.90	62	1.7924	1.8453	−.0529
20.	1.90	214	2.3304	2.1799	.1505
21.	1.56	305	2.4843	2.2938	.1905
22.	1.90	420	2.6232	2.1799	.4433
23.	1.75	309	2.4900	2.2302	.2598
24.	1.20	292	2.4654	2.4143	.0511
25.	1.30	145	2.1614	2.3808	−.2194
26.	0.70	517	2.7135	2.5816	.1319
27.	0.40	1078	3.0337	2.6820	.3517
28.	0.80	582	2.7649	2.5481	.1968
29.	1.20	232	2.3655	2.4143	−.0488
30.	1.36	120	2.0792	2.3607	.2815
31.	1.40	323	2.5079	2.3473	.1606
32.	2.20	135	2.1303	2.0796	.0507
33.	3.00	60	1.7787	1.8118	−.0331
34.	3.40	15	1.1761	1.6779	−.5018
35.	3.56	61	1.7853	1.6244	.1609
36.	2.40	96	1.9823	2.0126	−.0303
37.	1.96	165	2.2175	2.1599	.0576
38.	0.90	58	1.7634	2.5147	−.3913
39.	0.76	313	2.4955	2.5615	−.0660
40.	1.15	358	2.5339	2.4310	.1229
सैनिक छावनी	2.70	27	1.4624	1.9122	−.4498
इन्दिरा नगर	4.30	22	1.3424	1.3767	−.0343
अलीगंज	4.40	20	1.3010	1.3432	−.0422

Z = समाश्रयण से अवशिष्ट

स्रोत – लखनऊ जनगणना निदेशालय द्वारा स्वतः उतारे गये आंकड़ों पर आधारित।

परिशिष्ट 6

इलाहाबाद नगर समूह में जनसंख्या घनत्व एवं समाश्रयण से अवशिष्ट 1981

वार्ड सं0	नगर केन्द्र से दूरी (किमी0 में) x	जनसंख्या घनत्व/हेक्टेयर y	$\log y$	$\hat{y}$	$Z=y-\hat{y}$
1.	5.0	28	1.4472	1.1863	.2603
2.	3.2	80	1.9031	1.7034	.1997
3.	1.94	35	1.3441	2.0654	−.7213
4.	1.30	107	2.1094	2.0493	−.0601
5.	0.86	88	1.9445	2.3757	−.4312
6.	1.00	179	2.2529	2.2655	−.0126
7.	0.56	344	2.5366	2.4619	.0747
8.	0.44	382	2.5821	2.4964	.0587
9.	0.30	884	2.9465	2.5366	.4099
10.	0.40	582	2.7672	2.5079	.2593
11.	0.90	152	2.1818	2.3642	−.1824
12.	0.76	190	2.2788	2.4045	−.1257
13.	0.40	426	2.6294	2.5079	.1215
14.	0.80	227	2.3365	2.3930	−.0565
15.	0.30	448	2.6513	2.5366	.1147
16.	0	592	2.7723	2.3365	.4358
17.	0.40	378	2.5775	2.5079	.0696
18.	0.50	468	2.6702	2.4792	.1910
19.	0.66	313	2.4955	2.4332	.0629
20.	0.72	415	2.6180	2.4159	.2021
21.	1.22	153	2.1847	2.2723	−.0876
22.	1.60	52	1.7160	2.1631	−.4471
23.	1.44	100	2.00	2.2091	−.2091
24.	2.40	79	1.8796	1.9333	−.0537
25.	2.40	113	2.0531	1.9333	−.1998
26.	2.00	56	1.7482	2.0482	−.30
27.	2.36	554	2.7435	1.9448	.7987
28.	3.06	154	2.1875	1.7437	.4438
29.	5.30	43	1.6335	1.1001	.5354
30.	4.40	23	1.3617	1.3587	.003
31.	3.90	75	1.8751	1.5023	.3728
32.	3.04	122	2.0864	1.7337	.3527

(Contd.)

(Contd.)

वार्ड सं0	नगर केन्द्र से दूरी (किमी0में) x	जनसंख्या घनत्व/हेक्टेयर y	log y	$\hat{y}$	$Z=y-\hat{y}$
33.	2.64	177	2.2480	1.8643	.3837
34	2.60	161	2.2041	1.8758	.3283
35.	2.00	123	2.0899	2.0482	.0417
36.	1.50	228	2.3579	2.1919	.166
37.	1.44	491	2.6902	2.2091	.4811
38.	1.16	196	2.2923	2.2995	−.0072
39.	1.64	37	1.5682	2.2820	−.7138
40.	3.30	40	1.6021	1.7034	−.1013
I	2.40	14	1.000	1.9333	−.9333
II	3.60	13	1.000	1.5885	−.5885
III	2.70	15	1.000	1.8471	−.8471

Z = समाश्रयण से अवशिष्ट

स्रोत – लखनऊ जनगणना निदेशालय द्वारा स्वतः उतारे गये आंकड़ों पर आधारित।

परिशिष्ट 7

बरेली नगर समूह में जनसंख्या घनत्व एवं समाश्रयण 1981

वार्ड सं0	नगर केन्द्र से दूरी (किमी0में) x	जनसंख्या घनत्व/हेक्टेयर y	$log\ y$	$\hat{y}$	$Z=y-\hat{y}$
1.	1.64	61	1.7853	2.2077	−.4224
2.	0.71	496	2.6955	2.5669	.1286
3.	1.07	274	2.4378	2.4279	.0099
4.	1.00	315	2.4983	2.4549	.0434
5.	0.64	386	2.5866	2.5939	−.0073
6.	0.29	389	2.6010	2.7291	−.1281
7.	0.57	460	2.6628	2.6230	.0398
8.	1.00	329	2.5172	2.4549	.0623
9.	0.71	397	2.5988	2.5669	.0319
10.	1.00	116	2.0645	2.4549	−.3904
11.	1.50	94	1.9731	2.2618	−.2887
12.	1.86	99	1.9956	2.1228	−.1272
13.	1.71	103	2.0128	2.1807	−.1679
14.	1.42	440	2.6435	2.2927	.3508
15.	1.05	325	2.5719	2.5669	.0050
16.	1.43	400	2.6021	2.2888	.3133
17.	2.07	526	2.7210	2.0417	.6793
18.	2.29	128	2.1072	1.9567	.1505
19.	2.00	283	2.4518	2.0687	.3831
20.	1.62	325	2.5132	2.2155	.2977
21.	1.00	286	2.4564	2.4549	.0015
22.	0.64	411	2.6128	2.5939	.0189
23.	0.29	799	2.9025	2.7291	.1734
24.	0.30	337	2.5276	2.7252	−.1976
25.	0.30	357	2.5527	2.7252	−.1725
26.	0.43	336	2.5263	2.6750	−.1487
27.	0.71	693	2.8407	2.5669	.2738
28.	0.57	460	2.6628	2.6230	.0398
29.	0.86	467	2.6693	2.5090	.1603
30.	0.93	343	2.5717	2.8419	.2702
31.	1.41	213	2.3284	2.4008	−.0724
32.	1.07	524	2.7193	2.4279	.2914

(Contd.)

(Contd.)

वार्ड सं0	नगर केन्द्र से दूरी (किमी0 में) *x*	जनसंख्या घनत्व/हेक्टेयर *y*	log *y*	*y*	*Z=y-y*
33.	1.36	317	2.5011	2.3159	.1852
34.	2.07	30	1.4771	2.0417	−.5646
35.	1.00	177	2.2480	2.4549	−.2069
36.	1.50	150	2.1761	2.2618	−.0857
37.	1.40	45	1.6530	2.3004	−.6474
38.	1.57	48	1.6812	2.2348	−.5536
39.	2.10	116	2.0645	2.0301	.0344
40.	3.00	120	2.0792	1.6825	.3967
छावनी	3.07	15	1.1761	1.6555	−.4794
जोगियान नेवादा	3.42	56	1.7482	1.5203	.2279
आइ0वी0 आई आर0	3.71	44	1.6435	1.4083	.2352
उत्तर रेलवे कालोनी	3.40	34	1.5315	1.5280	.0035

Z = समाश्रयण से अवशिष्ट

स्रोत – लखनऊ जनगणना निदेशालय द्वारा स्वतः उतारे गये आंकड़े पर आधारित।

परिशिष्ट 8

अलीगढ़ नगर में जनसंख्या घनत्व एवं समाश्रयण से अवशिष्ट 1981

वार्ड सं0	नगर केन्द्र से दूरी (किमी0में) x	जनसंख्या घनत्व/हेक्टेयर y	$\log y$	$\hat{y}$	$Z=y-\hat{y}$
1.	1.82	68	1.8325	2.0114	–.1789
2.	1.89	63	1.7993	1.9901	–.1908
3.	0.94	493	2.6928	2.2789	.413
4.	2.10	33	1.5158	1.9296	.412
5.	1.08	91	1.9590	2.4507	–.4917
6.	2.05	61	1.7853	2.3467	–.5614
7.	2.13	74	1.8692	1.9168	–.0476
8.	3.29	39	1.5911	1.5631	.028
9.	3.57	39	1.5911	1.4776	.1135
10.	2.49	37	1.5682	1.8071	–.6829
11.	2.65	22	1.3424	1.7583	–.4159
12.	1.49	37	1.5682	2.1615	–.5933
13.	1.43	214	2.3304	2.1304	.2000
14.	1.17	317	2.5011	2.2097	.2914
15.	0.84	275	2.4393	2.3103	.1284
16.	1.35	291	2.4639	2.1548	.3091
17.	0.65	178	2.2504	2.3683	–.1179
18.	0.56	180	2.2553	2.3957	–.1404
19.	0.32	176	2.2455	2.4689	–.2234
20.	1.04	57	1.7559	2.2493	–.4934
21.	1.01	113	2.0492	2.2585	–.2093
22.	0.57	580	2.7634	2.9327	.3707
23.	0.26	384	2.5832	2.4872	.951
24.	0.32	627	2.7973	2.4689	.3282
25.	0	651	2.8129	2.5665	.2464
26.	0.32	573	2.7582	2.4689	.2893
27.	1.00	73	1.8633	2.2615	–.3982
28.	0.32	675	2.8293	2.4689	.3604
29.	1.23	92	1.5990	2.1914	–.2324
30.	0.42	229	2.2598	2.4384	–.0786
31.	0.86	796	2.9009	2.3042	.5967
32.	0.94	413	2.6149	2.2798	.3351
33.	0.56	420	2.6232	2.3957	.2275
34.	0.28	190	2.2788	2.4811	–.2023
35.	1.32	89	1.9494	2.1639	–.2145
36.	1.27	124	2.0934	2.1792	–.0858
37.	1.49	50	1.6990	2.1121	–.4131

$Z=$ समाश्रयण से अवशिष्ट

स्रोत – लखनऊ जनगणना निदेशालय द्वारा स्वतः उतारे गये आंकड़ों पर आधारित।

परिशिष्ट 9

गाजियाबाद नगर समूह में जनसंख्या घनत्व एवं समाश्रयण से अवशिष्ट 1981

वार्ड सं0	नगर केन्द्र से दूरी (किमी0में) x	जनसंख्या घनत्व/हेक्टेयर y	$\log y$	$\hat{y}$	$Z=y-\hat{y}$
1.	9.00	19	1.2788	.8446	.4342
2.	7.42	24	1.3802	1.1220	.2582
3.	4.55	25	1.3979	1.6225	−.2246
4.	2.36	7	.7515	2.0044	−.2529
5.	1.73	252	2.1732	2.1143	.0589
6.	1.66	82	1.9138	2.1282	−.2144
7.	2.12	78	1.8921	2.0463	−.1542
8.	2.88	77	1.8865	1.9137	−.0272
9.	4.24	13	1.1139	1.6765	−.5626
10.	4.33	37	1.4314	1.6608	−.2294
11.	1.82	147	2.1673	2.0986	.0687
12.	1.52	566	2.7528	2.1509	.6019
13.	1.06	391	2.5911	2.2311	.3600
14.	1.00	78	1.8921	2.2416	.3495
15.	0.61	597	2.7760	2.3096	.4664
16.	1.00	828	2.9180	2.2416	.6764
17.	0.91	456	1.9590	2.2573	−.2983
18.	.45	81	1.9085	2.3375	−.4290
19.	0	209	2.3201	2.4160	−.0959
20.	0.45	76	1.8808	1.6312	.2496
21.	0.78	109	2.0374	2.2800	−.2426
22.	0.78	311	2.4914	2.2800	.2114
23.	1.70	59	1.7709	2.1195	−.3486
24.	3.48	42	1.6232	1.8091	−.1859
25.	1.67	94	1.9731	2.1248	−.1517
	3.33	210	2.3222	1.8352	.4870

$Z =$ समाश्रयण से अवशिष्ट

स्रोत – लखनऊ जनगणना निदेशालय द्वारा स्वतः उतारे गये आंकड़ों पर आधारित।

BIBLIOGRAPHY

Books

Ahmad, Q. *Indian Cities Characteristics and Correlates,* Chicago, Illinois,1970.

Aulock, S.V. *Intracity Residential Mobility in an Industrial City: A Case Study of Ludhiana,* Concept, New Delhi, 1980.

Bogue, D.J. The Structure of the Metropolitan Community: A study in Dominance and Sub-dominance, An Abror Univ. of Michigon, 1974.

Demko, G.J. *Population Geography : A Reader,* McGraw Hill Com. New York.

Dubey, K.K. *Use and Missuse of Land in Towns* (U.P.) Publ. by N.G.S.I. Varanasi, 1976.

Dubey, R.M. Impact of Urbanization on Population with Special Reference to KAVAL Town of U.P. Unpubl. Ph.D. Thesis, 1972.

Feren Czi, I. The Symthetic Optimum of Population : International Institute of Intellectual Coorporation leag of Nations, 1938.

Gibbs, J.P. and Nostrand, D.V. *Urban Research Method.* New York, 1961.

Hagget, P. *Locational Analysis in Human Geography,* London, 1958.

Kulkarni, K.M. *Urban Structure and Interaction : A Study of Nasic city Region:* Concept, New Delhi, 1981.

King, L.J. and College, R.C. *City Space and Behaviour,* Prentice-Hall, Inc. Englewook Cliffs, New Jersey.

Lal, H. *Bareilly and its Urban Fringe: An Urban Analysis,* Ph.D. Thesis, Univ. of Gorakhpur, 1984.

Jansankhya Bhoogol (Hindi) Vasundhara Publ. 1986.

——— *City and Urban Fringe,* Concept Publ. New Delhi, 1987.

Marsden, B.S. *Alternat Urban Population Density Models* (Ed.) Studies in Regional Science, London, 1970.

Mayer, H.M. and Khan, G.F. (Ed.) *Readings in Urban Geography,* Chicago University Press, 1967.

Mishra, O.N. The Urban Fringe of Lucknow, Unpubl. Ph.D. Thesis, Gorakhpur Univ. 1987.

Murphy, R.E. *The American Cities - An Urban Geography,* McGraw Hill, New York, 1980.

Nangia, S., *Delhi Metropolitan Region,* K.B. Publ. New Delhi, 1976.

Nobel, Allen G. and Dutt, A.K. (Ed.) *Indian Urbanization and Planning: Vehicles of Modernization,* Tata, McGraw-Hill Publ. Co. Ltd. New Delhi, 1977.

Prakasa Rao, V.L.S., *Urbanization in India: Spatial Dimensions,* Concept, New Delhi, 1983.

Richard, I., Population Settlement in Meerut District. Unpubl. Ph.D. Thesis, Gorakhpur, University.

Singh, H.H., Kanpur. *A Study in Urban Geography,* Indrasani Devi, Publ. Varanasi, 1972.

Singh, O.P. *Nagariya Bhoogol* (Hindi) Tara Publ. Varanasi, 1979.

Singh, R.L. *Rural Settlement in Mansoon Asia,* Varanasi.

——— (Ed.)Urban Geography in Developing Countries, N.G.S.I., Varanasi, 1972.

Singh, R.L. et al. (Ed.) India : A Regional Geography, N.G.S.I., Varanasi, 1971.

Singh, T.D., *Spatial Pattern of Population in the Cities of Uttar Pradesh : India,* Tara Book Agency, Varanasi, 1985.

Singh, U. *Allahabad: A Study in Urban Geography,* B.H.U. Press, Varanasi, 1966.

Srikwal, R.C. Ghaziabad : Sociological study of a Growing Town and its Relation to Surrounding Areas, Unpubl. Ph.D. Thesis, Agra. Univ. 1972.

Staurt, J.Q. *Empirical Mathematical Rule Concerning the Distribution and Equilibirium of Population,* The Free Press of Clencoe, Illinos.

Zelinsky, W. et al. (Ed.) *Geography and Crowding World,* New York and London, Oxford University Press, 1970.

Articles in Journal

Adame, J.S. (1970), "Residential Structure of Mid Western Cities", *A.A.A.G.* 60 (1) pp. 37-62.

Ahmad, E. and Spate, O.H.K. (1950), "Five Cities of Gangetic Plain," *Geographical Review*, Vol. XL, pp. 260-278.

Ajo, R. (1965), "On the Structure of Population Density in London," *Acta Geographica,* 18.

Ara, R. and Saleeem Mohammad (1978), "Urban Impact of Lucknow and Distance Decay," *The Geographer,* Vol.XXV. No.1, pp. 29-35.

Berry, B.J.L., Simmons, J.W. and Tennant, R.J. (1963), "Urban Population Density, Structure and Change," *Geographical Review,* Vol. 53 (2), pp. 389-400.

Boyce, R.R. (1969)," Residential Mobility and its Implication for Urban Spatial Changes," *Proceeding Association of American Geographers,* pp. 22-26.

Brina, A.E. (1975), "Urban Population Densities and the Negative Exponential Model: A Review," Working Papers, Deptt. of Geography, Geowest University of Western Australia, No.5.

Brush, J.E. (1968), "Spatial Pattern of Population in Indian Cities," *The Geographical Review,* Vol.58, No.3, pp. 362-391.

——— "Application of A Model to the Analysis of Population in Indian Cities," Urban Geog. in Developing Countries (Ed.) Singh, R.L., *I.G.U. Symposium,* Varanasi, 1973, pp. 29-49.

——— (1970) "Some Dimensions of Urban Population Pressure in India: Geography and Crowding World," Zelinsky, W. et. al. (Ed.) New York and London Oxford Univ. Press, pp. 279-304.

——— (1977) "Growth and Spatial Structure of Indian Cities, Nobale, A.G. et al. (Ed.) *Indian Urbanization and Planning : Vehicles of Modernization,* Tata McGraw-Hill, Publ. Com. Ltd., New Delhi, pp. 64-92.

Bussiers, R. (1970)," Urban Density Functions," *Urban Studies,* Vol. 7 (1), pp. 5-20.

Casetti, E. (1967), "Urban Population Density Pattern: An Alternative Explanation," *Canadian Geographer,* 11.

——— (1969), "Alternative Urban Population Density Models: An Analytical Composition of their Validity Range," *Studies in Regional Science,* (Ed.) Allam, J. Scott, Pion, London.

——— (1973), "Testing of Spatial Temporal Trends: An Application to Urban Population Density Trend Using the Expension Method, *"The Canadian Geographer,* Vol. 17 (26), pp. 127-137.

Chapin, F., Stuart, Jr. and Pearsons, H. Stewart (1953), "Population Densities Arround the Clock", *The American Cities,* Vol. 68, pp. 88-89

Chakraborthy, S.C. (1968), "Population Density Gradient of Cities," in *Proceeding of 21st International Geographical Congress,* New Delhi.

Clark, C. (1951), "Urban Population Densities," *Journal of the Royal Statistical Society,* Ser.A., Vol. 114, pp. 490-496.

——— (1958), "Urban Population Densities," *Bull. Inst. Internatl de Statistique,* Vol. 36, Part 4, pp. 60-68.

Ducan, O.D. (1954-55), "Residential Distribution and Occupational Startification," *American Journal of Sociology,* Vol. 60, pp. 493-503.

———(1975), "The Measurement of Population Distribution, *Population Studies,* Vol. XI, No.1.

Freeman, H. et al. (1960), "Residential Mobility Indinations Among the Families of Mental Patients," *Social Forces,* Vol. 38.

Geoffery, B. (1976), "Space-Time Components of Urban Population Change, *Economic Geography,* Vol. 52, No.3, pp. 228-329.

Hirt, F. Howard (1952) "A Study of Urban Geography of Aligarh, *The Geographer,* Vol. II, pp. 24-27.

Lal, H. (1979), "Population Potential and System, *N.G.J.I.*

——— (1980) "नगर एवं उपान्त में जनसंख्या का क्षेत्रीय वितरण" भूविज्ञान चयनिका, केन्द्रिय हिन्दी निदेशालय, नई दिल्ली, पृ0 79–87

James, B.K. and Change, F.L. (1976), "Functional Form, Density Gradient and Price Flasticity of Demand for Housing," *Urban Studies,* Vol. 13. No.2, pp. 193-200.

Krishna, G. (1970),"Distribution and Density of Population in the Upper Basin Doab," *National Geographer,* Vol.VI, pp. 31-36.

Kuriyan, G. (1951),"The Distribution of Population in the city of Madras", *Indian Geographical Journal,* Vol.XVI, pp. 58-70.

Maher, C.A.(1978), "The Changing Residential Role of the Inner City: The Example of Inner Melborne," *Australian Geographer,* Vol. 14, (2), pp. 112-121.

Margulis, H.L. (1982), "Housing Mobility in Clveland and its Suburbs, 1975-1980," *Geographical Review,* Vol. 72, No.1, pp. 36-49.

Martin, R.C. (1973), "Spatial Distribution of Population : Cities and Suburbs," *Journal of Regional Science,* Vol. 13 (2).

Mills, F.S. (1970),"Urban Density Functions", *Urban Studies,* Vol.7 (1), pp. 5-20.

Mohammad, S. (1975), Town Planning of Aligarh, *The Geographer,* Vol. XXII, No.2, pp. 55-69.

Muth, R., Douglas, B. and Dimond, J.V. (1980), "Income and Residential Location," *Urban Studies,* Vol.17 (1) pp. 1-12.

Newling, S.E. (1967), "Urban Population: The Mathematics of Structure and Process," Paper Presented at the St. Louis. Meeting of the Association of American Geographer.

Newling, B.E. (1966), "Urban Growth and Spatial Structure: Mathematical Models and Empirical Evidence," *Geogr. Rev.* Vol. 56, pp. 213-225.

Papageoragiou, G.J. (1971)," A Generalization of Population Density Gradient Concept, " *Geographical Analysis,* 3, pp. 121-127.

——— (1971) "A Theoretical Evaluation of the Existing Population Density Gradient," *Economic Geography,* 47, pp. 21-26.

———(1971), "The Population Distribution and Rent Distribution Model within the Multicentre Framework" *Environment and Planning,* 3, pp. 267-282.

Prakasa Rao, V.L.S. (1982), "Urban Population Densities Models and Correlates, *Geogr. Rev. of India,* Vol. 44 (2), pp. 1-17.

Rossing, P.H. (1975), "Why Families Moves: A Study in the Social Psychology of Urban Residential Mobility, Glenco, Illinios, The Free Press.

Scott, A.J. (1969) "Alternative Urban Population Density Models : An Analytical Comperision of their Validity Range," *Studies in Regional Science,* London, Poin Ltd., pp. 105-116.

Sehgal, J.M. (1966), "Population Distribution in Greater Bombay," *Assian Economic Rev.* Vol. 8 (2), pp. 185-197.

Sherratt, G.G. (1960),"A Model for General Urban Growth", *Management Science: Models and Techniques,* Edts. Churchman, O.W. and Verhalst, M. Pergamon Press, N.Y.

Singh, H. (1985), "Pattern of Density of Population in Uttar Pradesh 1901-1981, *The Avadha Journal of Social Science,* Vol. 2, pp. 43-48.

Singh, L.R. and Singh, R.D. (1981), "Population Density Pattern in the Cities of Bihar (India), *National Geographer,* Vol. XVI (1), pp. 1-19.

Stewart, J.Q. and Warntz, W. (1958), "Physics of Population Distribution, *Journal of Regional Science,* 1.

Tennant, R.J. (1961), "Population Density Pattern in Eight Asian Cities," Paper Read at West Lakes Division Meeting of the Association of American Geographer.

Verma, S.D. (1956), "Density and Pattern of Population in Punjab, *National Geogr. Journal of India,* Vol. 2.

Winik, L.(1957), Housing Choice and Housing Constraints, New York, p. 89.

Government Publications

Census of India, 1981, Series-1.

District Census Handbook of Lucknow, Allahabad, Bareilly, Aligarh and Chaziabad, 1961 & 1971, Allahabad.

District Census Handbook, Lucknow Distt. Town and Village Directory, 1961, 1971.

District Census Handbook, Allahabad Distt. Town and Village Directory, 1961, 1971.

District Census Handbook, Bareilly Distt. Town and Village Directory, 1961, 1971.

District Census Handbook, Aligarh Distt. Town and Village Directory, 1961, 1971.

District Census Handbook, Ghaziabad Distt. Town and Village Directory, 1961, 1971.

Master Plan of Lucknow (Draft 1966-1995) Lucknow Survey Division. Town and Country Planning Department, U.P.

अलीगढ़ महायोजना – 2000, आवास विकास प्राधिकरण अलीगढ़।

गाजियाबाद महायोजना – 2000, आवास विकास प्राधिकरण गाजियाबाद।

Allahabad Master Plan, 1967-1991: Proposad and Development Control.

अनुक्रमणिका